세상 친절한 중국상식

─ 세상 친절한 ─
중국상식

62가지 질문으로 들여다본 중국인의 뇌 구조

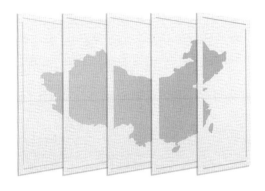

이벌찬 · 오로라 지음

미래의창

들어가며

왜 우리는 중국을 이해하기 어려울까? '상식'으로 여겨지는 것이 서로 다르기 때문이다. 우리에게는 민주주의가 선이고, 독재는 악이다. 반면 중국은 사회주의국가이며 1당 독주 체제다. 우리는 국가 간에는 서열이 없다고 믿고, 국제사회의 시시비비는 힘의 논리가 아니라 명분으로 가려야 한다고 배운다. 그러나 중국은 자국을 대국이라 서슴없이 칭하고, 국제사회에서 분쟁이 발생했을 때 자국의 군사력과 경제력을 과시한다. 또 우리는 기업과 기술의 발전을 위한 국가의 역할은 정책적으로 뒷받침하는 것이라고 여기지만, 중국은 국가가 직접 기업을 선택해 키우고 기술 개발을 주도한다. 우리는 인터넷상에서 자유를 침해당해서는 안 된다고 생각하지만, 중국에서는 많은 부분이 제한되고 감시된다. 이처럼 우리와 중국은 뇌 구조, 즉 사고방식이 무척이나 다르다.

'대체 중국은 무슨 생각으로 저러는 걸까?' 하는 질문과 함께 중국의 뇌 구조가 궁금해진 사람, 중국에 대해 알아야 하지만 어디서부터 시작해야 할지 모르겠는 사람, 딱 3시간을 투자해 중국에 관한 상식들을 속속들이 꿰차고 싶은 사람, 머리 아픈 기사와 생소한 용어에 질린 사람. 이 책은 그런 사람들을 위한 가장 쉽고, 가장 알찬 중국 설명서다. 그들에게 무엇이 가장 필요할지를 생각하며 펜을 들었다. 우리나라에서 중국 뉴스를 가장 많이 다루는 중국통 기자로서, 도합 30년의 중국 거주 경험을 바탕으로 중국에 대한 기본 지식들을 한 권의 책에 꾹꾹 눌러 담았다. 나아가 오늘날 중국의 정치·외교·경제·사회·문화와 관련된 핵심 이슈들을 빠짐없이 짚고 명쾌하게 해설하고자 노력했다.

이 책의 마지막 페이지를 넘길 즈음 여러분은 중국이 우리와는 매우 다른 세상이라고 느낄지도 모른다. 그렇더라도 중국이 구축한 세상에 대해 단순하게 '잘못됐다' 혹은 '나쁘다'는 식의 평가를 내리지는 않기를 바란다. 왜 이런 세상이 탄생했는지 그 이면과 배경을 이해하고, 그로 인한 장단점은 무엇인지를 먼저 고민해보았으면 좋겠다. 무엇보다 중국을 덮어놓고 미워하지 않았으면 한다. 최근 인터넷에 업로드되는 중국 관련 기사들의 댓글창을 보면 온통 '중국 싫어'로 요약되는 혐오글들로 가득하다. 중국을 객관적으로 서술한 내용이어도 '친중파의 선동'이라며 깎아내리는 경우가 부지기수다. 이를 보면 우리 사회에서 중국을 이해하려는 노력 자체가 많이 줄어든 듯해 안타깝다.

어쩐지 중국이 불편하고 꺼려지는 그 마음이 이해되지 않는 것은 아니다. 나와 다르고 낯선 것을 일단 한번 부정적으로 인식하기 시작하면 어떤 식으로든 더욱 기피하기 마련이다. 그러나 중국을 외면하고 살기에는 중국이 너무나 가까이 있지 않은가. 우리 주변에서 중국 출신 유학생이나 직장인들을 쉽게 만날 수 있고, 우리가 사용하는 제품 중 상당수는 '메이드 인 차이나'이며, 당신이 일하고 있거나 언젠가 일하게 될 회사도, 그 회사의 고객도 중국과 관련 있을 가능성이 높다. 2016년 사드 사태에서 경험했듯 중국이 한국에 미치는 영향은 엄청나다. 또한 앞으로 미중 갈등이 어떤 식으로 전개되느냐에 따라 우리가 나아갈 길의 방향도 달라질 것이다. 그러니 중국을 알고자 하는 노력을 멈춰서는 안 된다. 중국이 왜 그렇게 "우리에게는 우리만의 논리가 있다"고 외치는지 한 번쯤은 들여다볼 필요가 있다.

여러분이 시간을 절약할 수 있도록 이 책에서는 군이 몰라도 되는 내용은 생략하고, 꼭 알아야 할 어려운 내용들은 쉽게 풀어 썼다. 섬세하고 정교한 표현보다는 명료한 설명을 지향했고, 장황한 서술 대신 핵심만 간략히 담고자 했다. 이 책을 선택한 독자들이 최대한 쉽고 빠르게 중국을 이해할 수 있길 바랐기 때문이다.

지난 십수 년간 주변 사람들로부터 귀에 딱지가 앉도록 '대체 중국은 왜 그러냐?'는 질문을 받았다. 그때마다 중국 대사관 대변인이 된 것마냥 자료를 뒤지고 사람을 만나며 답을 찾았다. 여러분이 지금 들고 있는 이 책은 그렇게 동분서주하며 "중국은 왜?"라는 질문에 오랜 시간 고민해온 결과물이다. 부디 독자들도 이 책을 통해 그 답을 찾아나가길 바란다.

2020년 가을의 끝자락에서,

이벌찬·오로라

차례

PART 4 사회: 우리가 모르는 중국의 민낯

PART 5 문화: 중국은 문화를 어떻게 다룰까?

PART 1

정치

하나의 중국을 향한
권력자들의 역사

티베트 축구팀이
해산된 이유

중국 티베트 유일의 프로축구팀이 창단 3년 만인 2020년 6월 8일, 느닷없이 해산됐다. 이 구단은 코로나19 사태가 한창이었던 4월까지도 훈련을 이어갔고, 7월에 열리는 중국 프로축구 2부 리그에도 참가 신청을 한 상태였다. 티베트 최대 국유 기업 시짱청터우西藏城投가 구단주라 자금 사정도 비교적 좋았다. 게다가 청터우 구단은 애초에 중국 정부가 필요해서 만든 구단이었다. 티베트에서 해외로 망명한 이들이 2000년대 초부터 '티베트 국가팀'이란 이름의 축구팀을 만들어 국제

활동을 벌이자 이를 견제하려 한 것이다.

중국은 왜 축구팀을 해산시켰을까?

티베트 축구팀은 창단 1년 만에 프로 리그로 진입하는 등 빠르게 성장해 지역의 상징이 됐다. 이에 중국 정부는 불안해지기 시작했다. 나날이 인기가 높아지는 티베트 축구팀이 티베트 독립 운동의 불씨를 되살릴까 걱정됐기 때문이다. '티베트 화이팅'을 외치며 열광하는 주민들이 결집하면 티베트 독립 운동이 다시 일어날 수도 있다고 본 것이다.

실제로 티베트는 중국에서 독립의 움직임이 가장 활발한 지역이다. 1951년 중국의 일부로 흡수된 이후 크고 작은 독립 시도가 끊이지 않았다. 1959년에는 대규모 독립 시위가 일어나 많은 사람이 사망했다. 정치 지도자인 달라이 라마가 인도에 티베트 망명 정부를 세운 것도 이때다. 1987년부터 1989년 사이에는 사상 최대 규모의 독립 시위가 일어나기도 했다. 최근에는 서방 국가들이 티베트 독립 운동가와 망명 정부의 활동을 지원해 중국의 심기가 더욱 불편해지고 있다.

티베트 독립 세력과 중국의 입장 차이

티베트에서 독립을 외치는 목소리가 끊이지 않는 이유가 있다. 티베트 독립 세력은 '1950년 10월, 중국이 독립국가였던 티베트를 무력

침공해 강제 합병했다'고 보기 때문이다. 멀쩡한 독립국가를 식민지로 삼았으니 독립 운동이 당연한 수순 아니냐고 주장한다. 청나라의 영향 아래에 있던 티베트가 청나라가 멸망한 후 곧바로 완전한 독립을 선언했다는 사실이나, 티베트가 건설한 토번제국이 과거 당나라를 위협하는 강대국이었다는 사실도 티베트의 독립성을 증명하는 근거로 내세운다. 그러나 중국은 '티베트는 원래 우리 땅'이라고 말한다. 이 주장은 상당히 복잡한 논리에 따른 것인데, 아래 도식으로 정리할 수 있다.

❙ 티베트에 대한 중국의 논리

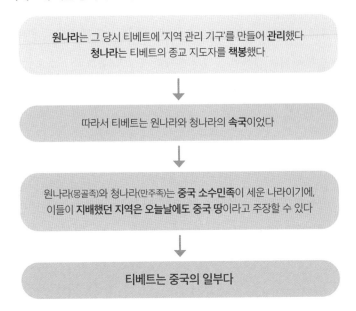

소수민족의 역사가 모두 중국 역사?

티베트를 중국 땅이라고 주장하는 논리에서 눈에 띄는 것이 바로 '몽골족과 만주족의 역사는 중국의 역사'라고 규정하는 부분이다. 이는 중국이 통일된 다민족 국가라는 역사관에서 출발한 것이다.

중국의 역사관
중국 55개 소수민족의 역사 = 중국 역사

문제는 '통일된 다민족 국가' 역사관을 적용하면 중국 역사로 규정되는 범위가 지나치게 넓어진다는 것이다. 중국의 소수민족은 총 55개인데, 이 중 상당수는 한민족에 뿌리를 둔 조선족처럼 주변에 이들 민족의 뿌리를 간직한 국가가 존재한다. 그러나 중국은 소수민족이 자신들의 정체성을 확립해서 중국에서 이탈하게 놔두는 것보다 차라리 다른 나라로부터 욕을 먹는 게 낫다고 생각한다.

중국이 이러한 역사관을 갖게 된 이유는 나라가 또 쪼개질까 두려워서다. 민족 구성이 워낙 다양한 데다 지역 간 입장이 다른 탓에 중국은 오랜 역사 속에서 분열을 반복해왔다. 심지어 중국의 최고지도자였던 마오쩌둥조차도 젊었을 적에는 '중국을 여러 나라로 쪼개야 한다'는 요지의 주장을 펼쳤다.

"후난(마오쩌둥의 고향) 공화국을 세워야 한다."

"하나의 몸집을 유지하기 위해 (중국은) 너무 많은 사람을 죽였고, 너무 많은 피를 흘렸다."●

국민당과 공산당이 모두 '국부國父'로 추앙하는 쑨원은 더 심한 말을 했다.

"중국은 기후 조건에 따라 각 지역민들의 습성이 다르기에 정치적으로 중앙집권과 어울리지 않는다. 미국식의 연방제가 가장 적합한 구조다."●●

이처럼 당대 최고의 지도자들도 인정할 만큼 중국은 분열을 피하기 어려운 국가다. 이런 나라를 어떻게든 통일된 국가로 끌고 가려고 하다 보니 중국 정부가 강력한 통제와 감시를 일삼는 것이다.

● 〈후난 건설 문제의 근본 문제—후난공화국〉, 《마오쩌둥 초기 원고 1912.6~ 1920.11》, 후난출판사, 1990.
●● 1911년 11월 쑨원이 발표한 〈파리일보 기자와의 대화〉, 《쑨원전집》, 중화수 쥐출판사, 1981.

티베트만큼이나 문제시되고 있는 지역, 신장

중국이 독립을 외칠까봐 주시하는 또 다른 지역은 바로 위구르족이 사는 신장으로, 정식 명칭은 '신장 위구르 자치구'다. 신장은 1759년 청나라와 전쟁을 치렀다가 패해 중국의 일부가 됐다. 그러나 청나라의 일부가 된 이후에도 신장에서는 수십 차례의 크고 작은 독립 운동이 전개됐다. 1860년대에는 대대적인 반란이 성공을 거둬 청나라 군대를 내쫓고, 영국·러시아 등에게 독립국으로 인정받기도 했다. 그러나 20년 만에 청나라가 또다시 신장을 탈환했고, 1949년에는 중국의 지방정부(자치구)로 완전히 편입됐다.

신장이 얼마나 독립을 원하는지를 보여주는 일화도 있다. 신장 망명 정부의 지도자였던 이사 유수프 알프테킨은 1995년 눈을 감으면서 이렇게 말했다. "위구르(신장)는 중국이 아니다. 민족이 다르고 언어가 다르고 종교가 다르다. 역사적 배경과 살아온 문화가 다른데 어떻게 중국에 편입될 수 있겠는가?"

중국 정부는 신장의 독립을 막기 위해 여러 방법으로 이들을 통제해왔다. 1980년대부터 한족을 신장으로 이주시켜 이 지역의 '중국화'를 노렸다. 2017년부터는 중국 정부가 100만 명 이상의 신장 위구르족을 강제수용소에 가두고 감시하고 있다는 언론과 국제기구의 고발이 계속되기도 했다. 그러던 중 2019년에 《뉴욕타임스》를 비롯한 세계의 유력 언론들이 강제수용소와 관련한 기밀 문서를 공개해 큰 충격을 안겨주었다. 수많은 사람들이 수용소에 감금된 채 24시간 감시에 시달리며 노동을 하는 등 감옥수와 같은 삶을 살고 있다는 것이다. 이런 사실에 대해 세계 각국이 공개적으로 항의하자 중국은 "(수용소는) 직업 교육을 제공하는 시설일 뿐이고, (독립 운동을 추진하는) 극단주의 세력을 막기 위해 필요한 조치"라고 변명한 바 있다.

티베트와 신장을 잃을 수 없는 중국

티베트 자치구는 중국 전체 영토의 8분의 1을, 신장 위구르 자치구는 6분의 1을 차지한다. 만약 두 지역이 독립한다면 중국의 영토는 3분의

▎중국 영토에서 티베트와 신장이 차지하는 비중

1 가까이 줄어들게 된다. 중국으로서는 상상하기도 싫은 시나리오가 아닐 수 없다. 티베트와 신장은 땅만 넓은 게 아니다. 에너지 자원의 보고이고, 국경 지대로서의 중요성도 크다. 티베트 자치구에 매장된 크롬과 구리의 양은 중국 내 최대 규모를 자랑하며 철광석, 금, 은, 칼륨, 석유, 가스 매장량도 풍부하다. 신장에는 중국 전체 석유 생산량의 30%, 천연가스의 34%, 석탄의 40%가 매장돼 있다. 중국은 2000년대 초부터 파이프와 전력망을 이용해 신장의 자원을 동부 지역으로 운송하고 있다. 이것이 중국이 티베트와 신장을 사수할 수밖에 없는 또 다른 이유다.

티베트

중국 남서부에 있는 티베트 자치구. 중국에서는 시짱 자치구라고 한다. 독립을 요구하는 목소리가 큰 곳으로 중국이 강력하게 통제하는 지역이다. 중국은 원나라와 청나라 때 티베트와의 관계를 근거로 티베트가 중국 땅이었다고 주장한다. 그러나 티베트의 독립 세력은 '1950년 중국 공산당이 독립국가였던 티베트를 강점했다'고 주장한다.

신장

중국의 북서쪽에 위치한 신장 위구르 자치구. 티베트와 함께 독립을 주장하는 세력의 활동이 활발한 곳이다. 중국 정부는 신장의 독립을 막고자 1980년대부터 한족 이주 정책을 실시했다. 그러나 이주해온 한족에게 부가 편중되다 보니 위구르족이 경제적으로 소외되는 문제가 생겼다. 게다가 정부가 이슬람 사원을 폐쇄하고 종교 지도자를 감시하자 불만이 더욱 커져 결국 1990년대부터는 본격적인 반정부 시위가 발생했다.

홍콩 사람들이 자꾸
대만으로 이민 간다는데

홍콩에 사는 은퇴 교사 케이시 호 씨는 영국으로의 이민을 준비하고 있다. 중국의 홍콩 국가보안법(이하 '홍콩보안법') 시행에 반대해온 영국 정부가 홍콩 주민들에게 영국 정착 기회를 확대한다는 소식을 듣고 결심했다고 한다. 호 씨의 자매들은 대만 이민을 고민 중이다. 차이잉원蔡英文 대만 총통(대통령)은 홍콩보안법이 발효된 2020년 6월 30일 페이스북 계정에 홍콩인의 이주를 돕는 공공 조직을 세울 것이라고 예고했다. 대만으로 이주하고자 하는 홍콩인들에게 취학, 취업, 이민,

투자 등의 문제와 관련해 원스톱 상담 및 지원 서비스를 제공하겠다는 것이다. 특히 정치적 이유로 신변에 위협을 느끼는 홍콩의 민주 진영 인사와 시위 참여자들이 주요 서비스 대상이다.

홍콩 내 반중 세력을 감시·처벌하는 홍콩보안법이 시행되면서 이민을 준비하는 홍콩인이 늘어나고 있다. 1989년 중국 톈안먼天安門 사건, 1997년 홍콩 반환 때처럼 홍콩의 미래를 우려한 '핵시트(홍콩+엑시트, 홍콩 탈출)'가 일어나고 있는 것이다. 이민 컨설팅 업체를 운영하는 앤드루 로는 "톈안먼사건 때는 부유층이 떠났지만, 이번에는 계층에 상관없이 이민을 준비한다"고 했다. 홍콩 매체인《홍콩01》에는 '영국 이민 가이드'라는 기사가 실렸다. 이에 관해《뉴욕타임스》는 "중국에 진출하기 위한 거점으로 홍콩을 택한 기업들이 대체 지역을 검토하기 시작했다"고 보도했다.

홍콩보안법, 대체 무슨 내용이길래

홍콩 반환 23주년 기념일을 하루 앞둔 2020년 6월 30일 밤, 중국이 홍콩보안법을 강행했다. 홍콩보안법은 홍콩에 대한 중국의 통제를 강화하고, 반중 단체의 활동을 금지한다는 내용이다. 6개 장, 66개 조항으로 구성돼 있어 '666법'이라고도 불린다. 세부 내용은 다음과 같다.

홍콩보안법 초간단 요약

내용	우려점
국가 분열, 정권 전복, 테러 활동, 외부 세력 결탁죄 강력 처벌	대규모 시위·반중 활동 차단
유죄 선고받으면 선거 출마 불가	반중 인사들의 정치 활동 제한
심각한 사안은 홍콩인을 중국으로 데리고 가서 재판	독립적인 홍콩 사법 체계 훼손
언론·학교·사회단체·인터넷 감독 강화	언론과 표현의 자유 위축
중국 정부의 직속 기관을 설치해 홍콩 내 정보 수집·분석	사생활 침해, 감시 강화
외국인도 위반하면 처벌하거나 추방	외국 단체·기업·언론의 홍콩 활동 제한

대규모 시위 차단

홍콩보안법은 홍콩 내 반중 활동을 철저하게 차단한다. 법안의 네 가지 죄목은 각각 국가 분열죄·정권 전복죄·테러 활동죄·외세 결탁죄인데, 이에 따르면 시위나 조직 활동 대부분이 불법이 된다. 의회 건물을 점거하면 '정권 전복죄'가 적용되고, 홍콩 독립을 요구하는 정당·사회단체를 조직하면 '국가 분열죄'에 걸린다. 과격한 시위는 '테러 활동죄'로 처벌되고, 홍콩 기업인이 미국 의원에게 도움이라도 요청하면 '외세와 결탁해 안보를 위협한 죄'를 범한 셈이다. 법을 위반한 경우 최고 무기징역에 처할 수 있다.

반중 인사 활동 제한

반중 운동의 구심점이었던 홍콩 민주화 인사들의 정치 활동이 어려워졌다. 홍콩보안법으로 유죄 판결을 받은 사람은 홍콩 입법회(의회)·구의회 의원 선거에 출마할 수 없고, 홍콩 정부의 공직도 맡을 수 없다. 2020년 9월 홍콩 입법회 선거를 앞두고 야당 인사들에게 '입마개'를 채운 것이라는 분석이 나온다.

홍콩 독립을 주장하는 단체들도 설 자리가 없어졌다. 홍콩보안법 시행에 따른 처벌을 피하기 위해 자진 해산하는 단체가 늘어나고 있다. 홍콩 행정장관 직선제를 요구해온 조슈아 웡黃之鋒이 이끄는 데모시스토당도 보안법이 통과된 2020년 6월 30일 해산했다. 홍콩 내 반중 진영이 흩어지고 있음을 단적으로 보여주는 사례다.

홍콩 고유의 사법 체계 훼손

홍콩의 독립된 사법 체계가 훼손됐다는 지적도 있다. 기본적으로 홍콩보안법 사건의 수사·기소·재판은 홍콩 당국이 맡는다. 하지만 '외국 세력 개입으로 관할권 행사가 힘든 경우' 등에 대해서는 중국 정부가 직접 수사·재판권을 행사한다고 명시되어 있다. 이 경우 중국이 홍콩에 설치하는 안보 부서인 국가안전공서國家安全公署가 사건을 수사하고, 피고인은 중국에 있는 법원에서 재판을 받게 된다. 지금껏 홍콩 사람은 홍콩의 사법 체계 안에서 보호받아왔는데, 중국이 직접 홍콩인을 수사·재판하겠다고 나선 것이다. 이에 대해 홍콩 언론들은 "중국 정부가 마음만 먹으면 얼마든지 홍콩인을 중국 재판장에 세울 수 있게 됐다"고 분석했다.

감시·통제 사회로 돌입

홍콩의 언론과 인터넷에 대한 감시도 강화될 예정이다. 홍콩보안법은 "학교·사회단체·언론·인터넷 등의 국가 안전과 관련된 사안에 대해서는 지도·감독·관리를 강화해야 한다"고 밝히고 있다. 이 대목을 두고 홍콩의 신문 《빈과일보蘋果日報》는 "언론과 표현의 자유가 위축될 것으로 보인다"고 분석했다.

이로써 홍콩 시민들은 감시 사회에 들어서게 됐다. 중국은 홍콩의 경찰청 격인 경무처 아래에 보안법 전담 부서인 국가안전처를 만들어 정보를 수집하고 사건을 수사할 예정이다. 국가안전처의 책임자는 국가안전공서에서 임명하기 때문에 사실상 중국의 감시망을 피하기 어렵게 됐다. 홍콩 시민들의 휴대폰 이용 기록은 물론이고, 홍콩의 안보를 담당하는 '비밀 경찰'이 시민들을 감청하거나 미행하는 것도 가능해졌다는 우려가 나온다. 홍콩의 범민주 진영은 "자유를 누려온 홍콩이 자유를 잃게 됐다"고 말한다.

외국인도 위반하면 추방

홍콩 주민뿐 아니라 홍콩에서 거주하거나 여행하는 외국인도 홍콩 보안법의 적용 대상이다. 예를 들어 홍콩 여행을 간 한국인이 홍콩 독립 시위에 참석하면 보안법에 따라 처벌되거나 추방될 수 있다. 홍콩에서 장기 거주한 외국인의 경우 보안법을 어겨 추방된다면 일자리를 잃거나 홍콩에 묶인 재산 처분에 어려움을 겪을 수 있어 타격이 크다.

보안법에 대한 중국과 홍콩의 완전히 다른 입장

홍콩보안법 제정에 대해 중국 측(국무원)은 극소수의 테러리스트를 효과적으로 관리하는 수단이라며 "홍콩보안법은 다수의 홍콩인과 외국인에게는 수호신이 될 것"이라고 주장했다. 하지만 홍콩 야당에서는 "홍콩의 정치적 자유가 홍콩 반환 23년 만에 사망했다"고 비판했다. 이날 조슈아 웡은 소셜미디어에 "이전까지 세계가 알던 홍콩은 종말을 고했다"는 글을 올렸다.

그렇다면 중국은 대체 왜 이런 법을 만든 걸까? 중국은 홍콩을 돌려받은 1997년부터 반중 성향의 홍콩 야권을 걱정해왔다. 이 때문에 홍콩 반환 초기부터 보안법을 제정해 이들을 감시하려고 했다. 첫 시도는 2003년이었다. 당시에는 홍콩 정부를 통해 보안법 제정을 추진했는데, 홍콩 시민 50만 명이 반대 시위에 나서자 깜짝 놀라 계획을 철회했다. 2020년 중국은 다시 한번 보안법 제정을 시도했다. 홍콩 관련 정부 담당자를 시진핑 주석 측근들로 교체하고, 5월 말에는 국회 격인 전국인민대표대회에서 홍콩보안법을 제정하겠다고 공개했다. 그리고 불과 한 달여 만에 법을 시행하고 나섰다.

중국과 기싸움 중인 미국은 어떻게 대처했을까?

미국은 2020년 7월, 홍콩에 부여해온 특별지위를 박탈했다. 홍콩 특별지위란 관세, 투자, 무역, 비자 발급 등에서 중국 본토와 다른 혜택을 받을 수 있는 특권을 말한다. 이 특별지위는 1992년 미국이 제정한 홍콩정책법에 따라 부여해온 것으로 애초부터 중국에 대한 홍콩의 자치권이 보장된다는 전제 아래 시작됐다. 그러나 홍콩보안법의 시행으로

❙ 미국이 홍콩에 부여했던 주요 특별지위

관세	무역	투자	비자
중국과 다른 독립된 경제 주체로 인정, 최혜국 대우	첨단 기술 제품의 교역 허가	별도 투자 협정 통해 기업 활동 보장	업무·관광·교육 목적 등 무비자

외환	항로	교육	재산권
양국 통화의 자유로운 환전 보장	중국과 별도의 항공 노선권 인정	학력 상호 인정	홍콩 시민의 미국 내 재산권 보장

자치권이 더 이상 보장되지 못하는 상황이 되자 미국이 이를 박탈한 것이다. 이 혜택이 없어지면 금융 허브로서 가지고 있던 홍콩의 이점이 상당 부분 사라진다. 우선 관세 특혜가 축소되어 무역 기능에 타격이 있을 것으로 보인다. 홍콩 거주자의 미국 비자 요건이 강화되고 미국의 핵심 기술을 구매할 수 없게 되는 등 미국과의 교류에도 어려움이 있을 것으로 예상된다. 게다가 홍콩 내 해외 기업이 대거 이탈해 홍콩이 한동안 금융 불안에 시달릴 가능성이 높다. '아시아의 진주' 홍콩은 자유의 상징이었다. 홍콩보안법은 그러한 홍콩의 공기를 바꿔놓고 있다. 내일의 홍콩이 어떻게 될지 섣불리 단언하기는 어려우나 어제의 홍콩과 다를 것이라는 점은 분명해 보인다.

범죄인송환법

2019년 여름, 200만 홍콩 시민들이 거리로 뛰쳐나왔다. 그해 4월 홍콩 내각이 추진한 범죄인송환법 때문이다. 한 홍콩인이 대만에서 살인을 저지르고 귀국한 사건이 이 법안 제정의 계기가 됐다. 홍콩 형법상 국내에서 발생한 범죄에 대해서만 처벌이 가능한 데다 범죄인 인도 조례를 맺지 않아 대만으로 보내 처벌할 수도 없었다.

이에 홍콩은 범죄인송환법을 제정해 인도 조약을 체결하지 않은 국가에도 범죄인을 보낼 수 있게 하려 했다. 그러나 이 법안이 통과되면 홍콩의 반중 인사나 인권 운동가들이 중국 본토로 송환되어 중국의 사법 체계에 따라 처벌받는 등 악용될 우려가 있어 강력한 반대에 직면했다.

홍콩보안법

홍콩 내 반중 세력을 감시·처벌하는 법안으로, 2020년 6월 30일부터 홍콩에서 시행되고 있다. 외국 세력과의 결탁, 국가 분열, 국가 정권 전복, 테러리즘 활동 등을 금지·처벌하고, 홍콩 내 이를 집행하는 기관을 수립하는 것이 골자다. 중국의 홍콩보안법 시행은 중국이 2047년까지 보장한 일국양제 원칙을 어기는 것이란 주장도 있다.

중국은 왜
쯔위를 싫어할까?

인기 걸그룹 트와이스의 멤버 쯔위는 대만에서 왔다. 화려한 외모의 그녀가 트와이스의 중화권 인기를 책임질 것이라고 모두가 예상했다. 그런데 데뷔한 지 얼마 되지 않아 중국 전체가 '쯔위 안티'로 돌아섰고 중국판 트위터인 웨이보微博에는 그녀를 향한 비난이 쏟아졌다. 쯔위의 '잘못'은 딱 하나였다. 2016년 한국의 한 TV 예능 프로그램에 출연해 대만 국기를 흔든 것. 대만에서 온 그녀가 대만 국기를 흔들었을 뿐인데 왜 이런 일이 일어났을까? 쯔위는 중국에서 쏟아지는 비난을 견

디지 못하고 인터넷에 사과 영상을 올렸다. 트와이스의 중국 활동도 자연스레 최소화됐다.

중국이 화가 난 이유

중국인들은 대만이 독립국가가 아니라 중국의 일부라고 생각한다. 이들의 머릿속에서 대만은 한국인 머릿속의 제주도쯤 된다. 그렇기에 대만에서 온 쯔위가 중국 국기 대신 대만 국기를 흔들었을 때 '대만 독립을 조장한다'며 화를 낸 것이다.

그런데 중국은 왜 멀쩡히 잘 살고 있는 대만을 자기 나라라고 주장할까? 이를 이해하려면 약 100년 전 대만이 세워진 배경을 알아야 한다. 당시 오늘날의 중국을 차지하기 위해 싸웠던 두 세력이 있었다. 대만 세력의 이름은 '국민당', 중국 세력의 이름은 '공산당'이었다. 1949년 치열한 내전 끝에 공산당이 이기고, 국민당이 졌다. 패배한 국민당 군대는 대만으로 건너와 정부를 수립했다. 중국 입장에서는 대만을 마저 차지하지 못한 게 못내 아쉽고, 대만 입장에서는 중국에 패한 게 분하다. 아래에 연표로 이 과정을 정리해보았다.

1911년 중국 왕조시대 끝

1912년 국민당이 중국 땅에 중화민국 수립

1921년 공산당이 국민당의 라이벌로 부상

1928년   공산당과 국민당 내전

1949년   승리한 공산당이 오늘날의 중국을, 패배한 국민당이 오늘

날의 대만을 차지

일국양제와 92공식

중국은 대만이 백기투항하고 중국의 지방 도시가 되기를 바란다. 그러
나 대만에서는 "대만은 엄연히 독립국가이니 중국과 합칠 일은 절대
없을 것"이라고 선을 긋는다. 중국이 대만을 설득할 방법을 고민 끝에
내놓은 것이 바로 '일국양제一國兩制'다. 일국양제는 한 국가 안에 두 체
제라는 뜻의 정책으로, 독립된 나라인 것처럼 간섭하지 않을 테니 명
목상 통일하자는 내용이다. 원래 일국양제는 중국이 영국으로부터 홍
콩을 돌려받기 위해 만든 묘안이었다. 공산주의·사회주의 체제의 중
국이 자본주의·민주주의 체제의 홍콩을 돌려받을 수 있었던 이유가
바로 일국양제였다. 그러나 대만은 이 방식 또한 강하게 거부하고 있
다. 각자 지금처럼 따로 살면 되지 무슨 통일이냐는 것이다.

그럼에도 중국과 대만 사이에 넘지 말아야 할 선은 있다. 중국은
대만에게 '92공식'만은 반드시 지키라고 요구한다. 92공식은 '하나의
중국'을 인정하되 각자의 명칭을 사용하기로 한 합의로, 중국과 대만
은 1992년 11월 이 합의 사항에 사인했다. 알기 쉽게 92공식의 의미
를 설명해보자면, '언젠가 통일하긴 할 건데 지금은 각자 알아서 지내

는 거야'라는 뜻이다. 한때 92공식을 기반으로 중국과 대만이 경제 교류를 늘리며 꽤 친하게 지냈지만, 2016년 반중 성향의 차이잉원 대만 총통이 취임하면서 사이가 나빠졌다. 차이잉원이 92공식, 일국양제를 전부 반대하며 중국과의 통일 가능성이 없다고 못박았기 때문이다.

일국양제一國兩制

중국 안에 서로 다른 두 사회체제를 인정하고 포용하겠다는 통일 정책. 홍콩, 마카오, 대만이 그 대상이다. 1980년대 중국 지도자 덩샤오핑이 만들었다. 이 정책 덕분에 중국은 1997년과 1999년에 홍콩과 마카오를 각각 영국과 포르투갈로부터 돌려받았다. 현재 홍콩이 중국의 일부가 됐지만 여전히 올림픽 등 국제 행사에 독자적으로 참가하는 것은 일국양제의 세부 방침에 따라 고도의 자치권을 보장받고 있기 때문이다.

중국 연예인의
필수 덕목은 '애국'

아이돌 그룹 엑소의 중국인 멤버 레이(장이싱張藝興)는 한국과 중국을 넘나들며 활동한다. 대표적인 '친한파' 중국계 연예인으로 꼽히기도 한다. 그런데 2019년 8월 13일, 그가 한국 대표 기업인 삼성전자에 보이콧을 선언하고 나섰다. 중국에서 삼성전자 전속 모델을 맡고 있던 그는 광고 계약을 일방적으로 해지하는 것도 모자라, 삼성전자가 "중국인의 마음에 큰 상처를 줬고, 결코 용납할 수가 없다"며 날 선 비난까지 했다. 도대체 무슨 일이 있었던 것일까?

중국 때문에 억울한 세계의 여러 기업들

결론부터 말하자면, 삼성전자가 특별한 잘못을 저질렀다기보다는 중국 애국주의에 '잘못 걸린' 것이었다. 2019년 중국 본토에서는 홍콩의 반중 시위에 대한 반감이 컸다. 홍콩 시위대가 독립을 외칠수록, 중국 본토에서는 홍콩, 마카오, 대만을 결코 분리시킬 수 없다는 애국 심리가 만연해졌다. 그런 가운데 엉뚱하게도 삼성전자 글로벌 홈페이지의 '국가 및 지역' 선택 항목에 중국과 홍콩, 대만이 개별 선택지로 제공된다는 점이 공격의 대상이 된 것이다. 레이 측은 "삼성전자 홈페이지의 국가, 지역 표기가 불분명하다"며 "중국의 주권과 영토 완전성을 훼손하는 기업과는 협업을 할 수 없다"는 입장을 밝혔다.

이에 삼성전자는 중국 소비자를 화나게 할 의도가 전혀 없었다고 해명했다. 삼성전자는 "중국 본토는 간체자(중국 본토에서 사용되는 간략화된 한자)를 사용하고, 홍콩은 번체자(보다 복잡한 전통 한자)와 영어를 쓰기 때문에 언어별로 항목을 나눈 것"이라고 한다. 별다른 정치적 의미가 없는, 사용자 편의를 위한 나눔법이었다는 것이다.

흥미로운 것은 이 시기에 억울한 상황에 처한 기업과 단체가 한둘이 아니라는 점이다. 중국 유명 배우 양미楊冪는 티셔츠 제품에 홍콩을 개별 국가로 표시한 명품 브랜드 베르사체와의 전속 계약을 해지했다. 똑같은 이유로 중국 아이돌 그룹 TF보이즈의 멤버 이양첸시易烊千璽는 지방시와의 계약을, 톱 모델 리우웬劉雯은 코치와의 계약을 중단했다. 이뿐만이 아니다. 미국 프로농구NBA 휴스턴 로케츠의 대릴 모리Daryl Morey 단장이 홍콩 시위를 지지했다는 이유로 중국 국영방송 CCTV와 온라인 동영상 업체들은 NBA 경기를 중계하지 않기로 했다. 또한 영국 프로축구팀 아스널 FC의 선수 메수트 외질Mesut Ozil이 트위터에 위구르족에 대한 중국 탄압을 비판한 지 이틀 만에 중국은 아스널 경기 중계를 중단했다.

중국이 지역 표기법에 예민한 이유

신기하게도 계약 해지에 나선 중국 연예인들은 누가 짜준 것처럼 똑같은 얘기를 되풀이한다. 바로 '하나의 중국一個中國' 원칙을 지지한다는 것이다. '하나의 중국'은 중국 본토와 홍콩, 마카오, 대만은 나뉠 수 없는 하나이고, 합법적인 '중국'은 오직 하나라는 원칙이다. 이 원칙에

▌각 지역에 대한 중국의 입장

지역	통치 이념	의미
홍콩·마카오	일국양제	"내 땅이지만 거기서 뭘 하든 간섭 안 할게"
대만	92공식	"잠시 떨어져나간 내 땅"
티베트·신장	지방정부	"내 마음대로 하는 내 땅"

따라 중국 본토에서는 독립 정권이 존재하는 대만을 자국 영토로 본다. 하나의 중국 원칙은 중국의 민족주의와도 이어진다. 중국에는 한족을 포함한 총 56개의 민족이 있지만, 이들은 통째로 '중화민족'이라고 불린다. 한반도에서 온 조선족도, 생김새와 언어가 아예 다른 위구르족도 다 같은 민족으로 간주하는 것이다.

중국의 연예인들, 왜 적극적으로 '애국자' 행세를 할까?

중국 연예계에서는 하나의 중국 원칙을 잘못 건드렸다가 소리 소문 없이 퇴출당한 전례가 상당히 많다. 예컨대 2014년 주윤발, 유덕화, 양조위와 같은 유명 연예인들은 홍콩의 민주화 시위인 '우산혁명'을 지지했다가 중국 정부의 블랙리스트에 오르며 연예계 활동을 금지당한 적이 있다. 홍콩《사우스차이나 모닝포스트》에 따르면 반정부적인 발언을 했다가 중국 당국의 블랙리스트에 오른 연예인은 55명에 이른다.

수많은 중국계 K팝 스타들이 소셜미디어에 중국 지지 발언을 한 것도 이 같은 역풍을 미리 차단하기 위해서다. 아이돌 그룹 에프엑스의 중국인 멤버 빅토리아는 중국 오성홍기 사진과 함께 "나는 중국을 사랑하고 홍콩을 사랑한다. 홍콩은 중국의 홍콩이다"라는 글을 올려 공개적으로 하나의 중국 원칙을 옹호하고 나섰다. 뒤이어 역시 중국계 연예인인 주결경, 세븐틴의 디에잇과 준, 펜타곤의 옌안 등도 각자의 SNS에 비슷한 글을 올렸다.

혹시 중국계 연예인들이 중국 여론을 의식해 원치 않는 입장을 표명한 것은 아닐까? 그럴 가능성은 적어 보인다. 중국의 젊은 층은 우리가 '독도는 우리 땅'을 당연하게 여기듯 하나의 중국에 동조한다. 중국인들에게 하나의 중국은 역사적으로 당연한 원칙이며 깨져서는 안 되는 이상에 가깝다.

하나의 중국一個中國
중국 본토와 홍콩, 마카오, 대만은 나뉠 수 없는 하나의 국가라는 원칙. 이 원칙에 따라 중국 본토에서는 독립 정권이 존재하는 대만조차 자국 영토로 본다. 홍콩, 마카오, 대만이 중국 본토와 별개의 지역이라고 주장할 경우 중국 주권을 침해하는 것으로 간주해 강력하게 항의한다. '일국양제(한 국가, 두 체제)'와 같은 정책도 하나의 중국 원칙에서 출발해 고안해낸 것이다.

높으신 분들이
코로나를 피해 산에 오른 이유

코로나19 바이러스가 창궐했을 때 중국의 높으신 분들은 어디로 대피
했을까? 2020년 4월, 중국 지도부 중 일부가 '중국의 청와대'인 중난
하이中南海를 떠나 산으로 피신했다는 증언이 나왔다. 이들이 올라간
산은 베이징 외곽의 위취안玉泉산. 베이징에는 최고급 호텔도 많고, 도
시 별장도 널렸는데 굳이 산으로 피신하다니. 이참에 〈나는 자연인이
다〉라도 찍으려는 걸까?

중국 지도부가 주로 사용하는 '중국의 청와대' 중난하이(왼쪽)와 제2의 사무 공간
위취안산(오른쪽).

그들만의 럭셔리한 세상, 위취안산

위취안산은 청나라 시절 황제의 별궁別宮이 있어 황제가 궐 밖으로 행
차할 때 머물곤 했던 곳이다. 근대에는 중국 지도부가 중난하이를 이
용하기 어렵거나, 휴양할 때 쓰는 제2의 사무 공간으로 개발됐다. 산
에는 고급 숙소와 편의 시설이 있고, 유기농 야채를 재배하는 40만 m²
(약 12만 평) 규모의 '샹산香山농장'도 있다. 유해 식품이 범람하는 중국
에서 특권층에게 공급하는 안전한 농산물이 이곳에서 재배된다. 위
취안산은 외부인의 출입이 엄격하게 금지돼 있어 징시京西호텔(군 고
위층이 이용하는 곳), 중난하이와 더불어 '베이징 3대 금지 구역'으로 불
린다.

위취안산은 언제 가는 곳일까?

위취안산은 중국이 위기 상황에 처했을 때 대대로 지도부가 모였던 장소이기도 하다. 1976년 10월 6일, 문화대혁명文化大革命을 주도하며 엄청난 권력을 휘둘렀던 '4인방'이 체포됐던 날에는 체포를 지휘한 극소수의 지도부가 이곳의 9호 건물에서 밤을 새워가며 대책 회의를 했다. 2012년에는 장쩌민 전 주석이 체제 반란을 도모한 '신新4인방'을 처단하는 작전을 이곳에서 짜기도 했다. 당시 위취안산 안가安家에서 시 주석(당시 부주석)과 소통하며 진두지휘한 것으로 알려져 있다. 중국 지도부가 위취안산에 갔다고 하면 중국에 무슨 일이 생겨도 단단히 생긴 것이다.

위취안산에는 중국 지도부가 도피할 수 있는 지하 벙커도 있는 것으로 알려졌다. 《사우스차이나 모닝포스트》는 위취안산 지하 2km 지점에 핵폭발에도 견딜 수 있을 만큼 견고한 피난처인 핵 벙커가 있다고 보도했다. 핵 벙커는 핵폭발에도 견딜 수 있을 만큼 견고한 피난처다. 위취안산 핵 벙커는 단단한 산맥 암반 밑에 조성돼 외부로부터의 공급 없이도 오랫동안 생존할 수 있도록 설계됐다. 방사능 오염을 걸러낼 수 있을 정도로 정교한 환기 시스템이 있고, 수백만 명이 마실 수 있는 물을 안정적으로 공급할 수 있는 지리적 여건도 갖췄다. 중국 지도부가 핵 벙커 안에서 정부 기능을 계속해서 유지할 수 있도록 섬세하게 고안한 곳이다.

지하가 아닌 공중으로 도피할 수 있는 통로도 있다. 미국에 서버를 둔 중화권 매체 《칸중궈看中國》는 "위취안산에는 20km 길이의 비밀 통로가 있어 헬리콥터가 대기 중인 공군 기지로 이어진다"고 전했다. 중국 지도부가 일단 위취안산에 도착하기만 하면 하늘로 솟든 땅으로 내려가든 살 길은 있는 셈이다.

중난하이 中南海

중국 최고지도부의 집단 거주지. 베이징 자금성紫禁城 서쪽의 호숫가를 가리킨다. 이곳에는 시진핑 국가주석을 포함한 7명의 정치국 상무위원과 전직 국가 지도층, 그리고 그 가족들이 살고 있다. 물론 지도부 업무 공간도 마련돼 있다. 공무원들과 서비스 인력까지 포함하면 여기에 머무는 사람은 수천 명에 달한다.

베이다이허 北戴河

중국 최고지도부의 여름 휴양지. 베이징에서 차로 3시간 정도 떨어진 보하이渤海 만에 위치한 해변이다. 중국 최고지도자들은 7월 말에서 8월 초까지 이곳에서 은밀한 피서를 즐기며 각종 정치 사안을 토론한다. 베이다이허에서 최고지도부가 합의한 사안은 다음해 3월 전국인민대표회의에서 법으로 제정되거나 정책으로 발표된다. 특히 '2'와 '7'로 끝나는 해의 베이다이허 휴가는 치열한데 이때 향후 5년간의 주요 인사와 국가 정책 노선이 결정되기 때문이다.

위취안 玉泉산

중국 지도부가 중난하이를 이용하기 어렵거나, 휴양할 때 쓰는 제2의 사무 공간. 중국이 위기 상황에 처했을 때 지도부가 모였던 장소이기도 하다. 중국 지도부가 위험할 때 도피할 수 있는 핵 벙커가 있는 것으로 알려졌다.

이효리의 "마오 어때요?"
한 마디에 뿔난 중국

"마오 어때요?" 이 한 마디에 가수 이효리의 인스타그램이 중국어로 된 악성 댓글로 도배됐다. 단 이틀 만에 14만 개가 넘는 중국 네티즌의 항의 댓글이 달린 것이다. MBC의 예능 프로그램 〈놀면 뭐하니?〉에 출연한 이효리가 중국 초대 국가주석인 마오쩌둥(1893~1976)을 비하했다는 게 그 이유였다. 이효리는 방송에서 신인 걸그룹 멤버 역할을 맡아 어떤 예명을 쓸지 고민하다 "중국 이름으로 할까요? 글로벌하게 나갈 수 있으니까 '마오' 어때요?"라고 말했다.

중국인들이 '마오'에 민감한 이유

언뜻 문제없어 보이는 이효리의 발언에 중국 네티즌들은 "왜 다른 나라 위인의 이름을 함부로 쓰냐", "중국을 존중하는 법을 배워라"라며 비난을 쏟아냈다. 중국뿐 아니라 세계 각국에서 '마오'는 마오쩌둥을 가리키는 말이라는 설명과 함께 "이 사실을 이효리가 몰랐을 리가 없다"는 글도 올라왔다. 한국 네티즌들은 "이효리가 마오쩌둥 주석을 대놓고 언급한 것도 아니고, 비하 발언도 일체 없었는데 뭐가 문제냐"며 분노했다.

대체 왜 중국 네티즌들은 마오쩌둥의 '마오'만 나와도 예민하게 반응할까? 중국 지도부가 오랜 세월 마오쩌둥을 성스럽고 범접할 수 없는 존재로 각인시켰기 때문이다. 1당 독주 체제인 중국에서 공산당이 정당성을 얻으려면 당의 창립자인 마오쩌둥을 신격화할 수밖에 없다. 화궈펑華国锋 전 주석은 "마오쩌둥이 생전에 내린 결정은 모두 옳았다"고 말하기도 했다. 덕분에 중국은 여전히 마오쩌둥의 나라다. 톈안먼 광장에는 그의 대형 초상화가 걸려 있고, 30권이 넘는 마오쩌둥의 전집은 지금도 정치 분야 베스트셀러다. 중국 경제를 세계에 개방해 오늘의 부국을 건설한 덩샤오핑(1904~1997)이라 할지라도 그 인기는 마오 앞에서 명함조차 내밀지 못할 수준이다.

시진핑 주석 집권 이후 마오쩌둥의 인기는 더욱 높아졌다. 마오쩌둥의 정치적 유산을 적극 활용한 까닭이다. 시 주석은 헌법까지 고

마오쩌둥의 초상화가 걸려있는 베이징의 텐안먼 광장.

처가며 덩샤오핑이 구축한 집단 지도 체제를 부수고 1인 지배 체제를 구축했다. 이에 대한 내부 반발을 억누르기 위해 강조한 것이 '마오쩌둥도 장기 집권했고, 마오쩌둥도 절대 권력자였다'는 점이다. 시 주석은 "마오의 혁명 정신이 오늘의 중국을 만들었다"고 여러 차례 단언하기도 했다. 무역 전쟁으로 촉발된 미중 힘겨루기도 중국인들의 애국심을 불러일으키며 국부 마오쩌둥의 업적을 부각시켰다. 특히 마오쩌둥이 외세(일본)를 무찌르고 오늘날의 중국을 세운 점이 높게 평가되고 있다.

마오쩌둥은 무결점의 완벽한 지도자였을까?

그렇지만 중국이 감추고 싶은 마오쩌둥의 과오도 많다. 마오쩌둥은 1950년대 '대약진운동大跃进运动'으로 3,600만 명을 굶어 죽게 했고,* 그가 홍위병을 앞세워 200만 명을 숙청한** '문화대혁명'은 중국 역사를 10년은 퇴보하게 했다는 평가를 받는다. 마오쩌둥은 무제한의 권력을 누리면서 이해하기 어려운 결정도 많이 했다. '참새와의 전쟁'이 대표적이다. 대약진운동이 한창이던 1958년, 한 농촌 마을을 방문한 그는 참새가 곡식을 쪼아 먹는 모습을 보고서 "참새는 해로운 새"라며 박멸을 지시했다. 곧바로 대대적인 소탕 작전이 시작돼 중국 전역에서 참새가 사라졌다. 그런데 참새가 없어지자 곡식 수확량이 크게 줄었다. 천적이 사라진 해충들이 논밭을 차지했기 때문이다.

마오쩌둥에 대한 여러 평가 중에는 천윈陳雲의 말이 가장 유명하다. 천윈은 마오쩌둥 시절 부총리를 지냈고, 퇴임 이후 중국 공산당 8대 원로로 꼽힌 사람이다. 공산당 초기, 국내파였던 마오쩌둥이 유학파(소련파) 지도부를 몰아내고 당권을 차지하는 데 큰 역할을 했다. 평

---

* 2008년 중국 관영 신화통신의 고급 기자 출신 양지성이 자신의 저서 《묘비墓碑》에서 추산한 수치. 2010년 영국 런던대학 프랭크 디쾨터 교수는 이보다 많은 4,500만 명이 사망했을 것으로 추산했다.
** 2000년 3월 중국 공산당 기관지 《인민일보》는 "200만 명 정도가 문화대혁명 기간에 홍위병들에 의해 살해당하거나 자살했다"고 기록했다.

생 마오쩌둥 곁을 떠나지 않았던 천윈의 평가는 의외로 신랄하다.

"만일 마오 주석이 1956년에 서거했더라면 그의 업적은 영원불멸
했을 것이다. 1966년 서거했더라면 과오는 있지만 여전히 위대한 인물
이었을 것이다. 그러나 어쩌겠는가. 마오 주석은 1976년까지 살아 있었
으니……."

천윈의 평가는 마오쩌둥의 정치 인생을 압축해서 보여준다. 마오
쩌둥은 건국의 공을 세웠지만 1950년대에는 대약진운동이라는 오점
을 남겼고, 1960년에는 문화대혁명이라는 비극을 초래했다.

대약진운동大跃进运动
1958년부터 1962년까지 마오쩌둥 국가주석의 주도로 추진했으나 크게 실패한
중국의 농공업 근대화 정책. '7년 안에 영국을 초월하고, 15년 안에 미국을 따라잡
는다'는 목표를 세웠지만, 3,600만 명이 굶어 죽는 끔찍한 결과를 낳았다. 윗선의
눈에 들려는 지방 지도자들의 경쟁 속에 곡물 생산량, 철강 생산량, 우물 숫자까
지 목표치가 부풀려진 탓이다. 무리한 목표 달성을 위해 중국의 각 마을은 가정의
쇠붙이를 모아 녹였고, 허위 보고에 맞춰 곡물을 상부에 바치다 보니 마을 곳간이
비었다. 마오쩌둥은 운동 실패의 책임을 지고 1959년 국가주석직에서 물러났지
만 이후에도 실권을 놓지는 않았다.

시진핑이 후진타오 아들을
키우는 이유는?

후진타오胡锦涛 전 중국 국가주석의 외아들 후하이펑胡海峰이 시진핑 국가주석의 총애를 받고 있다. 시 주석의 적극 지원 아래 후하이펑은 40대에 소도시 리수이시의 1인자가 됐고, 전국인민대표대회 대표(국회의원)에 선출되며, 젊은 나이에 높은 자리에 올랐다. 전 정권들의 최고지도자 자녀들이 두각을 나타내지 못하는 상황에서 홀로 미래의 대권 주자로 떠오르고 있다.

라이벌의 아들을 밀어주다

"그냥 후임자가 전임자의 아들 챙겨주는 거 아닌가? 전관예우라고 이해하면 될 일이잖아?" 이렇게 생각하면 오산이다. 중국에는 3개의 정치 파벌이 있다. 시 주석은 태자당(혁명 원로 자제 그룹) 파인 반면, 후진타오는 공청단(공산주의청년단) 파다. 따지자면 시 주석과 후진타오 전 주석은 라이벌에 가까운 관계다. 그러니 시 주석이 후하이펑을 굳이 챙겨줄 이유가 없다.

그런데 현재 후하이펑은 확실히 시 주석의 지원을 받고 있다. 후하이펑은 베이징교통대학 컴퓨터공학과를 졸업한 공대생 출신이다. 칭화홀딩스라는 IT 회사에서 수석 기술자로 일하다 산하의 보안 검색 장비 제조 업체의 사장을 지냈다. 주로 정보 기술 분야에서 일했으니 개발자로서 살아온 것이다.

그랬던 그가 시 주석 집권 이후인 2013년 정치에 입문했다. 저장성의 소도시 자싱시의 부시장으로 정계에 데뷔했고, 2018년 리수이시의 1인자에 올랐다. 시 주석이 중요하게 여기는 환경보호와 친환경 정책을 적극 추진했고, 2018년 4월에는 시 주석으로부터 공개적으로 칭찬을 받았다. 2019년에는 "시 주석의 격려에 부응하기 위해 노력하겠다"는 글을 쓰기도 했다. '나는 시 주석 라인이에요'라고 스스로 인증한 셈이다.

'궈얼다이'가 필요해

그런데 시 주석은 왜 하필 후하이펑을 띄워주고 있는 걸까? 당초 후하이펑은 관료가 되는 것을 달가워하지 않았고, 기술자나 학자로 살고 싶어했다. 그러나 중국 지도부는 젊은 '궈얼다이國二代'를 미래 지도자로 키울 필요가 있다며 그를 선택했다. 궈얼다이란 중국 전직 주석이나 총리의 자녀들 가운데 잠재력을 갖춘 인물을 가리키는 말이다. '궈'는 국가 지도자를, '얼다이'는 2세를 뜻한다. 이 궈얼다이는 공을 세운 공산당 고위층을 부모로 둔 '훙얼다이紅二代'나 고위 관료의 자녀인 '관얼다이官二代'보다 더한 금수저다.

그런데 현재 중국의 궈얼다이들 중에는 생각보다 잘나가는 사람이 없다. 장쩌민江澤民 전 국가주석의 아들 장몐헝江綿恒, 주룽지朱鎔基 전 총리의 아들 주윈라이朱雲來, 원자바오溫家宝 전 총리의 아들 원윈쑹溫雲松 등이 부정부패를 저질러 존재감이 없어졌기 때문이다. 그래서 시 주석과 파벌이 다른 후하이펑에게까지 기회가 갔는지도 모른다.

중국에서 최고지도자에 오를 수 있는 네 종류의 사람들

- 금수저(궈얼다이, 훙얼다이, 관얼다이)
- 지방 관료
- 국유 기업 출신
- 금융 전문가

어쨌든 후하이펑이 잘나가게 될 운명인 것만은 분명해 보인다. 홍콩의 《동방일보東方日報》는 후하이펑이 50세 이전에 차관급으로 승진할 가능성이 있으며, 멀리 보면 부총리급으로 승진할 기회가 주어질 수 있다고 했다. 그런데 한편으로는 시 주석이 자신의 세력을 다지기 위해서 라이벌의 아들을 챙겼다는 이야기도 있다. 후하이펑을 적극적으로 감싸면 후진타오가 이끄는 공청단 파의 호감을 얻을 수 있다는 계산이 배경에 깔려 있다는 것이다. 오랫동안 권좌를 지켜온 시 주석의 노련함이 엿보인다.

궈얼다이國二代
궈얼다이는 중국 최고지도자의 가족들 가운데 잠재력을 갖춘 인물을 지칭하는 신조어다. 선조가 중국 해방 전쟁에서 공을 세운 '훙얼다이'나 고관 자녀를 의미하는 '관얼다이', 그리고 혁명 원로의 자제인 '태자당'과는 다르다. 후하이펑은 궈얼다이의 대표 주자로 부상하고 있다.

태자당, 상하이방, 공청단
중국 최고 권력층의 세 파벌. 장쩌민은 상하이방, 후진타오는 공청단, 시진핑은 태자당, 이런 식으로 기억하면 쉽다. 다만 이런 구분은 국내외 언론이나 학자들이 중국 정치판을 쉽게 읽기 위해 만든 것으로 절대적인 파벌로 볼 수는 없다. 한 정치인이 여러 파벌에 속해 있는 경우도 많다. 예컨대 공산당 간부 집안 출신(태자당)으로, 청년 시절에는 공산주의청년단(공청단)에 가입하고, 상하이에서 공직 경력을 쌓으며(상하이방) 성장한 경우다.

중국이 제일 바쁜 달,
3월과 10월

중국이 가장 바쁜 시기는 언제일까? 바로 3월과 10월이다. 중국에서 가장 중요한 정치 행사가 열리는 시기이기 때문이다. 전 세계 카메라가 베이징에 집중되고, 각종 TV 채널에서는 정치인들의 얼굴만 바꿔가며 비슷비슷한 뉴스가 지겹도록 반복된다. 독립을 요구하는 중국 내 세력들도 이때를 틈타 시위를 벌이거나 테러를 자행한다. 중국 정부의 보안과 통제, 검열도 덩달아 심해진다.

중국의 정치 행사는 어떤 게 있을까?

3월에는 '양회'라고 불리는 중국 최대 정치 행사가 열린다. 양회는 전국인민대표회의(이하 '전인대')와 중국인민정치협상회의(이하 '정협')를 통칭하는 말이다. 정책 심의, 법 제정, 예산 심의 비준 등이 양회에서 이뤄진다. 우리 국회와 비슷한 역할이라고 보면 된다. 10월 전후에는 전국대표대회(이하 '당대회')가 개최된다. 전당대회 성격으로 공산당의 전국 각지 대표들이 모여서 중요 사안을 결정한다. 양회와 달리 5년에 한 번씩만 열린다.

▎중국의 주요 정치 행사

	정협	전인대	당대회
기간	3월(매년)	3월(매년)	10월 전후(5년마다)
주요 업무	정책 심의	정책 의결	국가 중요 사안 결정, 지도부 선출

※ 2020년에는 코로나 사태로 정협과 정인대가 5월에 열렸다.

중국의 정치 시스템 살펴보기

매년 열리는 양회부터 들여다보자. 정협은 전인대에서 의결해야 할 안

▍중국 공산당 권력 구조

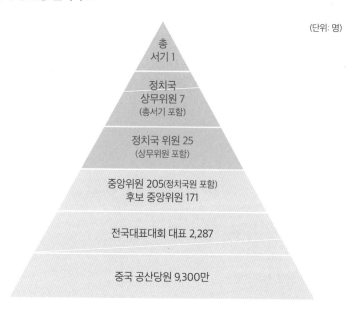

(단위: 명)

총
서기 1

정치국
상무위원 7
(총서기 포함)

정치국 위원 25
(상무위원 포함)

중앙위원 205(정치국원 포함)
후보 중앙위원 171

전국대표대회 대표 2,287

중국 공산당원 9,300만

건들을 사전에 심의하고 각계 의견을 조율하는 역할을 맡는다. 일종의 심의 기구다. 정협에서 활동하는 위원은 2,000여 명. 소수민족, 종교, 노조, 예술, 경제계 등 34개 영역을 대표하는 인사들이다. 영화 배우 성룡이나 샤오미 회장 등 대중들이 선호하는 인물들이 주로 포함된다. 그러나 정협은 '쇼'라는 비판을 많이 받는다. '국가 지도자가 일방적으로 정책을 정하지 않고, 국민들이 직접 토론해 결정한다'는 허상을 보여주기 위한 형식에 불과하다는 것이다.

양회 개막 이틀 뒤에 열리는 전인대는 정협에서 협의된 정책을 의결

한다. 전국 인민 대표 3,000여 명이 모여서 법 제정, 개정, 국가 예산 심의 비준을 진행한다. 우리 국회에 해당하는 입법기관이다. 지도자의 정식 임명도 전인대에서 한다. 그러나 전인대는 '고무 도장'이라고 조롱받기도 한다. 말랑말랑한 고무로 만든 도장 같이 당대회에서 결정된 사안을 그대로 따를 뿐, 실질적인 권한은 없다는 의미다.

사실 5년마다 열리는 당대회야말로 중국에서 가장 중요한 정치 행사다. 이때 실질적인 결정들이 내려진다. 지도부가 국가의 중요 사안에 대해 결정을 내리고, 당의 헌법을 수정하기도 한다. 가장 중요한 지도부 선출도 당대회에서 이뤄진다. 우선 2,200여 명의 당 대표들이 중앙위원과 후보 중앙위원 370여 명을 뽑는다. 이들 중 정치국원 25명을 뽑고, 다시 최고지도부인 상무위원 7명을 선출한다. 이렇게 선출된 공산당 지도부가 앞으로 5년간 중국을 이끌어간다고 보면 된다. 시진핑 국가주석도 정식으로 임명된 시기는 2013년이지만, 당대회에서 차기 주석으로 선출된 2012년을 집권 첫 해로 본다.

자, 이제 중국의 정치 시스템을 다시 요약해보자.

당대회에서 사전 결정

↓

정협에서 형식적으로 논의

↓

전인대에서 형식적으로 승인

3월과 10월, 중국 여행 피해야 할까?

국가적 정치 행사 기간이라도 약간의 불편함을 감수할 수만 있다면 여행의 흥을 깰 정도는 아니다. 그러나 5년마다 돌아오는 당대회 기간과 매년 열리는 양회 기간이 중국 안에서 통제가 가장 심해지는 시기인 것은 틀림없다. 2017년 10월에 열린 19차 당대회 기간에는 베이징 지하철에서 승객들을 대상으로 검문 검색을 했고, 카카오톡 등 외국인들이 주로 사용하는 인터넷 메신저의 사용이 차단됐다.

전국인민대표대회
중국의 국회 격인 전국인민대표대회는 헌법 개정과 주석·총리 선출권을 가진 명목상 최고 권력기관이다. 그런데 해외에서는 전인대가 실제 권한은 없는 꼭두각시라고 조롱한다. 실제로 전인대는 70여 년 동안 중국을 통치하는 공산당의 결정을 번복한 적이 한 번도 없다. 시진핑 종신 집권을 가능케 한 헌법안의 찬성률은 99.8%였다. 홍콩의 반정부 활동을 감시·처벌하는 홍콩보안법은 2020년 찬성 2,878표, 반대 1표로 통과됐다.

주석님,
흰머리를 왜 그냥 두세요?

2019년 3월 5일, 중국 최대 연례 정치 행사인 전국인민대표대회 개막식에 나타난 시진핑 주석의 모습은 이전과 확연히 달랐다. 시 주석의 머리가 희끗희끗해진 것이다. 불과 몇 달 전만 해도 그의 머리는 윤기 나는 흑발이었다. 나라 걱정이 많아 갑자기 머리가 하얗게 센 걸까? 《뉴욕타임스》는 "시 주석이 염색을 포기했다"고 보도했다. 시 주석은 왜 염색을 하지 않은 걸까?

권력을 틀어쥔 주석들의 공통점은 흑발

시 주석이 68세인 걸 감안하면 머리가 세는 것은 당연하다. 그럼에도 이를 두고 호들갑을 떠는 데는 다 이유가 있다. 지금껏 중국의 최고지도자들은 머리카락을 까맣게 염색하고 다니는 것이 관례였다. 이를 '흑발 정치'라고 부른다. 영국에서 중국 최고지도자들을 두고 '새까만 머리카락의 늙은이들'이라 불렀을 정도다. 흑발은 중국의 지도자가 대중 앞에서 더 젊고 건강해 보이기 위한 방법이었다. 갑작스러운 흰머리는 은퇴나 낙마를 의미했다.

신기한 우연이지만, 시 주석 이전의 6명의 중국 주석들 중에 권력을 틀어쥔 사람들은 전부 흑발이었다. 마오쩌둥은 말년 전까지 흑발에 가까운 모습이었고, 장쩌민 전 주석은 재임 당시 윤기 나는 새까만 머리카락이 트레이드마크였다. 후진타오 전 주석은 '꼼꼼한 성격 탓에 10일에 한 번씩 염색한다'는 말이 돌 정도였다. 세 명의 흑발 주석은 명실공히 1인자였지만, 나머지 주석들은 명예직이거나 낙마했다. 대표적으로 2대 주석인 류사오치는 풍성한 흰머리가 특징인데 마오쩌둥 아래 2인자로 머물다 문화대혁명으로 낙마해 병사했다.

우리에게 잘 알려진 덩샤오핑의 이름이 왜 없는지 궁금한 사람도 있을 것이다. 덩샤오핑은 중국의 최고지도자였지만, 국가주석을 맡은 적은 없다. 군 최고 통수권자로서 이미 실권을 갖고 있었기 때문에 다른 직함에 연연하지 않았다. 참고로 중국에서 최고지도자라고 부를 수

▌역대 주석의 머리색과 지위

	주석	머리색	임기	재임 당시 지위
1대	마오쩌둥	흑발	10년	1인자
2대	류사오치	백발	7년	2인자(낙마)
3대	리셴녠	백발	5년	명예직
4대	양상쿤	탈모	5년	명예직
5대	장쩌민	흑발	10년	1인자
6대	후진타오	흑발	10년	1인자

있는 사람은 마오쩌둥 이후 5명뿐이다.

덩샤오핑이 국가주석직에 집착하지 않았듯, 최고의 권력을 쥔 시 주석도 흑발에 관심을 잃었다. 흰머리는 자연스럽게 드러난 그의 자신 감인 것이다. 사실 시 주석은 견제 세력이 거의 없다. 2013년 권력을 잡자 마자 '반부패 운동'을 한다며 정적 제거에 나섰고, 최고지도부(정치국 상무위원 7인)가 나눠 가졌던 권력을 하나씩 빼앗아 모두 손에 넣었다. 시 주석에게 권력이 집중된 탓에 중국의 '집단 지도 체제 전통'이 깨졌다는 비판도 나왔다.

❙ 중국 역대 최고지도자

	마오쩌둥	덩샤오핑	장쩌민	후진타오	시진핑
집권 시기	1935년	1978년	1989년	2002년	2012년
집권 기간	41년	11년	13년	10년	현재까지

원한다면 영원히 주석으로 남을 수도 있다

게다가 시 주석은 종신 집권 기반을 닦아놨다. 원래 중국에서 주석 임기는 5년씩 두 번, 최대 10년이다. 그러나 시 주석은 2018년 헌법을 개정해 주석 임기를 없애고 장기 집권의 길을 열었다. 5년마다 열리는 당대회에서 후계 그룹을 미리 지명하는 관례가 있었으나, 시 주석은 2017년 당대회에서 이를 따르지 않았다.

시 주석의 종신 집권 추진은 중국에서도 충격적인 일이다. 원래 중국에는 주기적인 세대 교체를 위해 나이 든 지도자를 은퇴시키는 관례가 있었다. 1982년 덩샤오핑은 젊은 간부들을 중용하기 위해서 장관급은 만 65세, 차관급은 만 60세에 은퇴하는 제도를 만들었다. 2000년대 이후에는 '칠상팔하七上八下'라는 규칙이 정치계에 암묵적으로 퍼졌다. 국가주석을 포함한 요직을 '68세 이상'의 인물이 차지하지 못하도록 하는 관행이다. 그러나 시 주석은 10년 임기가 끝나는

2023년 이후에도 주석직을 유지할 가능성이 높아 보인다. 시 주석은 종종 '2035년 중국 현대화 국가' 달성을 강조하는데, 이는 "82세가 되는 2035년까지 집권하겠다"는 말로 들린다.

이렇다 보니 1953년생인 시진핑의 뒤를 이을 다음 지도자는 1970년대생일 것이라는 전망이 많다. 시 주석의 장기 집권이 유력해지면서 1960년대 출생의 '류링허우六零後'가 후보에서 밀려날 확률이 커졌기 때문이다. 당초 시 주석의 후계자로는 천민얼陳敏尓 충칭시 당서기(1인자)나 후춘화胡春华 부총리 등 1960년생 관료가 꼽혔다. 그러나 이제는 이들보다 젊은 1970년대생이 주목을 받는다. 1970년 이후 태어난 중국인들은 문화대혁명이 끝난 이후 태어났기 때문에 대학 교육을 제대로 받았고, 서방의 사상도 많이 접한 편이다. 이들이 중국을 이끌게 되면 중국의 모습이 지금과는 많이 달라질 것으로 예상된다.

주석의 임기

중국의 주석·부주석·국무원 총리 등 국가 지도자는 은퇴 연령 제한이 없다. 그러나 2014년 발표된 당 규정에서는 국가 지도자의 은퇴 연령에 대해 '보통 현직은 만 70세를 넘지 않고, 은퇴는 만 75세 전후에 한다'고 제시했다. 두 번째 임기가 끝나는 2023년, 시진핑 주석은 71세가 된다.

종신 집권

시진핑 주석은 2018년 3월 중국 헌법을 고쳐 '주석 임기 제한'을 없앴다. 이로써 시 주석은 임기가 끝나는 2023년 이후에도 중국 1인자 자리를 유지할 수 있게 됐다. 이것이 시 주석에게 '시황제'라는 별명이 붙은 이유다. 또한 덩샤오핑이 만든 격세隔世 간택의 계승 관례도 사라졌다. 격세 간택이란 현재의 주석이 차차기 주석을 미리 지명하도록 하는 관례로, 2017년 당대회에서 시 주석은 이 관례를 어기고 후계 그룹을 정하지 않았다.

중국의 학생들은 왜 연필 대신 호미를 들었나
: 문화대혁명

중국 최고 명문 대학인 베이징대의 총장이 개교 기념식에서 중학교 교과서에 나오는 글자를 잘못 읽어 망신을 당했다. 린젠화林建華 총장은 2018년 5월 4일 베이징대 체육관에서 거행된 개교 120주년 기념식에서 116개 해외 유명 대학의 총장, 130개 중국 대학의 총장과 베이징대 동문 출신 저명인사들 앞에서 20분에 걸쳐 기념사를 읽었다. 그런데 그는 '홍곡(큰 기러기와 고니)의 뜻을 세우라立鴻鵠志'는 대목에서 홍곡의 발음을 '훙후'가 아닌 '훙하오'라고 엉뚱하게 말하고 말았다. 홍곡은 '포부가 원대한 사람'이라는 의미를 갖고 있다. 이 해프닝은 네티즌들 사이에서 화제가 됐다. 네티즌들은 "베이징대 총장이 어찌 중학교 교과서에 나오는 글자를 모를까"라며 그를 까막눈 총장이라고 비웃었다. 온라인 쇼핑몰에서는 '홍후의 뜻鴻鵠之志' 대신 '홍하오의 뜻鴻浩之志'을 새긴 티셔츠까지 등장했다.

결국 린 총장은 베이징대 인터넷 게시판에 사과문을 올렸다. 그는 "솔직히 이 단어의 발음을 제대로 몰랐고 이번에야 제대로 알았다"며 "너무 값비싼 대가를 치렀다"고 말했다. 린 총장은 "초등·중학교 시절 문화대혁명을 겪으며 매일 선생님의 지시로 마오쩌둥의 어록과 선집 등만 반복해 읽었을 뿐 제대로 된 기초 교양 교육을 받지 못했다"고 털어놨다. 1955년 산둥에서 출생한 린 총장은 사실 알아주는 천재다. 베이징대 화학과에 입학해 석·박사 학위까지 받은 그는 충칭대와 저장대 총장을 거쳐 2015년부터 베이징대 총장으로 재직했다. 그의 말대로 문화대혁명이 아니었다면, 글자를 잘못 읽는 실수는 하지 않았을 것이다.

문화대혁명이 뭐길래

문화대혁명은 무려 10년(1966~1976년) 동안 이어진 마녀사냥으로 '10년의 대재난'이라고 부르기도 한다. 당시 최고의 권력을 갖고 있었던 마오쩌둥이 '자본주의를 타파하고 사회주의를 실천하자'며 시작했

문화대혁명 당시의 포스터. 마오쩌둥과 그를 추종하는 홍위병의 모습이 드러나 있다.

다. 조금이라도 자본주의와 연관되었다고 여겨지는 사람은 처단했고, 유교 전통과 각종 문화재는 낡은 문화의 잔재라며 금지하거나 없앴다.

이 모든 과정에서 '심판자'는 선동에 넘어간 젊은이들이었다. 마오쩌둥은 대학과 중고교의 청년들을 홍위병이라는 이름의 준군사 조직으로 동원해 문화대혁명의 폭발을 촉진시켰다. 1966년 수백만의 홍위병들이 베이징으로 집결하여 마오쩌둥과 함께 8회의 대규모 집회를 가졌다. 이후 홍위병의 수는 전국적으로 늘어나 1,300만 명에 달했다. 홍위병들은 행진과 선전 활동에 참가하고 각 지역에서 간부, 교사, 지식인, 예술가들을 사회주의의 반동 세력이라며 공격했다.

부모가 자식에게 고발당하고, 학생들이 선생을 강단에서 끌어내려 폭행하는 일이 빈번했다. 병원에서 진료해야 할 의사가 감옥에 갇히기도 했다. 전국 1,000만 호의 가정이 가택 수색을 당했고, 진귀한 문서와 예술품은 불태워지거나 부서졌다. 공식 통계로만 170만 명 이상이 문화대혁명 기간에 사망했다. 중국은 1981년에서야 문화대혁명에 대해 "당과 국가, 인민에 가장 심각한 좌절과 손실을 안겨준 마오쩌둥의 극좌적 오류"라는 평가를 내렸다.

❙ 1966~1976년 문화대혁명 당시 피해 규모

투옥 및 조사	420만 명
사망	172만 8,000명
반혁명 죄목으로 처형	13만 5,000명
무력 투쟁으로 사망	23만 7,000명
무력 투쟁으로 부상	703만 명
완전히 파괴된 개인 주택	7만 1,200여 채

출처: 중국공산당 당사(黨史)연구실

문화대혁명의 최대 피해자는 똑똑한 학생들

문화대혁명의 최대 피해자는 바로 린젠화 베이징대 총장처럼 10대 한복판에서 문화대혁명을 겪은 수재들이었다. 이들은 뛰어난 능력을 갖췄음에도 비정상적인 사회에서 교육을 받지 못하고 성장했다. 대학 입시가 1966년 이후 10년이나 중단돼 입시 기회를 박탈당한 사람도 많다. 도륙이 난무하는 사회에서 교양을 쌓을 길도 당연히 없었다. 이 시기 10대들은 지식에 대한 혐오만 키웠을 뿐이었다.

극소수의 사람만이 10대 때 문화대혁명을 겪고도 이후의 인생에서 성공을 거뒀고 상당수가 패잔병처럼 살아갔다. 중국 지도층 가운데 유난히 1950년대생이 적은 이유도 문화대혁명의 여파라는 분석이 있다.

문화대혁명을 기억하다

그렇다고 오늘날 중국에서 문화대혁명이 금기시되는 주제는 아니다. 그래서 문학 작품이나 영화에서 꽤 자주 다뤄진다. 중국 유명 작가 위화의 소설 〈인생〉에는 '푸구이'라는 인물의 이야기가 나온다. 푸구이는 출산을 앞둔 딸을 데리고 병원에 간다. 그러나 문화대혁명으로 의사들이 전부 감옥에 잡혀 들어가 병원에는 학생들뿐이다. 푸구이는 어쩔 수 없이 감옥에 갇힌 의사를 찾아가 물과 음식을 주며 제발 딸의 출산을 도와달라고 부탁한다. 의사는 푸구이의 제안에 응하고 음식을 먹지만, 급체로 기절한다. 딸은 끝내 의료진의 도움을 받지 못하고 푸구이의 품에서 숨을 거둔다.

영화 〈패왕별희〉에서는 '두지'라는 경극 배우가 문화대혁명 기간에 인민재판을 받는 장면이 나온다. 그를 거리로 끌어내 심판한 사람은 그의 양아들이었다. 이 자리에서 두지가 동성애자라는 사실도 모두에게 폭로된다. 이 영화를 만든 천카이거陳凱歌 감독은 실제로 문화대혁명 시기에 홍위병이었다. 영화 속 장면처럼 아버지를 비판하고 타도하는 데 앞장섰던 그는 자서전에서 "14살이었던 당시에 나는 아버지를 배신했다"고 고백하기도 했다.

문화대혁명文化大革命
문화대혁명은 10년(1966~1976년) 동안 계속된 정치 운동으로, 당시 최고의 권력을 갖고 있었던 마오쩌둥이 정치적 입지를 회복하고 반대파를 제거하기 위해 일으켰다. '자본주의를 타파하고 사회주의를 실천하자'는 명분으로 학생들을 선동해 지식인들과 관료들을 수없이 죽이도록 만들었다. 이 기간 동안 최소 170만 명이 희생당한 것으로 집계된다.

금기의 숫자 '64'
: 톈안먼사건

중국 톈안먼사건 30주년을 맞은 2019년 6월 4일, 대만 타이베이에는 2,000명이 모였고, 홍콩 빅토리아 공원에는 4만여 명이 모였다. 톈안 먼사건은 1989년 베이징 톈안먼 광장에 모여 민주화 시위를 벌인 학생과 시민을 중국군이 무력으로 진압한 사건이다. 사건 30주년을 맞은 이날 대만과 홍콩에선 톈안먼사건의 재평가를 요구하며 격렬하게 시위를 벌였지만 정작 사건이 발생했던 중국 본토는 조용했다.

　다양한 나라의 사람들이 나와서 각국 문화에 대해 토론하는 예능 프로그램 〈비정상회담〉에서 예상치 못한 장면이 나왔다. 각 나라의 시위와 집회에 대해 얘기하던 중 톈안먼사건이 언급되자 중국인 패널 왕심린 씨가 귀를 막는 시늉을 한 것이다. 그는 "우리는 그런 교육 못 받았어요. 저는 몰라요"라고 말했다. MC가 "그렇다고 귀를 막을 것까지야"라고 면박을 주자 왕 씨는 멋쩍은 얼굴로 "안 들려요"라는 말을 되풀이했다. 이름을 부를 수 없는 〈해리포터〉의 악당 '볼드모트'도 아닌데 왜 톈안먼사건을 입에 담지도 못하고, 들어도 못 들은 척해야 할까?

중국에서 톈안먼사건을 언급하면 진짜 잡혀갈까?

톈안먼사건은 피로 물든 민주화 시위로, 중국인들에게 영구적인 시위 공포증을 남긴 사건이다. 1989년 6월 4일, 중국의 학생들과 시민들은 베이징의 톈안먼 광장에 모여 민주화를 요구하는 시위를 벌였다. 그러나 군 병력은 이들을 무참하게 유혈 진압했다. 공식 발표된 사망자는 319명이지만, 주중 영국 대사가 작성한 공문서에 따르면 실제 사망자는 1만 명이 넘을 것으로 추정된다. 당시 시위대 진압을 명령한 덩샤오핑은 이렇게 말했다. "우리는 피 흘리는 것을 원하지 않지만 두려워하지도 않는다. 20년의 평안을 위해서라면 20만 명이 죽어도 할 수 없다."

중국에서 최고 금기 중 하나가 톈안먼사건인 것만은 분명하다. 중국 인터넷에서 톈안먼사건 관련 검색어는 완전히 통제돼 있다. 사건이 발생한 날짜를 의미하는 '6.4', '1989.6.4'는 인터넷에서 실시간으로 삭제된다. 이 때문에 '5월 35일', '8의 제곱' 등 톈안먼사건을 나타내는 다양한 은어들이 등장하기도 했다. 중국에서는 톈안먼사건과 관련된 논문, 소설, 영화도 금지된다. 중국인이 만든 미국의 화상회의 앱 줌Zoom은 2020년 6월 '톈안먼사건 추모 회의를 방치한 잘못'에 대해 반성문을 게시했다. 중국이 어쩔 수 없이 톈안먼사건을 거론해야 하는 상황에서는 공식적으로 '1989년 정치 풍파'라는 표현을 쓴다.

톈안먼사건을 금기시하는 이유

중국 정부는 톈안먼사건을 다시 거론하면 사회 불안을 야기할 수 있다고 우려한다. 무엇보다 정부 입장에서는 톈안먼사건에 대해 변명할 말이 없다. 우선 톈안먼사건은 중국군이 중국 인민을 유혈 진압한 사건이다. 중국군의 정식 명칭은 '중국인민해방군'. 인민을 보호해야 할 군대가 인민을 학살했으니 보통 심각한 일이 아니다. 또 톈안먼사건을 재평가하면 '민주화 운동'의 가치를 인정해야 하는 문제가 생긴다. 사회주의국가인 중국에서 자유와 민주를 포용하는 것은 정체성에 혼란을 준다. 결국 중국은 톈안먼사건 이후 입막음에 집중하고, 통제를 강화할 수밖에 없었던 것이다. 애국주의와 민족주의는 자유와 민주를 대체했고, 이제는 '중국몽中國夢'이란 이름으로 불리고 있다.

톈안먼사건을 기념하는 홍콩의 6.4 기념관.

    집단 기억상실증에 걸린 중국 본토와 달리 홍콩과 대만에선 톈안
먼사건이 기억되고 기념된다. 홍콩에서는 매년 대규모 톈안먼 추모 집
회가 열리며, 기념관도 있다. 마찬가지로 대만에서도 톈안먼사건에 대
해 자유롭게 말하는 분위기가 조성돼 있다. 그러나 홍콩보안법의 제정
으로 홍콩의 상황이 달라지고 있다는 우려가 나온다. 이 법은 국가 안
보를 저해하는 개인의 행위는 물론 집단의 활동도 금지하기 때문에,
톈안먼 집회가 열릴 경우 참가자들에게 국가 분열이나 테러라는 죄목
을 붙여 무겁게 처벌할 가능성이 있다.

또 다른 톈안먼사건이 있다?

흥미로운 사실도 있다. 톈안먼사건이라는 이름의 사건이 하나가 아니라는 것이다. 중국인들은 '톈안먼사건'이라는 말을 들었을 때 우리가 아는 사건과 다른 것을 떠올리는 경우가 많다. 바로 1976년 4월 5일 중국 마오쩌둥 체제에서의 민중 반란이다. 당시 '중국 현대화 노선'을 지지하던 사람들은 사망한 저우언라이周恩來 총리를 추모하러 모였다. 그런데 중국 정부가 이들이 놓고 간 화환을 모두 압수했다. 이에 격분한 사람들이 광장으로 모여들어 시위를 벌였으나 하루 만에 공안국의 탄압으로 해산됐다. 1976년 일어난 이 사건은 1978년 11월에 '혁명적 행동'이었다는 재평가를 받고 중고등학교 역사 교과서에 실리게 됐다.

아홉수 징크스

중국은 이상하게 '9'로 끝나는 해마다 변고를 맞았던 징크스가 있다. 대표적으로 톈안먼사건이 1989년에 발생했다. 티베트 독립을 요구하는 무장봉기는 1959년에 일어났다. 이 사건으로 망명한 티베트 종교 지도자 달라이라마가 1989년 노벨평화상을 받아 중국이 난처한 상황에 놓이게 됐다. 전 세계를 휩쓴 코로나19 바이러스도 2019년 중국 우한에서 가장 먼저 발견됐다.

PART 2

외교

세계를 뒤흔드는
중국의 외교 전쟁

미국과 중국의
'영사관 전쟁'

2020년 7월 27일, 중국 쓰촨성 청두시 미국 총영사관에 게양됐던 미국 국기가 내려졌다. 중국이 이날 청두 미국 총영사관을 폐쇄했기 때문이다. 중국 본토에 있는 총영사관은 5곳에서 4곳으로 줄었다. 중국 국영방송 CCTV는 스포츠 중계하듯 총영사관 폐쇄 장면을 생방송으로 내보냈다. 중국 소셜미디어에는 "비워진 총영사관 건물을 공중화장실로 만들어야 한다"며 미국을 비하하는 글이 수도 없이 올라왔다.

중국은 왜 미국 영사관을 닫았나?

선제 공격은 미국이 했다. 중국이 청두 미국 총영사관을 닫기 6일 전, 미국은 휴스턴에 있는 중국 총영사관을 72시간 이내에 폐쇄하라고 명령했다. 공식적인 이유는 '미국의 지식재산권과 개인 정보 보호'였으나 진짜 이유는 따로 있었다. 다름 아닌 무역 전쟁으로 시작된 미중 갈등이다. 양국의 감정의 골이 깊어지면서 외교 공관 폐쇄라는 극단적인 조치까지 이르게 된 것이다.

미중 무역 전쟁은 2017년 8월 도널드 트럼프 미국 대통령이 "중국이 미국의 지식재산권을 침해하고, 미국 기업의 기술을 훔쳐간다"고 공개 비난하면서 시작됐다. 2018년에는 전쟁이 본격화됐다. 그해 7월 미국은 중국 수입품에 25%의 높은 관세를 부과했다. 중국도 이에 맞서 미국 수입품에 보복 관세를 매겼다. 양국은 2019년 말까지 관세를 가지고 엎치락뒤치락 긴 싸움을 벌이다 2020년 1월에서야 1단계 무역 합의에 서명했다. 무역 전쟁이 일단락됐지만 양국 사이는 좋아질 기미가 보이지 않고 있다. 2020년 2월에는 상대국의 언론사를 놓고 기싸움을 벌였고, 4월에는 중국 코로나19 책임론으로 양국이 날을 세웠다. 5월에는 미국 기업의 기술을 탈취한다는 의혹을 받는 중국 통신 장비 기업 화웨이가 다시 도마 위에 올랐고, 6월에는 중국의 홍콩보안법 시행으로 양국이 격렬하게 맞붙었다. 그러다 미중 영사관을 사이에 둔 갈등까지 터진 것이다.

2020년에도 계속된 미중 갈등

2월 미국, 중국의 5개 언론사를 '중국 정부가 통제하는 기관'으로 지정

3월 중국, 자국에 주재하는 미국 3대 신문사 기자 추방

4월 미국, 코로나19 중국 책임론 거론

중국, 자국 내 코로나19 발원 부인

5월 미국, 중국 기업인 화웨이에 반도체 수출 금지 확대

6월 미국, 홍콩보안법 관련 인사와 기업을 제재하는 '홍콩자치법' 가결

중국, 홍콩보안법 시행

7월 미중 영사관 전쟁

중국에서는 2020년 11월에 치러질 미국 대선이 다가올수록 트럼프 행정부가 중국에 추가적인 압력을 가할 것이라고 걱정한다. 실제로 2020년 하반기 들어 중국을 향한 미국 정치권의 비난은 수위가 부쩍 높아졌다. 2020년 7월 마이크 폼페이오 미 국무장관은 "미국의 포용 정책은 중국이라는 프랑켄슈타인을 낳았다"면서 "우리는 다시 과거로 돌아가지 않을 것"이라고 강조했다. 프랑켄슈타인은 영국의 작가 메리 셸리가 1818년 쓴 공상과학소설에 등장하는 괴물로, 자신을 만든 인간에게 복수를 자행한다. 중국을 '미국을 위협하는 배은망덕한 괴물'이라고 규정한 것이다.

미중 갈등 배후에는 누가 있을까?

미중 간의 힘겨루기가 본격화된 이후 자주 사람들 입에 오르내리는 인물이 있다. 바로 미국 국무장관의 중국 정책 자문인 위마오춘余茂春이다. 2020년 7월, 《워싱턴타임스》는 그가 미국 국무부에서 '국가의 보물', '핵심'으로 불리고 있다고 전했다. 미국이 중국에 대한 정책을 짜는 데 가장 중요한 역할을 맡고 있다는 뜻이다. 미국 언론들은 휴스턴 중국 총영사관 폐쇄에도 그의 입김이 작용했다고 보도했다. 위마오춘은 사실 중국 출신이다. 톈진시 난카이대학에서 역사학을 전공한 뒤 1985년 미국으로 건너가 석·박사 학위를 취득했고, 미 해군사관학교 교수가 됐다. 2017년부터 미 국무부에 파견된 그는 "중국의 경제성장을 도우면 중국이 민주국가로 변모할 것이라는 믿음을 버려라"라고 미국에 조언해왔다. 사실상 중국을 돕지 말고 억누르라는 주장을 펼친 것이다.

중국의 반미 책사는 권력 서열 5위(최고 지도부인 정치국 상무위원 7인 중 5위)인 왕후닝王滬寧이다. 왕후닝은 장쩌민, 후진타오, 시진핑에 이르기까지 중국의 최고지도자 세 명을 보좌하며 정책을 설계해온 인물이다. 학자 시절에는 미국 정치체제를 비판하는 《미국이 미국에 반대한다》라는 책을 내기도 했다. 이 책에서 그는 서구식 민주주의는 명목상으로만 존재할 뿐 실제로는 기득권 집단이 미국 정치를 지배하고 있다고 분석한다. 이후 서구의 개인주의와 쾌락주의, 민주주의는 결국 아시아의 집단주의, 권위주의에 패배할 것이라며 '중국이 결국 미국에 승리를 거둘 것'이라고 주장하기도 했다.

앞으로도 중국과 미국은 누가 세계 최강자인지를 두고 끝없는 힘겨루기를 계속할 듯하다. 중국은 숨겨왔던 패권 야욕을 드러냈고, 미국은 중국의 부상을 용납할 수 없다며 맞서는 중이다. 미중 관계가 나빠지면 가장 골치 아픈 나라는 바로 한국이다. 한국은 지금까지 미국과 중국 사이에서 두 국가 중 하나를 선택하도록 강요받지는 않았다. '한미 동맹'도 좋고, '한중 밀착'도 괜찮다는 분위기였다. 덕분에 안보는 미국, 경제는 중국이라며 줄타기를 해왔다. 그러나 최근 미국과 중국이 본격적으로 전쟁에 돌입하며 우방국 줄 세우기를 시작했다. 한국이 누구 편에 설지를 고민해야 하는 처지에 놓인 것이다.

미중 플래시 포인트 flashpoint

2017년부터 급격히 사이가 틀어진 미국과 중국이 향후 충돌할 가능성이 높은 플래시 포인트는 크게 세 가지로 요약된다. 첫 번째는 대만해협, 두 번째는 남중국해, 세 번째는 과학·기술이다. 대만해협은 중국 본토와 대만 사이의 해협으로 사실상 두 지역의 군사분계선 역할을 한다. 남중국해는 중국이 여러 주변국과 영유권 분쟁을 벌이는 곳이다. 두 곳 모두 미국 편에 선 세력과 중국이 팽팽하게 맞서고 있어 언제든 무력 충돌이 일어날 수 있다. 과학·기술 분야는 중국이 경제성장을 위해 주력하고 있는 분야다. 따라서 미국과 이 분야의 인재·기술 교류가 중단되고 미국 내 중국 기업의 불이익이 커지면 강하게 반발할 것으로 보인다.

할아버지는 왜 자꾸 중국을 중공이라 부를까?

나이 드신 분들 중에 중국을 '중공中共'이라 부르는 경우가 있다. 중공은 '중국 공산당'의 약칭이다. 민주주의국가인 한국과 달리 중국은 공산주의 통치하에 있다는 것을 강조하는 이름이다. 1992년 한국과 중국이 수교한 뒤부터는 서서히 잊혀 지금은 잘 쓰지 않는 말이다.

그런데 미국이 최근 '중공'이라는 말로 '중국'을 대신하고 있다. 미국 백악관이 2020년 5월 작성한 국가 보고서인 〈대중국 전략 보고서〉는 중국을 전부 '중공Chinese Communist Party, CCP'으로 지칭했다. 중국 정권을 가리킬 때는 북한에나 쓰는 표현인 '독재 성향 정권regime'이라고 했다. 시진핑 국가주석의 직함은 기존에 쓰던 '대통령President'에서 '공산당 총서기General Secretary'로 낮춰서 표기했다.

미국은 왜 갑자기 호칭을 바꾸었을까?

미국이 중국을 '중공'이라고 표기한 것에는 중국이 미국의 대척점에 있는 공산주의국가라는 점을 강조하려는 의도가 있는 것으로 분석된다. 미국이 더 이상 중국이 민주주의·자유주의국가로 바뀔 것이라는 기대를 하지 않는다는 의미이기도 하다. 〈대중국 전략 보고서〉에서는 중국이 '미국의 가치에 대해 도전Challenges to Our Values'했다며 양국 분쟁이 근본적으로는 '이념 갈등'이라고 주장했다. 또 '조국을 보호하고 미국인의 삶의 방식을 지켜야 한다'며 중국이 미국인의 삶에 실질적 위협이 되고 있다고 강조했다.

　또 미국은 시진핑 주석을 '시진핑 총서기'라고 부르기 시작했다. 중국은 2000년대 후반부터 각국 정부에 시 주석의 영문 직함을 '대통령'으로 써달라고 요청해왔다. 공산당이 가진 부정적 이미지를 희석하기 위한 목적이다. 이런 중국의 뜻에 맞춰주던 미국이 돌연 입장을 180도 바꾼 것이다. 시진핑 주석의 공식적인 직함은 세 가지로, 다음과 같이 정리할 수 있다.

시 주석의 세 가지 직함

총서기(공산당 1인자) – 중국 내부에서 주로 쓰는 호칭

중앙군사위 주석(군 통수권자) – 군 관련 행사 때 쓰는 호칭

국가주석(대통령) – 외교적으로 주로 쓰는 호칭

시진핑의 직함을 총서기로 표기해야 한다는 주장은 2019년 11월 워싱턴DC 주요 싱크탱크의 중국 전문가 모임인 미중 경제안보검토위원회에서 공식 제기됐다. 이들은 "시진핑에게 '대통령'이라는 직함을 부여하는 것은 중국 공산당의 독재 통치에 민주적 합법성을 입혀준다"고 지적했다.

공산당원은 미국에 들어갈 수 없다니

미국이 중국의 호칭을 바꿀 정도로 미중 갈등은 더욱 심각해지고 있다. 과거 냉전 수준으로 격화됐다는 얘기도 나온다. 1946년 조지 케넌의 보고서가 미국과 소련의 냉전 질서를 예고했던 것처럼, 2020년 미국의 대중국 전략 보고서가 미중 신新냉전의 시작을 알리는 문서라는 분석도 있다. 당시 소련 주재 외교관이었던 조지 케넌은 냉전을 예상해 미국이 소련을 봉쇄해야 한다는 주장이 담긴 8,000자짜리 비밀 보고서를 작성했고, 그 보고서가 대소 전략에 결정적인 영향을 끼쳤다.

홍콩보안법 시행 이후 미국은 더욱 강력하게 중국 공산당에 대응

하고 있다. 2020년 7월, 미국은 중국 공산당원과 그 가족의 미국 방문을 전면 금지하는 방안을 검토 중이라고 밝혔다. 중국 관영 매체 《환구시보环球时报》의 편집인 후시진은 "중국엔 독일 인구보다 많은 9,300만 명의 공산당원이 있고 이들의 배우자와 자녀, 부모 등을 더하면 미국 인구에 육박하는 3억 명이나 되며 여기에 형제자매와 배우자 가족까지 포함하면 중국 인구의 절반에 해당한다"면서 "만일 이성을 잃은 미국 정부가 정말로 이 계획을 내놓는다면 이는 단교에 해당하거나 그보다 더 나쁜 것"이라고 했다.

그러나 미국이 중국에 전면적인 선전포고를 한 것은 아니다. 두 나라가 직접적으로 충돌하면 사태가 수습하기 어려울 만큼 커지기 때문이다. 다만 미국과 중국의 대결 구도가 자리 잡아 앞으로 한동안 전 분야에서 불꽃 튀기는 경쟁을 벌일 것이라는 점은 확실하다.

총서기

시진핑 국가주석이 중국에서 주로 쓰는 직함으로, 중국 공산당의 최고지도자를 의미한다. 명칭은 역사상 여러 번 바뀌어왔지만, 공산당의 최고지도자가 중국 전체의 최고지도자가 된다는 사실은 동일하다. 외교적 호칭은 '대통령(국가주석)'을 주로 사용해왔는데, 2020년부터 미국은 시 주석을 '대통령'이 아닌 공산당의 1인자라는 의미를 강조하는 '총서기'로 부르고 있다.

화웨이의 백도어 논란보다
더 중요한 진실

중국에 전혀 관심이 없는 사람도 연일 경제 뉴스에 오르내리는 '화웨이'라는 이름은 익숙할 것이다. 미국의 대중對中 제재의 핵심이자, 사업상의 손실은 물론 오너 가家의 해외 연금까지 가장 크게 피해를 입고 있는 기업이기 때문이다. 미국과 중국의 충돌 한가운데에 화웨이가 있다고 해도 과언이 아니다. 도대체 화웨이가 뭐길래 이렇게 세간을 시끄럽게 하는 것일까?

화웨이는 어떤 회사일까?

8,588억 위안(약 146조 원). 2019년 한 해 동안 화웨이가 기록한 매출이다. 영업이익도 11조 원에 달한다. 1987년 설립된 화웨이의 핵심 사업 분야는 통신 장비와 스마트폰이다. 그중 통신 장비 분야에서는 부동의 세계 1위 기업이다. 차세대 혁신 기술의 핵심인 5G(세대) 네트워크를 구현할 수 있는 기술 중 가장 많은 특허를 보유한 기업으로도 꼽힌다. 2019년 화웨이의 5G 네트워크 장비의 세계 시장점유율은 26.2%로 가장 높았다. 미국의 강력한 불매 규제 영향으로 2018년(31%)보다 점유율이 다소 줄었음에도 순위의 변화는 없다. 스마트폰은 아직 삼성전자와 애플 등 기존 강자를 뛰어넘진 못했지만, 이 분야에서도 화웨이는 빠르게 격차를 줄이며 위협적인 라이벌로 부상하고 있다. 카운터포인트리서치에 따르면 2020년 1분기 세계 프리미엄 스마트폰 시장점유율 비중은 애플이 57%로 1위, 삼성이 19%로 2위를 차지했고, 화웨이가 12%로 삼성의 뒤를 바짝 쫓고 있다. 같은 기간 모델별 순위에서는 1~4위가 애플의 제품이었고, 5위가 화웨이의 '메이트30프로 5G'였다.

재밌는 건 비상장사인 화웨이의 지배 구조가 여전히 베일에 싸여 있다는 점이다. 화웨이 창업자인 런정페이任正非 회장은 중국 인민해방군 총참모부 장교 출신이다. 화웨이는 중국군에 납품을 하며 벌어들인 돈을 기반으로 지금의 대기업으로 성장했다. 기업 이름도 '중화유위中

華有爲(중국의 굴기를 위해 행동한다)'라는 단어에서 따왔다.

　화웨이의 실제 지분을 누가 어떻게 나눠 갖고 있는지는 아무도 모른다. 화웨이는 종종 '회사 주식은 직원들 모두가 나눠 갖는다'고 주장한다. 여기서 말하는 주식이란 화웨이가 운영하는 특이한 인센티브 제도인 '가상주식'을 가리킨다. 런정페이 회장부터 평직원까지 가상주식을 나눠 갖는데, 성과에 따라 보유량이 달라진다. 보유한 가상주식이 많을수록 연말 상여금의 금액 또한 높아진다. 하지만 이 '가상주식'은 화웨이라는 회사의 경영권이나 지배권과는 전혀 무관하다. 런 회장은 가상주식 전체의 겨우 0.8% 정도를 보유하고 있지만, 화웨이를 실질적으로 지배하고 있기 때문이다. 이런 화웨이를 두고 미국을 비롯한 서방 국가들은 "사실상 중국 정부의 지분이 꽤 되는 것이 아니냐"는 의혹을 연일 쏟아내는 중이다. 물론 화웨이는 이 같은 의혹에 "전혀 사실이 아니다"라고 강력히 부인하고 있다.

중국 정부 지분율과 백도어 논란

미국이 날로 거대해지는 화웨이를 견제하기 위해 가장 먼저 내세운 의혹은 바로 '백도어 논란'이었다. 전 세계로 통신 장비를 수출하는 화웨이의 제품에 이용자의 데이터를 빼돌릴 수 있는 '뒷문'이 설계돼 있고, 여기서 수집한 민감한 기업·군사 기밀 등을 중국 정부의 요구에 따라 제출할 것이라는 논리다. 만약 미국 측의 주장대로 중국 정부가 화웨이의 지분을 상당량 갖고 있다면, 민간 기업인 화웨이에 정부가 정말로 백도어 설치를 지시하고 요구할 위치가 된다는 뜻이다.

하지만 '화웨이의 장비에 정말 백도어가 있느냐'는 질문에 대한 명확한 답은 아직 없다. 화웨이 측은 "백도어는 기술적으로 절대 불가능한 일"이라고 주장한다. 오히려 미국이 자국 기술을 압도하는 중국 기업의 등장을 어떻게든 막으려고 정치적인 논란거리를 앞세웠다는 비판적인 시각도 있다. 우리가 여기서 주목해야 할 점은 화웨이의 백도어 유무의 진실이 아니라, 중국의 기술 발전이 미국을 이토록 긴장케 만들며 양국의 이해관계가 복잡하게 얽히게 됐다는 점이다. 화웨이가 향후 글로벌 5G 시장을 장악하고, 세계 표준이 되어버린다면 미국에는 엄청난 위협이 된다. 5G는 인공지능을 기반으로 한 스마트 시티, 스마트 공장, 자율주행, 로봇 등을 가능케 하는 기초 인프라이기 때문이다. 자율주행과 인공지능 기술에서는 미국이 중국을 앞서가고 있지만, 5G에서 선두를 빼앗기면 중국에게 각종 5G 관련 특허 비용을 지불하면서 기술을 키울 수밖에 없다.

화웨이 왕따 만들기에 나선 미국

미국은 사실 2007년부터 화웨이에 대한 제재를 표면화하기 시작했다. 화웨이가 미국의 서버 업체 스리리프를 인수하는 것을 막고, 이란에 통신 장비를 공급해 이란 제재를 위반했다고 런정페이 회장을 추궁하는 식이었다. 하지만 정말 과격한 제재는 2019년 5월 이뤄졌다. 화웨이를 명시적으로 미국 기업과의 거래 블랙리스트에 올린 것이다.

그동안 화웨이는 미국 기업이 생산하는 부품과 소프트웨어에 크게 의존해왔다. 그중 대표적인 것이 구글의 스마트폰 운영체계OS인 안드로이드다. 삼성전자의 스마트폰이 안드로이드를 기반으로 구동하듯이, 화웨이의 제품도 기본적으로 구글의 기술에 의존하고 있는 형태였다. 하지만 미국 정부의 제재로 더 이상 화웨이와의 거래가 불가능해지자, 구글도 화웨이에 업데이트된 안드로이드 OS를 판매할 수 없게 됐다. 이와 함께 안드로이드가 기본적으로 제공하는 지메일, 유튜브, 크롬브라우저, 앱스토어도 모두 사용할 수 없게 됐다. 화웨이는 부랴부랴 자체 OS와 앱스토어를 키우고 나섰지만, 급조된 스마트폰 생태계가 단숨에 안드로이드를 따라잡을 수 있을 리는 만무하다. 스마트폰의 '심장'을 빼앗겨버린 셈이다.

2020년 5월에는 블랙리스트 적용 범위가 미국 기업에서, 미국의 기술을 활용하는 해외 기업으로까지 확대됐다. '심장'에 이어 스마트폰의 '두뇌'로 불리는 APApplication Processor 반도체까지 공급을 중단시킬 요량인 것이다. 현재 화웨이 스마트폰에 탑재되는 반도체는 대부분 자회사인 하이실리콘이 설계한 제품이다. 문제는 하이실리콘이 설계한 반도체를 생산해내는 건 대만의 반도체 위탁 생산 업체인 TSMC라는 것이다. TSMC가 바로 '미국의 기술을 활용한 해외 기업'인 셈이다. TSMC는 미국의 규제 이후 화웨이로부터 신규 반도체 주문을 받지 않기로 했다.

미국은 여기서 멈추지 않고 2020년 8월 17일, 더 강력한 추가 제재안을 발표했다. 앞서 화웨이가 설계한 반도체에 미국의 기술이 사용되어서는 안 된다고 막았다면, 이번에는 미국의 기술이나 장비로 반도체를 만드는 그 어떤 기업도 화웨이에 납품하지 못하도록 규제했다. 화웨이가 직접 설계한 반도체를 미국 기술로 생산하는 길을 막은 데이어, 직접 설계하지 않은 반도체를 구매하는 것까지 막았다는 뜻이다. 이 규제가 왜 강력하다는 것일까? 글로벌 반도체 산업에서 미국의 기술을 단 한 건도 사용하지 않는 업체는 없다. 즉, 이 제재안으로 화웨이가 반도체를 구매할 수 있는 길이 전부 끊겨버린 것이다. 화웨이는 2020년 9월 15일 실행되는 이 제재를 앞두고, 전세기를 동원해 대만 반도체 생산 업체들로부터 마지막 반도체 물량을 쓸어 담아 왔다. 화웨이가 동원한 전세기에는 미처 품질 검수나 포장 처리를 마치지못한 제품까지 쌓여 있었다.

반도체 업계에서는 현재 화웨이가 갖고 있는 반도체 물량으로는향후 6개월 정도밖에 버티지 못할 것이라 예상한다. 화웨이가 자체 개발한 반도체 칩 '기린9000'의 재고는 약 1,000만 개로 알려졌다. 이 칩이 탑재되는 화웨이의 스마트폰 신제품인 '메이트40'은 아무리 수요가 많아도 딱 1,000만 개만 만들 수 있다는 뜻이다. 이 물량이 소진된후, 화웨이의 스마트폰 사업과 반도체 사업은 미국의 제재가 다시 풀리지 않는 한 유명무실한 부서로 전락할 운명에 놓이게 됐다.

미국이 화웨이의 제품에만 압박을 가하고 있는 것은 아니다. 런정페이 회장의 딸인 멍완저우孟晚舟 화웨이 최고재무책임자CFO는 2018년 12월 캐나다 벤쿠버에서 체포돼 지금까지 위치 추적기를 발목에 달고 연금된 상태다. 미국 검찰이 멍완저우가 대이란 제재를 위반했다는 명목으로 기소했기 때문이다. 멍완저우는 2021년 4월 미국으로 인도돼 재판을 받게 될 전망이다.

화웨이 블랙리스트

2019년 5월 미국 상무부가 화웨이를 미국 기업들의 거래 금지 명단에 올린 사건이다. 화웨이가 미국의 국가안보를 해친다며 국가 비상사태까지 선포했었다. 이 블랙리스트 효과로 화웨이는 퀄컴의 반도체는 물론, 구글의 안드로이드 OS와 각종 소프트웨어를 구매할 수 없게 됐다.

2020년 5월에는 블랙리스트 적용 기업을 '미국 기술을 사용하는 해외 업체'로까지 확장시켰다. 사실상 삼성, 대만 TSMC 등 세계 모든 반도체 업체의 화웨이 납품을 금지시킨 것이다. 화웨이 블랙리스트 사건은 중국의 기술 굴기를 견제하는 미국의 대표적인 조치로 꼽힌다.

미국과 중국 사이에서
고통받는 틱톡

15초짜리 짧은 동영상을 제작하고 공유하는 틱톡은 전 세계를 비롯해 국내에서도 많은 사람들이 사용하고 있는 인기 소셜미디어다. 여러 연예인이 따라 하며 화제가 됐던 가수 지코의 '아무노래 챌린지'도 틱톡을 중심으로 확산된 콘텐츠다. 틱톡은 2020년 4월까지 전 세계에서 20억 회 이상 다운로드됐다. 이제 '유튜버'처럼 막대한 영향력을 펼치는 '틱톡커'가 등장하는 세상이다. 하지만 이처럼 성공한 소셜미디어 서비스의 본사가 중국 베이징에 있다는 사실을 아는 사람은 소수다.

세상을 놀라게 한 중국의 한 방, 틱톡

틱톡을 운영하는 업체 바이트댄스는 중국 베이징에 본사를 두고 있다. 이공계 명문대학인 톈진 난카이대학에서 소프트웨어 공학을 전공한 창업자 장이밍張一鳴의 나이는 겨우 37세다(2020년 기준). 그의 이름의 뜻도 매우 독특한데, '일단 울면 사람을 놀라게 한다'라는 뜻의 중국 사자성어 '일명경인一鳴驚人'에서 따온 것이다. 재밌는 사실은 중국 인터넷 기업 창업자 중에서도 유독 말재주가 없고 조용하기로 유명한 그가 틱톡으로 자신의 이름처럼 제대로 세상을 놀라게 할 한 방을 날렸다는 것이다.

장이밍은 졸업 후 온라인 기업에서 개발자로 전전하다 29살이었던 2012년에 회사를 나와 바이트댄스를 창업했다. 당시 가장 먼저 내놓은 서비스는 인공지능AI 기술 기반으로 이용자가 관심 있어 할 만한 뉴스를 추천해주는 '진르터우탸오今日頭條'였다. 이는 최근에야 뉴스 추천에 AI 기술을 도입한 한국 인터넷 기업보다도 수년이 빠른 시도였다. 서비스 준비 당시 투자금 유치를 위해 사업 아이템을 가지고 세계 최대 벤처캐피털VC인 세쿼이아캐피털을 찾아갔지만, "말도 안 되는 사업"이라며 웃음거리가 된 것도 유명한 일화 중 하나다. 하지만 세쿼이아캐피털의 생각과 달리 진르터우탸오는 출시 3개월 만에 1,000만 사용자를 확보했고, 이때 벌어들인 자금은 지금의 틱톡이 탄생하게 된 기초가 됐다. 바이트댄스는 2016년 9월 중국 시장에 더우인抖音이라는 이름으로 짧은 동영상 기반의 소셜미디어 앱을 내놨다. 이듬해부터는 미국의 인기 영상 공유 앱 '뮤지컬리'를 인수해 서비스명을 틱톡으로 바꾸고 해외시장에서 더우인과 똑같은 기능의 앱을 서비스하기 시작했다. 틱톡은 출시 후 불과 3년 만에 150여 개국에서 75개 언어로 서비스되는 글로벌 소셜미디어로 성장했다.

틱톡의 성공이 의미하는 것

틱톡의 성공은 중국 IT 산업에서 매우 중요한 이정표로 인식되고 있다. 지금까지의 중국 IT 기업들은 모두 선진국이 먼저 내놓은 서비스를 따라 하는 후발 주자였다. 예컨대 바이두가 구글의 검색 기능을, 알리바바가 아마존의 온라인 쇼핑 모델을 모방한 뒤 거대한 중국 내수시장을 발판으로 성장한 경우가 그렇다. 메신저 앱 위챗으로 유명한 텐센트의 시작은 한국의 싸이월드를 모방한 'QQ쇼(아바타 기반의 미니홈페이지 서비스)'였다. 이 때문에 중국 IT 기업에는 '덩치는 크지만 오리지널리티가 없다'는 꼬리표가 항상 따라붙었다.

하지만 틱톡은 다르다. 중국 태생의 오리지널 서비스가 해외시장에서 인정받은 첫 사례인 것이다. '세계의 공장'이라 불리는 중국은 제조업에서는 글로벌 선두 자리를 차지하고 있지만, 기발한 아이디어가 핵심인 소프트웨어 시장에서는 사실상 미국의 적수가 되지는 못했다. 하지만 이런 판도를 틱톡이 단숨에 뒤바꿨다. 틱톡은 특히 미국에서

중국 태생의 서비스 최초로 글로벌 시장을 선점한 틱톡.

인기가 있다. 최근 미국 내 비게임 앱 다운로드 수 순위에서 페이스북, 인스타그램을 제쳤다. 2019년 9월에는 미국 실리콘밸리의 중심인 캘리포니아주 마운틴뷰 현지에 사무실까지 열었는데, 이곳은 원래 페이스북이 인수한 메신저 서비스 '왓츠앱' 사무실이었던 곳이다. 이와 함께 "연봉의 20%를 올려줄 테니 이직하라"는 공격적인 인재 영입에까지 나섰다. 실리콘밸리 IT 공룡들이 위기감을 느낄 만한 기세였다.

비상장사인 바이트댄스의 기업 가치는 최근 1,000억 달러(약 121조 원)를 넘어선 것으로 알려졌다. 우버, 쥴랩스, 에어비앤비와 같은 쟁쟁한 미국 스타트업을 따돌리고 '세계 최대 유니콘'에 등극한 지도 1년이 훌쩍 넘었다. 바이트댄스의 2020년 1분기 매출은 400억 위

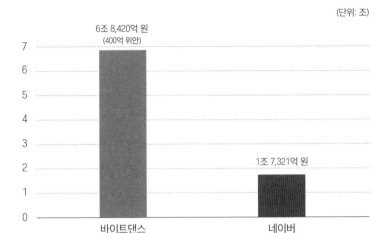

❙ 바이트댄스와 네이버의 2020년 1분기 매출

(단위: 조)

- 6조 8,420억 원
  (400억 위안)
- 1조 7,321억 원

바이트댄스 　 네이버

안(약 6조 8,420억 원)으로, 이는 국내 최대 인터넷 기업인 네이버의 2019년 한 해 매출(약 6조 5,934억 원)에 맞먹는 액수다. 이런 바이트댄스를 두고 중국 현지에서는 '펑쾅인차오지瘋狂印鈔機(미친 듯이 돈 찍는 기계)'라는 별명까지 붙었다.

이렇게 벌어들인 돈으로 바이트댄스는 구글과 페이스북 못지않은 '인터넷 왕국'을 세우고 있다. 탄탄한 자금력을 바탕으로 선배 기업들이 선점했던 분야인 동영상, 게임, 온라인 교육, 핀테크부터 스마트폰 제조까지 무한 확장하고 있는 것이다. 이미 중국 현지에서는 중국 대표 IT 기업 3인방을 일컫는 'BAT(바이두, 알리바바, 텐센트)'에서 바이두를 바이트댄스로 바꿔야 한다는 얘기도 나온다.

미중 갈등에 휘말린 틱톡

하지만 잘나가던 틱톡이 최근 전례 없는 위기에 봉착했다. 미국 행정부가 틱톡 서비스에 '데이터 안보' 문제를 거론하며 매각을 강요하면서다. 2020년 7월 트럼프 행정부는 중국에 본사를 둔 틱톡이 미국 이용자들의 정보를 불법 수집해 중국 정부에 제공한다는 이유로 미국에서 틱톡 사용을 금지하겠다고 위협했다. 이를 피하려면 틱톡의 미국 사업을 미국 기업에게 매각하라는 것이다. 미국 정부의 위협 후 틱톡의 매각 시계는 빠르게 돌아가기 시작했다. 2020년 8월 6일 트럼프 대통령이 서명한 행정명령에 따르면 틱톡은 당해 9월 20일까지 기업을 인수할 대상을 선정해야 하고, 그러지 못할 경우 미국에서 틱톡 사용이 중단된다. 글로벌 사업 비중이 큰 바이트댄스 입장에서는 트럼프의 요구에 반항할 수 없었다. 미국 시장에서의 사업 운영이 금지된다면 미국의 동맹국인 서방 국가에서 틱톡을 사용할 수 없게 되는 것은 시간 문제이기 때문이다. 바이트댄스 창업자 장이밍은 울며 겨자 먹기 식으로 사업 매각을 추진했고, 마이크로소프트를 비롯해 월마트, 구글, 오라클, 소프트뱅크, 트위터 등 쟁쟁한 미국 기업들이 인수 전쟁에 뛰어들었다.

하지만 중국이 이를 가만히 두고 보기만 한 것은 아니었다. 중국 상무부와 과기부는 2020년 8월 29일 '중국 수출금지 및 수출제한 기술 목록'을 업데이트하면서 틱톡의 인공지능 기술을 수출제한 품목에 포함시켰다. 틱톡이 회사를 매각하려면 중국 정부의 허락을 먼저 받아야 한다는 뜻이다.

미국과 중국 정부 사이에 낀 틱톡 운영사 바이트댄스는 2020년 9월 13일 돌연 수많은 인수 경쟁자 중 오라클을 '신뢰하는 기술 파트너'로 선정했다고 밝혔다. 핵심 기술을 판매하지는 않지만, 미국 내 사용자 데이터 관리와 서비스는 오라클이 도맡아서 하는 방식의 '부분 매각'을 하겠다는 것이다. 그러나 두 회사는 2020년 11월까지도 구체적인 합의에 도달하지 못하고 있다. 미국과 중국 양측을 모두 만족시킬 만한 안이 나오지 않은 것이다. 협상이 지지부진하는 사이 미국 법원이 트럼프 행정부의 틱톡 규제안을 막아, 틱톡은 매각을 마무리 짓지는 못했지만 미국에서 서비스가 중단되는 일은 막았다. 11월 중에 틱톡을 시장에서 퇴출하겠다는 것이 트럼프 행정부의 당초 계획이었지만, 트럼프 대통령이 재선에 실패하면서 틱톡의 미래가 어떻게 될지는 아무도 모르게 됐다. 한때 중국이 배출한 최대 글로벌 인터넷 기업으로 촉망받던 틱톡이 바람 앞 촛불처럼 흔들리고 있다. 미국 상무부는 당초 2020년 11월 12일로 정해졌던 미국 내 틱톡 퇴출의 최종 기한을 앞두고 행정명령 집행을 연기하겠다고 밝혔다. 틱톡 문제가 트럼프 대통령의 우선순위에서 빠진 것이다. 이제 틱톡 운명의 행방은 바이든 정부로 넘어가게 됐다.

아직도 안 끝났니?
중국의 사드 보복

시진핑 주석이 2020년 하반기에 한국을 방문한다는 소식이 전해지자 국내 언론들의 관심은 '한한령限韓令' 해제 여부에 모아졌다. 한한령은 2016년, 한국이 사드THAAD 배치를 확정하자 이에 분노한 중국이 보복 조치로 내린 한류 금지령이다. 사드란 탄도미사일이 목표물에 꽂히기 직전에 이를 격추시킬 수 있는 미국의 미사일 방어 체계다. 핵무기가 없는 한국이 북한의 핵미사일에 대응하기 위해 꼭 필요한 방어 무기로 꼽힌다.

사드 보복으로 어떤 피해를 입었을까?

사드 사태의 후유증이 예상보다 오랫동안 계속되고 있다. 이제 한중 관계는 사드 사태 이전과 이후로 나뉜다는 말이 나올 정도다. 한한령을 비롯한 중국의 보복으로 한국은 큰 피해를 입었다. 중국에서 열리기로 했던 K팝 공연들이 모두 취소됐고, 최고의 인기를 누리던 한국 방송 프로그램들이 중국 방송계에서 자취를 감췄다. 한국 연예인들의 중국 진출도 무산됐다. 매년 수백만 명씩 한국을 찾던 중국인 단체 관광객은 씨가 말랐다. 이에 중국인 손님이 매출에 큰 부분을 차지했던 국내 사업장들은 하루아침에 위기를 맞았다. 면세점에서 일하던 아르바이트생은 잘렸고, 여행사 부장은 사표를 내야 했다.

가장 극심한 피해를 본 것은 중국에 진출한 한국 기업들이었다. 롯데는 사드 부지를 제공했다는 이유로 중국 사업을 대부분 접게 됐다. 강도 높은 세무 조사와 영업정지 조치를 버티지 못하고 2018년 중국 내 롯데마트 매장을 모두 매각했고, 2019년 3월에는 중국 내 식품 제조업에서도 철수했다. 현대차도 중국 내 불매운동에 타격을 입어 중국 자동차 시장점유율이 크게 떨어졌다. 중국의 한 호텔 술집에선 한때 '한국인과 개는 출입을 금한다'는 문구를 걸어뒀을 만큼 혐한 감정이 극에 달하기도 했다.

중국에서 사업을 철수하게 된 롯데마트.

한국과 중국의 좁혀지지 않는 입장 차이

중국의 사드 반대는 끈질기다. 처음 반대를 표명한 것은 2014년 7월
이었다. 당시만 해도 한국의 사드 배치는 논의 시작 단계였다. 2016년
3월, 시 주석은 박근혜 전 대통령과의 워싱턴 회담에서 또다시 사드
반대 입장을 밝혔다. 그러나 북한의 핵미사일 도발이 반복되면서 한국
은 2016년 7월 사드 배치를 최종 결정했다. 2017년 9월 경북 성주에
임시 배치해 운용 중이고, 이후 수년째 정식 배치를 위한 각종 절차를

밟고 있다.

중국은 왜 사드 배치에 이토록 민감한 것일까? 중국은 한국에 배치한 사드가 중국의 안보를 위협할 수 있다고 본다. 중국이 미국 본토를 공격하기 위해 대륙간탄도미사일ICBM을 발사할 경우 근거리에 있는 한국의 사드 레이더가 탐지할 수 있다는 것이다. 그러나 한국은 사드가 한반도에 배치되면 어떠한 제3국도 겨냥하지 않고 북한의 핵과 미사일 위협에 대해서만 사용할 것이라고 강조했다. 사드는 한미 동맹이 결정한 것이고, 중국에 위협이 없기 때문에 중국이 관여할 일이 아니라는 입장이다.

한한령 해제의 신호탄은 한국 단체 관광 재개

중국의 사드 보복에도 다행히 우리가 강점을 가진 산업은 대부분 큰 타격을 받지 않았다. 반도체, 디스플레이, 석유화학 등의 중국 수출량은 큰 변화 없이 유지됐다. 중국이 보복을 하고 싶어도 자신들이 아쉬운 분야라서 손을 대지는 못한 것이다.

사드 후폭풍은 조금씩 가라앉는 분위기다. 2020년 7월 1일, 한국관광공사와 중국 최대 여행 기업인 트립닷컴은 공동으로 한국 관광상품 판촉 행사를 열었다. 한국 관광 상품이 중국에서 공식 판매된 것은 2017년 한한령 이후 처음이다. 이날 실시간 인터넷 방송으로 진행된 행사에는 200만 명의 중국인이 몰려들며 흥행에 성공했다. '코로나19 사태가 진정된 이후에 쓸 수 있다'는 조건이 걸린 한국 호텔 숙박권과 스키장 이용권 등도 예상 외로 매진되며 한국 관광의 인기를 입증했다.

한한령限韓令

2017년 중국에 내려진 한류 금지령. 중국 정부에서는 이러한 조치를 내렸다는 사실을 공식적으로 인정하지는 않는다. 2016년 7월 한국의 사드 배치가 확정된 후 이에 대한 보복 조치로 적용되고 있다. 중국 내 한국행 단체 관광 상품 판매 금지, 한국 콘텐츠 송출이나 한국 연예인 출연 금지 등의 조치를 포함한다. 한한령 해제 움직임은 2020년부터 시작되고 있다.

굿바이 코리아, 웰컴 재팬
: 게임 규제

라이즈 오브 킹덤즈, 기적의 검, 브롤스타즈, 랑그릿사……. 모바일 게임 좀 해봤다는 사람들에겐 너무나 익숙한 게임 타이틀이다. 이들의 공통점은 2020년 상반기 국내 구글플레이 게임 앱 중 매출 순위 상위 20위 안에 든 '중국산 게임'이라는 것이다. "브롤스타즈는 핀란드 게임 업체 슈퍼셀이 만든 게임 아니야?"라고 묻는 '겜잘알(게임을 잘 아는 사람)' 독자들도 있겠지만, 아쉽게도 슈퍼셀은 지난 2016년 중국 텐센트에 전격 인수됐다. 그 유명한 'LOL(리그 오브 레전드)'을 만든 미국 라이엇게임즈도 2015년부터 텐센트의 100% 자회사가 됐다. 우리는 이미 중국산 게임이 글로벌 시장을 선도하는 세상에 살고 있는 것이다.

중국 게임, 언제부터 그렇게 잘나갔을까?

사실 중국 게임이 처음부터 잘나갔던 것은 아니다. 오히려 이 분야의 선두 주자는 한국이었다. 인터넷이 본격적으로 보급된 2000년대 초반의 PC 게임부터, 스마트폰이 확산된 후의 모바일 게임 시장은 한국 업체들이 압도적으로 우위를 갖고 있던 분야였다. 2010년대까지만 해도 중국에서 인기 있는 게임 목록의 절반 이상이 한국산 게임이었고, 중국 게임사들은 한국 게임을 답습하기에 급급해 수준 낮은 '짝퉁게임'을 양산하는 판국이었다. 하지만 중국 정부는 한국 게임사들이 돈을 끌어모으는 상황을 두고 볼 만큼 호락호락하지 않다. 중국은 전략적으로 자국 게임 업체를 육성하기 위해 해외 게임은 반드시 중국 업체를 통해서만 서비스하도록 규정했다. 이를 통해 중국 업체들이 한국 업체의 개발 및 운영 노하우를 배우도록 한 것이다. 실제로 현재 중국에서 가장 많은 돈을 벌고 있는 한국 게임인 넥슨의 '던전 앤 파이터'는 연간 1조 원이 넘는 저작권 사용료로 수익을 올리고 있지만, 이 게임의 중국 운영사인 텐센트는 이를 훨씬 웃도는 판매·광고 수익을 올리고 있는 실정이다.

한국 게임 업계에서는 중국 정부가 그동안 양산되는 중국산 짝퉁 게임들에 대해 의도적으로 눈을 감아줬다는 비판도 나온다. 저작권 규제를 느슨하게 하며 게임 개발 실력을 빠르게 따라잡도록 여유를 벌어줬다는 것이다. 그 결과 막대한 자본력과 개발 기술을 갖춘 중국 게임사들은 최근 4~5년간 더 화려한 그래픽과 콘텐츠로 무장해 경쟁력 면에서 한국 게임을 완전히 추월하는 양질의 게임들을 내놓고 있다. 같은 기간 라이엇게임즈, 슈퍼셀과 같은 대형 게임사들이 중국 기업에 인수되는 일도 비일비재하게 일어났다. 중국이 명실상부 게임 강국으로 부상하게 된 것이다.

한국 게임이 불이익을 받고 있다

이런 가운데 한국 게임은 중국 시장에서 완벽하게 소외되고 있다. 중국은 한국과 사드 갈등이 불거지기 시작한 2016년부터 기존에는 권고 사항이었던 모바일 게임 허가증版號(판호) 발급을 의무 사항으로 변경하며 한국 신규 게임에 문을 닫기 시작했다. 그리고 이듬해 3월 한국 스마일게이트의 '크로스파이어 모바일'을 마지막으로 한국 게임에 대해서는 완전히 빗장을 걸어 잠갔다.* 물론, 정치적으로 민감한 사안에

* 2020년 12월 2일, 중국 정부가 약 4년 만에 한국 게임에 허가증을 발급했다. 중국 규제의 문턱을 넘은 게임은 국내 게임사 컴투스의 모바일 게임 '서머너즈 워: 천공의 아레나'다. 이로써 한국 게임이 중국 시장에 재진출하게 됐지만, '잃어버린 4년' 사이에 좁혀진 기술 격차 때문에 중국 시장에서 한국 게임의 미래는 여전히 불투명하다.

대해 언급을 삼가는 중국 정부는 한 번도 '사드 때문에 한국 게임 유통에 불이익을 준다'라고 명시적으로 말한 적이 없다. 하지만 사드 갈등을 기점으로 3년여 동안 중국 정부의 허가증을 받은 한국 게임은 단 하나도 없는 게 현실이다.

반면 중국은 일본 게임에는 문을 활짝 열어주고 있다. 2018년 초 중국 정부는 게임 규제를 강화하며 신규 게임 허가증 발급을 전면 중단했다가, 1년 만인 2019년 3월 해외 게임에 허가증 발급을 재개했다. 당시 새롭게 나온 허가증 30개 가운데 일본 게임이 8개였고, 그 후에도 매월 10여 개의 일본산 게임에 허가증을 내주고 있다. 일례로 2019년 8월 개최된 중국 최대 게임 박람회 '차이나조이 2019'에는 반다이남코, 디엔에이 등 일본 참가 업체가 중국 업체 다음으로 많았을 정도다. 수년 전만 해도 한국 게임사들이 이 행사에서 엄청난 존재감을 자랑했었지만, 이번 차이나조이에 부스를 낸 한국 업체는 카카오게임즈 단 한 곳에 불과했다.

허가증 발급 중단 일지

2017년 3월 한국 스마일게이트의 '크로스파이어 모바일'이
　　　　　　　마지막으로 허가증 받아

2018년 3월 중국 정부, 신규 허가증 발급 전면 중단

2018년 12월 중국 자국 게임의 허가증 발급 재개

2019년 3월 해외 게임의 허가증 발급 재개(한국 게임은 불포함)

중국은 왜 일본에는 시장을 열어주는 걸까?

PC 게임과 모바일 게임의 선두 주자였던 한국을 따라잡은 중국의 다음 목표는 콘솔 게임 시장이다. 사실 PC 게임과 모바일 게임이 게임 시장의 주류를 이루는 아시아권(일본 제외)과 달리, 서양권은 여전히 모니터에 게임기를 연결해서 즐기는 콘솔 게임 시장이 대세다. 한국에게는 더 이상 배울 것이 없다고 판단한 중국은 한국의 기술을 답습했던 것과 같은 방식으로 일본에 손을 뻗은 것이다. 시장을 내주고 기술을 배우는 정책이다.

여기서 재밌는 사실 하나를 말해보자면, 중국은 고유의 반일 정서 때문에 지금까지 일본산 게임의 정식 중국 수출을 막아왔다. 닌텐도의 게임기인 '닌텐도 스위치'도 지금껏 중국에서 정식 발매 허가를 받지 못했고, 유명한 포켓몬 육성 게임도 정식 수출을 하지 못했었다. 중국 현지에서 원작보다도 화려한 포켓몬 짝퉁게임이 나오는 것도 원작이 설 자리가 전혀 없었기 때문이다. 그런 가운데 중국 정부가 드디어 2019년 연말에 텐센트에게 닌텐도 제품의 중국 내 유통을 허가했다. 물론 공짜는 아니다. 텐센트는 닌텐도와의 협업을 통해 콘솔 게임 제작 노하우를 전수받고, 향후 자체적으로 유럽과 북미의 콘솔 게임 시장을 공략하려는 큰 그림을 그리고 있다. 마치 한국 게임사에 그랬던 것처럼, 일본을 뛰어넘을 준비를 하고 있는 것이다.

중국 신규 게임 허가증 版號(판호)

중국에서 게임을 출시하고 수익을 얻기 위해 받아야 하는 허가증이다. 2017년까지만 해도 9,369건이나 나왔던 판호는 최근 2년 새 총량이 크게 줄어 2019년에는 연간 1,570건밖에 허가를 받지 못했다. 중국 정부가 게임 내 여론을 통제하기 위해 자국 게임 산업을 규제하고 나선 것과, 해외 게임의 과도한 유입을 막기 위한 보호 조치가 맞물리면서다. 특히 한국의 경우에는 2016년 한중 사드 갈등 이후 약 4년 동안 새로운 판호를 받지 못하다가 2020년 12월부터 다시 중국 규제의 문턱을 넘게 됐다.

중국 위키피디아는 왜 김연아를 조선족이라고 할까?: 동북공정

인터넷 백과사전 위키피디아의 중문판에는 피겨의 여왕 김연아가 '조선족'이라고 나와 있다. 중국어로 된 '조선족' 문서를 클릭하면 김연아를 비롯해 세종대왕, 백범 김구 선생, 반기문 전 유엔사무총장, 배우 이영애의 사진이 게시되어 있고 이들은 모두 '조선족 대표 인물'로 소개된다. 북한의 김일성과 김대중 전 대통령의 사진도 나란히 붙어 있다. 이 문서는 "조선족을 한민족이라고 부르기도 한다"고 설명한다.

한민족을 '조선족'이라고 우기는 이유

중국의 청년들 중 상당수가 한국의 뿌리는 중국이고, 한민족의 모태는 중국의 소수민족인 조선족이라고 믿고 있다. 고구려를 중국의 일부로, 고구려인을 중국의 후예라고 주장하는 동북공정의 여파다. 2002년 시작된 동북공정은 중국 정부의 국책 연구 사업으로, 고구려와 발해 등 중국 국경 안에서 일어난 모든 역사를 다 중국 역사로 규정하려는 시도다. 소수민족들의 분리 독립을 두려워하는 중국이 동북 지역에 사는 조선족들을 세뇌시키기 위해 추진했다는 의견이 많다.

동북공정의 황당한 주장

"고구려는 중국 땅에 세워졌고, 독립국가가 아닌 중국의 지방정권"

"고구려 종족은 중국의 전욱 고양 씨(중국 황제의 손자뻘인 전설적 인물) 후예"

2001년 개설된 위키피디아 중문판에서는 동북공정이 본격화된 이후 한국을 비하하거나 속국으로 설명하는 문서들이 올라오기 시작했다. 중국 내 위키피디아 접속은 2019년에 차단됐지만, VPN(인터넷 우회 접속) 프로그램을 사용하면 여전히 접속 가능하다.

그런데 극성 중국 네티즌들은 왜 하필 위키피디아에서 한민족을 조선족이라고 우기는 것일까? 세계에서 가장 많이 쓰는 검색엔진인 구글의 검색 결과를 조작하기 위해서다. 구글은 위키피디아의 신뢰도를 가장 높게 평가하기 때문에, 검색 결과 최상단에 해당 언어 위키피디아 문서를 우선적으로 보여준다. 위키 중문판의 문서가 편집되면 구글 검색 결과도 영향을 받는 식이다. 위키피디아는 누구나 자유롭게 편집이 가능해 중국 네티즌들이 자신의 입맛에 맞는 내용을 집어넣는 경우가 많다. 실제로 구글 검색창에 중국어로 '한민족韓民族'을 입력하면 화면 제일 위에 위키피디아 '조선족朝鮮族' 문서가 뜬다. 한민족을 뜻하는 영단어 'koreans'를 중문판 구글에서 검색해도 같은 결과가 나온다. 전 세계인의 구글 검색량은 평균 1초당 4만 건에 달하고, 전 세계 검색량의 90%를 구글이 독점한다. 중국은 위키피디아 조작만으로 세계에서 가장 힘센 정보 창구를 조종하는 것이다.

위키피디아 편집 공격의 정체

그러나 중국 내에서조차 한민족을 조선족으로 부르는 것에 의구심을 표하기도 한다. 중국에서 '조선족'이란 단어는 엄연히 중국 내 55개 소수민족 중 하나를 가리키는 말이기 때문이다. 심지어 중국 최대의 검색엔진인 바이두가 제공하는 바이두백과에서는 "조선족은 한국인이 포함된 '한민족'과 구분된다", "한민족을 조선족이라 부르는 것은 실례"라고 설명한다. "한민족을 '중국 내 조선족'을 뜻하는 말인 조선족으로 부르는 것은 부적절하다"는 중국 전문가의 의견도 있다.

중국 극성 네티즌들의 위키피디아 '편집 공격'은 한국만 겨냥하지 않는다. 홍콩 시위, 대만 주권, 달라이라마 등 예민한 국제 이슈 문서마다 이들은 자국에 유리한 내용을 집어넣기 위해 문서 수정을 반복해왔다. 2019년에는 중문판 '대만' 문서에 '대만은 중국의 주州'라는 문장이 올라왔다가 대만인들의 반격으로 삭제됐다. '홍콩 시위' 문서를 두고는 집회 참가자가 시위대인가 폭도인가를 두고 중국 본토와 홍콩 네티즌 간에 수백 차례가 넘는 수정 전쟁이 벌어졌다. 티베트 망명 정부의 지도자인 '달라이라마'의 영문판 문서에는 '중국인'이라는 설명이 아직도 들어갔다 빠졌다를 반복한다.

그런데 과연 이러한 위키피디아 편집 공격은 불특정 개인들의 자발적인 작업일까? 영국 BBC는 중국 네티즌들의 적극적인 위키피디아 활동을 두고 "중국 정부 주도하에 조직적인 수정 작업이 이뤄지고 있는 것처럼 보일 정도"라고 했다.

동북공정 東北工程
2002년부터 중국이 추진한 동북 변경 지역의 역사 연구 사업. 고구려, 발해 등 중국 국경 안에서 일어난 모든 역사를 중국 역사로 만들기 위한 국책 사업이다. 우리나라 역사를 심각하게 왜곡해 문제가 됐다. 대표적으로 문제가 되는 주장은 '고구려는 중국 땅에 세워졌고 독립국가가 아닌 중국의 지방정권', '고구려 민족은 중국의 고대 민족' 등이다. 소수민족의 분리 독립을 두려워하는 중국이 동북 지역에 사는 조선족들의 역사 의식을 조작하고 미래의 국경 분쟁에 대비하기 위해 추진한 것으로 보인다.

6·25 전쟁이
위대한 '항미원조'라니?

우리나라에서는 1950년 6월 북한의 남침으로 발발해 1953년 7월 휴전되기까지 이어진 남북 간의 전쟁을 6·25 전쟁이라고 한다. 오늘날 우리의 정체성에 영향을 끼치는, 가장 중요한 역사적 사건 중 하나다. 그런데 북한 편에 서서 6·25 전쟁에 참전한 중국도 이 역사적 사건을 우리와 같은 관점으로 해석하고 있을까?

6·25 전쟁이 반미 전쟁이라니

중국 학생들은 학교에서 6·25 전쟁을 '반미 전쟁'이라고 배우고 있다. '미국의 안보 위협에 맞선 '반反침략 전쟁'이라는 것이다. 교과서에는 '항미원조抗美援朝(6·25 참전에 대한 중국식 표현)' 전쟁 승리로 중국의 국제 지위를 높였다는 내용도 담겨 있다. 중국 학생들이 6·25 전쟁에 대해 본격적으로 배우는 것은 8학년(중2) 필수 과목인 '중국 역사'에서다. 중국인민교육출판사가 펴낸 교과서에서는 6·25 전쟁을 '항미원조'라는 장으로 소개하고 있다. 이 교과서에는 6·25 발발 원인인 북한의 침략은 생략한 채 "1950년 6월 조선 내전이 발생했다"고 기술되어 있다. 유엔군이 압록강변까지 진출하고 미군이 대만 해방(중국 본토와 통일)을 저지하는 등 "중국의 안전을 중대하게 위협했다"며 참전의 필요성을 강조한다. "참전하면 이익이 아주 크고, 참전하지 않으면 손해가 극심하다"는 마오쩌둥의 연설을 언급하며 '참전 필요성에 대해 생각해봅시다'라는 토론 주제도 제시했다.

또한 "항미원조 전쟁의 승리는 중국의 경제 건설에서 상대적으로 안정적인 평화 환경을 가져왔고, 중국의 국제 지위를 크게 높였다"고 서술했다. 중국 입장에서는 중국이 미국 제국주의와 싸워서 그 결과를 성공적으로 이끌었다고 평가하는 것이다. 시진핑 국가주석은 부주석 때였던 2010년, 6·25 전쟁 60주년을 맞아 중국의 6·25 참전을 "평화를 지키고 침략에 맞서기 위한 정의로운 전쟁"이라고 한 바 있다.

미중 갈등이 심해질수록 자주 언급되는 6·25 전쟁

2018년부터 미중 무역 전쟁이 치열해지자 중국에서는 6·25 전쟁이 다시 화두에 올랐다. 중국 국영방송인 CCTV는 2019년 5월 이례적으로 중국의 6·25 전쟁 참전을 다룬 영화들을 긴급 편성해 방영했다. 그중에는 함경남도 개마고원에서 벌어진 장진호 전투를 그린 영화도 포함됐다. 이 전투는 미군 1,029명이 사망하고 4,894명이 실종돼 미군 전쟁사에서 가장 고전했던 싸움이기 때문이다.

항미원조 抗美援朝

'항미원조' 전쟁은 중국이 6·25 전쟁을 공식적으로 부르는 명칭이다. '미국의 지원을 받은 한국의 침략에 맞서 조선(북한)을 구하기 위한 전쟁'이라는 뜻이다. 중국에서는 미국을 꺾고 승리한 전쟁으로 여겨진다. 이것이 미중 무역 전쟁 등 양국이 충돌할 때마다 항미원조가 언급되는 이유다. 그러나 중국이 승리했다는 주장과 달리 6·25 전쟁으로 중국은 엄청난 인적·물적 피해를 입은 것으로 알려져 있다.

중국은 왜 북한의 숨통을
틔워줄까?

"이 가방 어디서 잡은 거네? 아직 상점에 풀리지도 않은 거를?"

"우리 집 세대주(남편)한테 부탁을 했디 뭐."

인기리에 방영된 tvN 드라마 〈사랑의 불시착〉에는 북한의 상류층 여성들이 커피숍에 앉아 서로의 신상 명품백을 칭찬해주는 장면이 나온다. 연이은 핵 도발로 인해 북한은 2016년부터 국제사회에서 강도 높은 수출입 제한을 받고 있다. 드라마에 나온 명품백들은 이 수출입 제한 품목에 속하므로 북한 내에서 유통될 수 없는 물건이다. 그렇다면 이 장면은 그저 허구인 것일까? 그렇지 않다. 실제로 북한은 이웃 나라 중국을 통해 필요한 물자는 물론, 사치품들까지 몰래 들여오고 있다.

중국이 북한을 몰래 돕는 이유

북한 신의주와 마주보는 중국 도시 단둥에는 2013년 개설된 구찌 매장이 있다. 현지에서는 '북한 구찌 1호점'이라 불린다. 북한 손님들이 많이 찾는 매장이라 붙은 별명이다. 중국에서 대도시에만 매장을 개설하는 명품 브랜드 구찌가 굳이 작은 도시 단둥에 들어선 이유는 북한의 수요 때문이다. 매장 단골 손님 중 상당수는 북한에서 건너온 무역상들인데, 이들은 구찌 상품을 쓸어 담아 평양에 내다 팔거나 상급자에게 선물로 바친다. 국제사회가 아무리 북한을 봉쇄하려고 해도 중국이 징검다리 역할을 하는 한 북한 통제는 불가능하다는 것을 보여주는 또 다른 사례다. 중국은 국제사회의 대북 제재 속에서 북한의 구세주 역할을 자처하고 있다. 북한의 무역이 대부분 봉쇄되자 밀수를 느슨하게 통제해 북한과 중국 간 교역이 끊이지 않도록 했다. 수만 명의 북한 불법 체류자를 중국에서 일하도록 눈감아주는 것은 물론이고, 2019년에는 의도적으로 수십만 명의 중국인 단체 관광객을 추가로 북한에 보냈다. 각종 꼼수로 북한을 돕고 있는 것이다.

중국이 북한을 지원하는 가장 큰 목적은 북한의 체제 유지다. 북

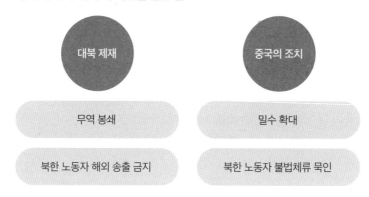

▌중국이 대북 제재 속 북한을 돕는 법

대북 제재	중국의 조치
무역 봉쇄	밀수 확대
북한 노동자 해외 송출 금지	북한 노동자 불법체류 묵인

한이 무너져 중국 국경 지역에 탈북민이 몰려들면 감당하기 어렵고, 북한이 사라지면 중국은 압록강 국경에서 미군을 직접 마주해야 하기 때문이다. 중국의 경제 이익도 크게 작용한다. 북한과 국경을 공유하는 지역은 동북 3성이라 불리는 지린성, 랴오닝성, 헤이룽장성이다. 이 지역의 인구는 1억 595만 명으로 중국 전체의 8.3%를 차지하지만, 중국에서 가장 낙후한 지역으로 꼽힌다. 중국 중화학 공업의 요충지로 화려했던 시절이 있었지만, 중국의 경제구조 변화에 적응하지 못한 탓이다. 이들 지역에 북한은 경제 발전의 돌파구다. 동북 3성을 북한과 연결하면 태평양과 한국으로 뻗어나갈 수 있어 고속 성장의 발판이 된다.

또한 싼값에 북한에서 사들이는 광물과 노동력은 지역경제 발전의 중요한 연료다. 중국 정부도 소외된 동북 3성의 경제 발전을 위해서 '동북진흥전략'을 외치며 북한과의 경제협력을 장려하고 있다. '북한을 찍어 눌러봐야 반항할 뿐이다' 싶으니 차라리 경제 교류를 늘려 돈도 벌고 대북 영향력도 키우겠다는 것이다.

중국과 북한은 더 친해질까?

오랫동안 북한의 유일한 경제 파트너가 중국이었던 탓에 오늘날 북한 경제는 중국에 종속됐다. 북중 무역액은 2019년 약 28억 500만 달러로 북한 대외무역의 90% 이상을 차지한다. 북한의 큰손이었던 러시아는 현재 교역 상대 2위인데도 겨우 1% 정도에 불과하다. 북한이 처음부터 전적으로 중국에 경제를 의존한 건 아니었다. 한동안 한국과 가장 많이 거래했고, 일본 등의 다른 국가와도 교역하는 규모가 꽤 컸다. 하지만 반복된 핵 도발로 결국 중국 이외에는 북한을 상대해주는 나라가 없는 지경에 이르렀다. 일본은 2009년 이후, 한국은 2010년 천안함 폭침 사건에 대한 대응으로 시행된 5·24 조치 이후 북한과의 경제 교류가 거의 다 끊겼다. 중국은 경쟁자가 사라지자 10여 년을 북한과 독점적으로 거래하면서 대북 투자 및 사업 노하우를 축적했다.

주목할 것은 중국과 북한이 늘 사이가 좋지는 않았다는 사실이다. 1992년에는 한중 수교로 인해 북중 관계가 악화됐고, 2013년에는 친중파인 장성택이 김정은 국무위원장에게 처형당하면서 중국이 크게 항의했다. 그러나 중국과 북한의 경제협력은 양국 관계의 부침에 휘둘리지 않고 수십 년 동안 계속해서 확대되어왔다.

2020년에는 코로나 사태로 북한과 중국의 교류가 둔화됐지만, 이 시기가 지나면 북중 경제협력이 또다시 확대될 것으로 보인다. 몇 년 간 북중 접경지역에는 국경 다리와 북중 통상구(세관)가 우후죽순 늘어나는 추세고, 중국 대북 사업의 주축 또한 조선족과 북한 화교에서 중국의 주류인 한족으로 바뀌고 있다. 중국 정부는 대북 사업 정책으로 향후 북중 경제협력 확대를 위한 초석을 다지고 있다.

대북 제재

대북 제재는 도발을 멈추지 않는 북한에 국제사회가 가하는 보복 조치다. 북한은 2016~2017년 세 차례의 핵 실험을 감행해 유엔 안보리의 강도 높은 제재를 받고 있다. 그 결과 대외무역, 노동력 해외 송출 등 주요 외화벌이 수단이 거의 모두 금지돼 경제적 어려움을 겪고 있다. 각국이 단독으로 시행하는 대북 제재 조치도 있다. 2010년, 한국은 북한의 천안함 폭침을 이유로 5·24 조치를 내렸다. 남북 교역 중단, 대북 신규 투자 금지, 북한 선박의 남측 해역 운항 불허 등을 골자로 한다. 5·24 조치 이후 남북 무역이 북중 무역으로 대체됐다는 분석도 있다.

일대일로 때문에
돈 떼이게 생긴 중국

2020년 4월 탄자니아 대통령 존 마구폴리가 "중국에게 빌린 100억 달러(약 12조 원)를 갚지 않겠다"고 폭탄선언을 했다. 전 정권이 바가모요 항구를 건설하기 위해 중국으로부터 빌린 돈을 단 한 푼도 갚지 않겠다고 한 것이다. 탄자니아 대통령은 중국과의 계약 내용도 공개하면서 "(전임 대통령이) 미치지 않고서야 사인할 수 없었던 계약"이라고 했다. 계약 조항에는 '바가모요 항구에서의 중국 활동에 일체 조건을 달 수 없고, 인근에 다른 항구를 만들 수 없다'는 내용이 있었다.

일대일로에 화난 나라들이 늘고 있다

탄자니아 대통령이 갚지 않겠다고 한 돈은 중국의 일대일로一帶一路 사업에 참여해 빌린 돈이었다. 중국은 2013년부터 일대일로라는 국가적 프로젝트를 추진해 우방국들을 확보해왔다. 아시아와 아프리카, 유럽 등의 국가에 거금을 빌려주고 항구, 도로, 다리와 같은 주요 인프라 구축을 지원하며 환심을 샀다. 독일 키엘세계경제연구소에 따르면 지금까지 중국이 일대일로 참여국에 빌려준 돈은 3,800억 달러(약 454조 원)에 달한다. 세계은행WB과 국제통화기금IMF이 개발도상국에 빌려준 총액보다 많다.

그러나 2020년에 접어들며 일대일로에 참여했던 나라들이 중국에 등을 돌리고 있다. 특히 아프리카·동남아 국가들이 일대일로 사업 관련 부채 탕감과 변제 기한 연장을 요구하고 나섰다. 사업 계획을 일방적으로 연기하거나 아예 취소하는 사례도 늘고 있다. 오래전부터 중국과 우호관계를 유지해왔던 파키스탄은 300억 달러(약 36조 원) 규모의 전력 인프라 구축 사업 비용을 중국이 과대 책정했다며 2020년 6월 재협상을 요구했다. 같은 달 아프리카에서 세 번째로 중국에 빚이 많은 케냐는 과거 중국 공기업과 체결했던 32억 달러(약 3조 8,200억 원)짜리 철도 사업이 불법이라며 남은 사업비를 내지 않겠다고 했다. 현지 법원은 중국 공기업이 입찰 없이 사업권을 따냈다는 이유를 들어 이러한 판결을 내렸다. 문제가 된 철도는 케냐의 수도 나이로비와 몸

바사를 잇는 470km 길이의 고속철도로, 2017년 개통해 적자 운영 중이다.

일대일로는 사실 원조를 빙자한 사기극?

사실 일대일로 사업으로 중국만 이득을 얻는 것이 아니냐는 비판은 꾸준히 제기되어왔다. 가령 아프리카 국가가 일대일로에 참여해 중국으로부터 도로 건설을 지원받는다고 치자. 중국은 국유은행 자금으로 건설 자금을 빌려주고, 중국 기업이 건설 사업을 수주받아 중국 자재와 중국 인력을 이용해 건설하도록 유도한다. 사실상 중국이 아프리카 국가의 도로 건설로 자국 은행, 건설사, 노동자들을 배불리는 셈이다. 참여국은 막대한 공사 대금을 떠안고, 빚쟁이 중국에게 머리를 조아리게 되니 중국으로서는 남는 장사다.

중국이 빌려준 자금이 이율이 높고 만기도 짧은 것도 문제로 꼽힌다. 동유럽의 소국 몬테네그로는 2014년 일대일로에 참여해 아드리아해와 세르비아 사이에 고속도로를 건설하기로 하고 중국으로부터 7억 5,000만 달러(약 9,000억 원)를 빌렸다. 그러나 빚이 급격히 불어나면서 몬테네그로의 공공 부채는 GDP(국내총생산)와 맞먹는 규모가 되어버렸다. 빚을 갚지 못해 자국의 중요 시설을 중국에 내주는 국가들도 있다. 스리랑카의 경우 중국 측에 채무를 상환하지 못하자 항구 사용 권한을 중국 정부에 넘기기도 했다.

이런 사례들이 하도 많이 발생하자 참여국들 사이에서 '일대일로는 약탈적 사업'이라는 말이 공공연하게 나오고 있다. 특히 2020년에는 중국과 미국의 관계 악화, 코로나19 확산 책임 논란, 홍콩보안법 시행 등으로 국제사회에서 지탄을 받자, 일대일로와 관련된 이러한 불만들이 터져 나오기 시작했다. 물론 중국이 금전적으로 어려운 나라들을 주로 지원했기에 이런 문제들이 발생했다는 반론도 있다. 키엘 세계경제연구소의 2019년 보고서에 따르면, 중국이 아프리카·남미에 빌려준 자금 중 50%가 무담보 대출이라고 한다. 중국 입장에서도 돈을 돌려받지 못하는 최악의 상황을 감수하면서 사업을 벌인 것은 사실인 것이다.

일대일로의 영향력, 축소될까?

일대일로에 관심을 갖던 국가들도 이제는 중국과 거리 두기에 들어갔다. 러시아는 2020년 6월, 화상회의 방식으로 열린 일대일로 국제협력 회의에 이례적으로 불참했다. 이집트는 중국의 투자를 받아 진행 중인 '세계에서 두 번째로 큰 화력발전소'의 건설 계획을 연기했다. 방글라데시는 중국의 투자를 받기로 한 화력발전소 건설 계획을 전면 폐지한 상태다. 서유럽에서 가장 먼저 일대일로에 참여한 이탈리아는 2020년 7월, 5G 사업에서 중국 통신 장비 회사인 화웨이를 배제하겠다고 나섰다.

상황이 심각해지자 중국은 일대일로 참여국들의 채무 상환 면제까지 거론하며 달래고 있다. 시진핑 주석은 2020년 6월 17일 중국·아프리카 방제 협력 특별 정상회의에서 "올해 말까지 만기되는 아프리카 국가들의 대중국 무이자 차관 상환을 면제한다"고 약속했다. 이런 상황에 대해 미국의 외교 전문지 《포린폴리시》가 내놓은 분석이 흥미롭다. "중국은 일대일로에 참여한 나라들과 금전적인 관계를 구축했을지는 몰라도, 진정한 우정은 쌓지 못했다"는 내용으로 중국의 힘이 약해지거나, 자국 상황이 악화되면 우방국들이 언제든 중국을 배신할 수 있다는 말이다.

일대일로一帶一路

일대일로란 중국 주도의 경제 권역을 구축하는 '신新 실크로드 구상'이다. 2013년 시진핑 주석의 제안으로 시작됐고, 지금까지 100여 개 국가 및 국제기구가 참여하고 있다. 일대일로가 구축되면 중국을 중심으로 중앙아시아, 유럽, 아프리카를 연결하는 대규모 경제 권역이 생겨난다. 중국은 이들 국가의 무역 교류뿐 아니라 에너지 기반 시설 연결, 참여국 간의 금융 일체화 등을 목표로 하고 있다. 이를 위해 중국은 매년 거액의 자본을 투자하고 있는데, 최근 들어서는 코로나19의 영향과 홍콩 민주화 시위 등으로 '반중국' 진영에 참여하는 나라들이 많아지면서 이 구상의 근간이 흔들리고 있는 실정이다.

중국군과 인도군이 총 대신 주먹으로 싸운 이유

중국과 인도의 군인들이 국경에서 몽둥이와 돌을 들고 싸워 인도군 20명이 사망하고 중국군 수십 명이 다치거나 죽었다. 중국과 인도의 국경 분쟁으로 사망자가 나온 것은 1975년 이후 45년 만이다. 이번 충돌은 2020년 6월 15일 중국과 인도의 국경 분쟁 지역인 갈완(중국명 자러완) 계곡에서 일어났다. 양측 군인 600여 명은 경찰 곤봉, 철조망을 감은 막대기, 돌을 들고 싸웠다. 밤까지 대치 상황이 이어지고 기온이 영하로 떨어지면서 일부 부상자가 사망하기까지 했다.

중국과 인도의 오래된 싸움

양국 군인들이 갈완 계곡에서 싸운 이유는 이 지역의 국경이 명확하지 않기 때문이다. 중국과 인도 사이에는 히말라야산맥이 있다. 1914년, 인도를 식민 지배했던 영국은 여기에 임의로 중국과 인도의 국경선인 맥마흔라인을 그었다. 그러나 이 선이 인도에 유리하게 돼 있어서 중국은 국경으로 인정하지 않았다. 결국 양측은 1962년 전쟁을 벌였으나 끝내 국경선을 정하지 못하고 '실질통제선'을 임시 국경으로 삼았다. 실질통제선은 경도와 위도 계산 없이 강, 호수, 눈길 등

▌ 중국과 인도의 국경

을 기준으로 그어진 탓에 불확실한 부분이 많다. 언제든 상대에게 '선을 넘었다'며 시비를 걸 수 있는 상황이다.

중국과 인도의 감정의 골이 깊어진 것도 충돌의 또 다른 원인이다. 중국은 일대일로 전략을 위해 파키스탄과 적극 협력하고 있는데, 파키스탄은 인도의 철천지 원수다. 인도 입장에서는 파키스탄에 철도, 도로를 놓아주며 친하게 지내는 중국이 못마땅할 수밖에 없다. 중국이 파키스탄에서 항구를 확보해 인도양으로 진출하려는 시도도 경계하고 있다. 반대로 중국 입장에서 인도는 사사건건 훼방을 놓는 국가다. 인도는 과거 티베트의 종교 지도자 달라이라마의 망명을 받아줬고, 티베트 망명 정부를 자국 내에 세울 수 있게 지원했다. 중국이 가장 예민해하는 문제를 건드렸으니 중국의 감정이 좋을 리가 없다. 거기다 인도는 중국이 주도하는 '역내 포괄적 경제동반자 협정RCEP' 가입을 거절하고, 미국이 주도하는 일본, 인도, 호주 등 4국 간 '인도·태평양 전략'에 동참했다. 이로써 중국의 일대일로 전략을 견제하고 있는 것이다. 최근에는 화웨이 통신 장비 보이콧 동맹에도 가입했다.

총 없이 주먹으로 싸운 이유

중국과 인도는 세계에서 손꼽히는 군사 강국이다. 중국은 전 세계 핵무기 보유국 순위 3위고, 인도는 7위다. 양국이 충돌하면 대규모 전쟁으로 이어질 수 있어 위험하다. 핵보유국 간에 전쟁이 나는 일을 막고 최대한 인명 피해를 줄이기 위해 두 나라는 1996년 최전방 지역의 군인들이 총기나 폭발물을 사용하지 못하게 하기로 합의했다. 2013년 체결한 '중·인 국경 방어에 관한 합의'에서도 전쟁 발발을 막기 위해 국경에서 총을 쏘는 것을 피하기로 합의했다.

갈완 계곡에서 있었던 중국과 인도의 국경 충돌은 고위층 회담을 통해 진정됐지만, 앙금은 쉽게 사라지지 않았다. 며칠 뒤 중국은 '사자개雪獒'라는 이름의 부대를 새로 만들어 갈완 계곡 인근에 배치했다. 이 부대는 현역 UFC 선수인 티베트족 출신의 수무다얼지蘇木達尔基 등을 포함한 중국의 격투기 클럽 선수들로 꾸려졌다. 싸움에 특화된 격투기 선수들을 국경 충돌 지역으로 보내 인도에게 위협을 가하겠다는 것이다. 인도는 중국의 격투기 선수 부대에 맞서 '가탁 돌격대Ghatak Commandos'를 분쟁 지역에 보냈다. '가탁'은 힌두어로 '킬러'라는 뜻으로, 가탁 돌격대는 인도 최고의 정예 병사들로 구성된 특수 부대다. 이 부대는 보통 20명 단위로 구성되며 적을 기습하는 등 특수 임무를 수행한다. 중국과 인도 모두 전쟁 발발을 막기 위한 합의에는 따르면서도 서로에게 타격을 가하기 위한 만반의 준비를 한 것이다.

중국과 인도는 앞으로도 사사건건 맞붙을 가능성이 높다. 둘 다 세계에서 급부상 중인 나라인 데다 민족주의를 강조하고 있기 때문이다. 시진핑이 이끄는 중국은 '중화 민족주의'를 내세우고 있고, 나렌드라 모디 총리가 이끄는 인도는 '힌두 민족주의'를 강조한다.

인도 중국 국경 충돌

2020년 6월 인도군과 중국군이 국경 분쟁 지역인 라다크 갈완 계곡에서 주먹과 돌, 몽둥이로 싸워 사상자 수십 명이 발생했다. 3,200km의 국경을 맞대고 있는 중국과 인도는 1962년 전쟁 이후 수시로 충돌했지만, 이번처럼 대규모 전사자를 낸 것은 58년 만에 처음이다. 이 사건으로 인도 전역에서는 반중 시위와 중국 제품 불매운동이 일었다.

중국군은 왜 모래사장에
채소를 심었을까?

많이 들어봤지만 여전히 낯선 '남중국해'. 중국, 베트남 등 여러 나라
가 자기네 바다라고 우기는 분쟁 지역이다. 최근 이 바다에서 채소 재
배를 이유로 싸움이 벌어졌다. 2020년 5월, 중국이 남중국해의 작은
섬인 파라셀군도(중국명 시사군도·베트남명 호앙사군도)에서 채소를 수확
했다. 원래 파라셀군도는 온통 백사장 모래밭이라 채소가 뿌리를 내릴
수 없는데 중국이 신기술을 개발해 재배에 성공한 것이다. 이곳에서
총 7개 종류의 채소 750kg을 수확했다.

중국이 군이 남중국해의 섬에서 채소를 재배한 이유는 무엇일까? 사람이 거주 가능한 '섬'이라는 것을 증명해 섬을 둘러싼 바다를 자신의 영역으로 삼기 위해서다. 중국은 1974년에 파라셀군도를 포함한 남중국해의 섬 20여 곳을 점령했지만 국제재판에서 '섬이 아니기 때문에 영유권을 주장할 수 없다'는 판결을 받았다. 섬은 사람이 거주할 수 있고 독자적 경제활동이 가능해야 하기 때문이다.

남중국해를 차지하려고 다투는 나라들

남중국해는 중국과 동남아시아 사이에 있는 한반도 면적 약 15배 (350만 km²)의 바다다. 일본이 과거 20년간 이 바다를 지배했다가 2차 세계대전에서 패하며 물러났다. 그 뒤로 이 바다를 둘러싼 나라들이 "여기는 내 구역"이라며 싸우기 시작했다. 각국이 서로 자기 나라의 영해라고 주장하는 지역이 겹쳐서 복잡한 영토 문제가 발생해왔다. 참고로 각 나라 기준으로 12해리(약 22km) 안쪽으로는 영해로 인정되므로 다른 나라 배가 들어가 물고기를 잡거나, 군함을 보낼 수 없다. 만약 12해리를 벗어난 구역이라면 누구의 바다도 아닌 공공의 바다라고 해서 '공해'라고 부른다. 남중국해는 이 원칙대로면 대부분의 면적이 공해에 속해야 하고 어느 나라도 소유권을 강하게 주장할 수가 없다.

하지만 각국은 나름대로 영유권을 주장하는 근거를 갖고 있다. 남중국해와 가장 가깝게 붙어 있는 베트남은 지리적 근접성과 역사적으

▮ 남중국해를 두고 싸우는 국가와 지역

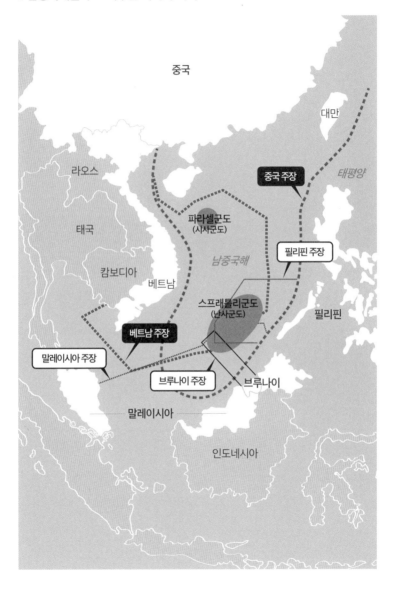

로 이 지역을 통치해왔다는 역사적 권원權原을 강조한다. 필리핀은 지리적 인접성과 무주지無主地 선점을 근거로 들고, 말레이시아와 브루나이는 해양법 협약을 내세워 영유권을 주장한다.

미국 항공모함을 불러들인 중국의 '구단선'

미중 갈등이 심해지면서 2020년에는 미국이 중국을 견제하기 위해 남중국해에 항공모함을 파견했다는 소식이 잇달아 전해졌다. 남중국해에서 중국이 주장하는 영유권을 대놓고 무시한 것이다. 중국은 남중국해 대부분의 영유권을 주장하고 있다. 그 근거로 1953년 중국이 일방적으로 선포한 해양 영토 분계선인 '구단선九段線'을 든다. 구단선에는 필리핀, 베트남, 말레이시아의 합법적 영해와 더불어 남중국해 80% 이상의 지역이 포함되어 있다. 이 때문에 동남아시아 국가들뿐 아니라 아시아 내 영향력 확대에 관심이 많은 미국도 강하게 반발한다.

사실 중국이 구단선을 일방적으로 선포할 당시만 해도 남중국해를 둘러싼 나라들 중에 독립국이 거의 없었다. 대부분 영국, 프랑스, 미국의 식민 치하에 있었고, 내부 문제가 심각했기 때문에 별다른 항의를 하지 못한 것이다. 이 때문에 중국의 구단선 주장은 효력이 없다는 평가가 나온다. 그러나 중국은 주변국들의 반발에도 구단선 안에 인공 섬과 군사용 항구, 미사일 기지 등을 꾸준히 설치하며 영향력을 확대해왔다. 이 과정에서 베트남, 필리핀과 여러 차례 충돌했다.

남중국해의 가치는 무한대

왜 이들은 남중국해를 두고 싸울까? 우선 돈이 되기 때문이다. 이 바다에는 전 세계 사람들이 3년 넘게 쓸 수 있는 양인 1,300억 배럴 이상의 원유가 매장돼 있다. 천연가스 매장량도 상당한 것으로 알려져 있다. 이뿐만 아니라 남중국해는 전 세계의 주요 교역로이기도 하다. 바다에서 운반하는 물품의 절반 이상이 이곳을 거쳐 간다. 한국으로 운반되는 원유도 대부분 이 바다를 통해 온다. 남중국해를 차지하면 상당한 바다 권력을 틀어쥐는 셈이다.

남중국해 분쟁은 앞으로 미국을 등에 업은 동남아시아와 중국의 갈등으로 고착화될 것이다. 미중 간 군사 충돌로 번질 우려도 그 어느 때보다 커졌다. 남중국해 인공 섬에는 중국의 최신 미사일 시스템이 있고, 남중국해 인근의 인도·태평양 지역에는 미국 군대가 주둔해 있어 언제라도 싸울 태세가 갖춰져 있기 때문이다.

남중국해

중국과 동남아시아 사이에 있는 한반도 면적 약 15배(350만 km²)의 바다. 주요 교역로인 데다, 자원이 풍부해 영유권 분쟁이 끊이지 않았다. 중국은 일방적인 해상 경계선을 그어 남중국해 85% 이상의 소유권을 주장하고 있다. 베트남, 필리핀, 대만, 말레이시아, 브루나이, 중국이 이곳을 두고 오랫동안 싸워왔고, 미국도 10년 전부터 이 싸움에 참여하고 있다.

PART 3

경제

세계경제의
중심이 되겠어!

무인 기술에
푹 빠진 중국

중국 산업계에서 가장 뜨거운 키워드는 바로 '무인無人 기술'이다. 실제로 중국에는 무인 식당, 무인 편의점, 무인 창고 등 무인 서비스가 빠르게 확산되고 있다. 무인 기술은 인공지능과 빅데이터 등 혁신 기술의 집합체다. 무인 서비스가 늘어났다는 점은 중국의 기술이 글로벌 수준으로 성장했음을 보여준다. 무인 서비스는 마윈馬雲 알리바바 창업자가 주창한 '신유통新流通(온라인에서 거래하고 오프라인에서 서비스를 체험하는 새로운 유통 형태)'에서도 핵심 기술로 꼽힌다. 이미 중국에서는 기계가 인간을 대신해 단순 반복 노동을 담당하는 세상이 현실화되기 시작한 셈이다.

무인 기술은 어디에 쓰일까?

여러 무인 서비스들 중 일반 시민들이 가장 쉽게 접할 수 있는 것은 '무인 매장'이다. 알리바바, 징둥닷컴 등 유통 업체부터 화웨이 같은 제조 업체까지 무인 매장을 앞다퉈 오픈하고 있다. 2020년 1월 1일 화웨이는 중국 우한에 첫 100% 무인 판매점을 선보였다. 24시간 연중무휴로 운영되는 이 매장에서는 로봇 팔이 고객의 쇼핑을 돕는다. 고객이 자신이 사고 싶은 물건을 지정하면, 로봇 팔이 제품을 들어 고객에게 전달하는 식이다.

중국 대도시에서는 알리바바와 징둥닷컴이 내놓은 무인 편의점도 쉽게 찾아볼 수 있다. 여기서 물건을 구매하려면 사전에 알리바바나 징둥닷컴에서 얼굴 사진을 등록하고, 위챗페이나 알리페이 등 간편결제 수단을 연동시켜야 한다. 편의점에 진입하는 순간 입구에 설치된 카메라가 고객의 얼굴을 인식한다. 편의점 내 모든 제품에는 RFID^{Radio Frequency IDentification}(무선 인식 전자태그)가 붙어 있다. 고객이 사고 싶은 제품을 들고 출구와 연결된 결제 통로를 통과하면, 통로 양측에 있는 센서가 상품을 인식하고 간편결제 시스템에서 자동으로 가격을 차감한다. 고객은 자기 집 냉장고에서 물건을 꺼내듯 원하는 상품을 집어 가방에 넣고 나오기만 하면 된다. 시장조사 업체 아이미디 어리서치에 따르면 중국의 무인 편의점 시장 규모는 2020년에 1조 8,105위안으로 성장할 전망이다.

식당부터 호텔까지, 일상에 스며든 무인 기술

중국 최대 음식 체인점 하이디라오는 2018년부터 '무인 식당'을 운영 하고 있다. 손님이 식탁에 놓여 있는 스마트패드를 통해 주문하면, 로 봇 팔이 0~4도로 유지되는 냉장 창고에서 식재료를 꺼내 컨베이어 벨 트 위에 올려놓는다. 자율주행을 하는 서빙 로봇이 이 식재료들을 고 객이 앉아 있는 테이블로 가져다준다. 징둥닷컴이 운영하는 스마트 레 스토랑에서는 요리 로봇들이 정해진 레시피대로 음식을 볶아낸다.

한편, 알리바바는 항저우시에 '무인 호텔'을 운영하고 있다. 프론 트에는 직원 대신 로봇들이 배치돼 있고, 체크인을 하는 순간 엘리베 이터가 고객을 위해 대기한다. 이는 모든 절차가 온라인으로 연결되기 때문에 가능한 일이다. 호텔 내 식당이나 헬스장 등의 위치를 알고 싶 을 때는 자율주행 로봇이 손님을 안내하기도 한다.

축구장 6개 넓이의 100% 무인 창고

상하이에는 징둥닷컴이 운영하는 100% 무인 창고가 있다. 축구장 6개

항저우시에 있는 알리바바의 무인 호텔. 로봇이 손님을 맞이하고 객실로 안내하며, 음식을 배달하기도 한다.

넓이(약 1만 2,100평)의 이 무인 창고에는 샤오홍런小紅人으로 불리는 로봇 300대가 곳곳을 누비며 포장된 물품을 배송 주소에 따라 분류한다. 이 창고 안에는 샤오홍런을 비롯해 물품을 분류하고 포장하는 로봇 팔까지 총 1,000여 대의 로봇이 일하고 있다.

　이 로봇들은 징둥 서버에 있는 인공지능의 명령에 따라 움직인다. 징둥의 AI는 홈페이지를 통해 들어오는 주문과 창고에 보관된 재고를 실시간으로 파악하면서 0.2초마다 300대 샤오홍런의 이동 시나리오를 680억 번 연산해 최적의 경로를 계산해낸다. 운반 로봇들이 1초당 3m씩 빠르게 움직이면서도 서로 부딪힐 일이 없는 이유도 컴퓨터가 완벽한 경로로 이동하도록 명령을 내리기 때문이다. 이곳에서 출고되는 주문은 매일 20만 건이 넘는데, 이는 동일 규모의 유인有人 창고가 처리하는 물량의 10배에 달한다.

신유통新流通
알리바바 창업자 마윈이 주창한 '신개념 유통 산업'. 주로 온라인에서 거래하고 오프라인에서 서비스를 체험하는 새로운 유통 형태를 뜻한다. 그중 무인 기술은 더 신속하고 다양한 유통을 가능케 하는 핵심 기술로 꼽힌다. 중국 IT 기업은 무인 기술을 적용한 다양한 서비스를 내놓고 있다. 이는 중국 정부가 '기술 굴기'를 통해 육성해왔던 IT 기업들의 인공지능, 자율주행 로봇, 안면인식, 간편결제, 빅데이터 등과 같은 혁신 기술의 총집합체라고 볼 수 있다.

미국 게 섰거라!
우리도 로보택시가 달린다

자율주행으로 운행하는 로보택시, 중국에서는 더 이상 먼 미래의 이
야기가 아니다. 중국 대도시인 광저우, 상하이 등지에서 실제로 승객
에게 돈을 받고 운영하는 로보택시가 속속 등장하고 있다. 세계에서
자율주행 기술을 선도하고 있는 나라는 미국이다. 하지만 2020년 코
로나19가 전 세계를 강타하자 미국에서 활발하게 이뤄지고 있던 자율
주행차 도로 주행 테스트는 대부분 잠정 중단됐다. 일부 업체는 인원
감축까지 하고 나섰다. 반면 가장 먼저 코로나 사태를 겪은 중국은 자

율주행차 시범 서비스에 적극적으로 허가를 내주며 미국의 뒤를 바짝 쫓고 있다.

자율주행 택시 서비스, 로보택시

로보택시는 말 그대로 차량이 알아서 승객을 목적지까지 태워다 주는 서비스다. 자율주행 기술은 레벨 1~5로 나뉘는데, 그중 로보택시는 레벨4(운전자 개입이 최소화된 준準 완전 자율주행) 이상의 기술을 탑재한 차량이다.

중국 광저우시에서 자율주행 업체 '위라이드WeRide'가 시범 운영하고 있는 로보택시는 매일 오전 8시부터 저녁 10시까지 총 145km^2 넓이의 지역을 커버하고 있다. 사용자는 일반 택시를 호출하듯 스마트폰 앱으로 도착지를 입력하고 차량을 호출하면 된다. 로보택시 위에 설치된 카메라와 위성항법 시스템, 각종 센서들이 차량의 눈 역할을 한다. 시범 운영 기간에는 혹시 모를 오류에 대비해 운전자가 동승하는 식으로 운영되고 있다. 로보택시에 탑승한 승객이 차량 안에 부착돼 있는 스크린의 스타트 버튼을 누르면 운행이 시작된다. 이 스크린에는 주변 도로 상황을 실시간으로 중계하는 화면이 뜨고, '200m 앞 우회전을 위해 3차선 도로로 이동합니다'와 같이 로보택시의 움직임을 설명하는 문구도 나온다.

중국에서 로보택시 시범 사업을 시작한 대표적인 기업은 바이두,

자율주행이 가능한 위라이드의 로보택시.

길리^{GEELY} 자동차, 위라이드, 디디추싱滴滴出行 등이다. '중국의 우버'로 불리는 디디추싱은 2020년 6월 27일 상하이 교외에서 로보택시 시범 운행을 시작했고, 이에 앞서 바이두가 같은 해 4월 창사시에서, 위라이드는 광저우시에서 서비스를 시작했다.

중국은 왜 자율주행 기술에 투자할까?

자율주행 기술의 관건은 데이터다. 자율주행 차량이 실제 도로에서 달리며 축적한 절대적인 시간과 거리를 뛰어넘을 수 있는 지름길 같은 건 없다는 이야기다. 자율주행 상용화를 노리고 있는 기업들이 시범 서비스 기간 동안 시민들에게 무료로 이동 서비스를 제공해서라도 절대적인 데이터의 양을 늘리려고 하는 이유도 이 때문이다. 중국에서 가장 먼저 로보택시 시범 운영을 시작한 위라이드는 2019년 12월부터 운영을 시작해 8,396건의 콜택시 호출을 받았으며, 총 이동 거리는 4만 1,140km에 이른다. 물론 이는 여전히 구글의 자율주행 자회사 웨이모Waymo가 쌓은 누적 테스트 거리(약 3,200만 km)와는 비교가 되지 않는 수준이긴 하다. 중국 기업들이 미국이 잠시 주춤한 사이 앞다퉈 시범 서비스에 뛰어드는 것도 미국과의 격차를 조금이라도 좁혀보고자 하는 시도다.

기업들뿐 아니라 중국 정부도 자율주행 관련 규제를 풀고 인프라를 확충해 기업들의 시범 사업을 뒷받침하고 있다. 자율주행 스타트업 샤오마즈싱小马智行은 2020년 4월 베이징시로부터 시내 도로에서 일반 시민을 태우는 자율주행 테스트를 해도 좋다는 허가증을 발급받았다. 베이징에서 자율주행 테스트 허가가 나온 것은 이번이 처음이다. 또 중국 교통운수부는 4월 28일 항저우시와 닝보시를 잇는 161km 길이의 스마트 고속도로 건설에 착수했다. 이 고속도로에는 5G 무선 네트워크 인프라와 자율주행차 전용 관제탑 등이 설치된다. 이 고속도로 건설에만 707억 위안(약 12조 원)이 쓰일 예정이다. 이처럼 중국이 물량 공세를 통해 자율주행 기술 판도를 흔들고 있는 만큼, 자율주행은 미중 기술 전쟁의 중요한 전장戰場이 될 전망이다.

싸도 너무 싼
중국 5G

서울에 사는 회사원 김수민 씨는 매달 10만 원이 넘는 통신 요금을 내고 있다. 5G를 쓰고 있기 때문이다. 5G 요금제는 월 8만 원이 넘는 데다가 5G 전용 스마트폰의 할부 원금도 매달 2만 원 이상 나온다. 김씨는 "아직 서울에서 5G가 제대로 터지지 않는 곳이 많은데 돈만 낭비하는 것 같다"고 말한다. 그런데 중국 베이징에 사는 왕 씨는 사정이 다르다. 똑같이 5G를 쓰고 있지만, 매달 내는 통신 요금은 2만 원도 채 안된다. 중국의 5G 요금은 왜 이렇게 싼 걸까?

5G 스마트폰이 10만 원대, 요금제는 1만 원?

2020년 상반기 기준, 중국에서는 20만~30만 원대 저가 5G 스마트폰이 한 달에도 두세 개씩 새롭게 출시됐다. 원래 2만~3만 원대였던 5G 요금제는 월 1만 원대로 떨어졌다. 반면 한국은 5G 스마트폰의 가격이 50만~100만 원, 통신 요금은 월 7만~8만 원가량 나간다. 중국의 5G 스마트폰과 요금제가 저렴한 덕일까? 2020년 5월 중국 대표 통신사 차이나모바일中國移動과 차이나텔레콤中國電信의 5G 서비스 가입자는 8,566만 명을 돌파했다. 같은 해 4월 한국의 가입자 수가 634만 명인 것과 비교하면, 13.5배나 많은 수치다.

중국에서는 '5G 첸위안지千元機(1,000위안대 단말기)'라는 신조어가 나오기도 했다. 1,000위안은 한화로 약 17만 원이다. 화웨이, 샤오미, 오포Oppo, 비보Vivo 등 중국 대표 스마트폰 제조 업체들이 가격을 대폭 내린 보급용 5G 스마트폰 신제품을 쏟아내자 이런 저가형 제품들을 통틀어서 '5G 첸위안지'로 부르고 있다. 샤오미는 2020년 11월에 세상에서 가장 싼 5G 휴대폰을 출시할 예정임을 밝히며 "999위안(약 17만 원)짜리 초저가 5G 스마트폰을 내놓겠다."고 발표했다. 이런 상황에 대해 홍콩 매체 《봉황망》은 "첸위안지의 춘추전국시대가 열렸다"고 요약했다. 이들 기기의 가격은 삼성전자의 고가 5G 스마트폰과 비교하면 10분의 1 수준이다. 주민들의 소득이 적은 중국의 지방 도시(2~3선 도시)에서 판매 붐을 일으킬 것으로 기대하고 있다.

2020년 6월 25일, 중국 3대 통신사인 차이나모바일, 차이나텔레콤, 차이나유니콤은 모두 5G 요금을 대폭 인하했다. 가장 낮은 요금제를 제시한 통신사는 차이나모바일로, 월 69위안(약 1만 1,700원)짜리 5G 요금제를 내놓았다. 뒤이어 차이나유니콤과 차이나텔레콤도 5G 요금제 가격을 1만 5,000~7,000원대로 내렸다. 기존에도 5G 요금제는 120~130위안, 즉 2만 원대 초반 수준으로 저렴한 편이었는데 여기서 30%의 요금을 더 줄여 5G 가입자 급증을 노린 것이다.

중국이 5G 저가 경쟁에 집착하는 이유

이렇듯 중국의 통신사들이 저렴한 5G 요금제를 선보이는 배경에는 미래 첨단 기술의 기초가 되는 5G를 선점해 1등 기술 국가가 되겠다는 중국의 야심이 있다. 5G 시장에서 압도적인 이용자 수를 무기로 주도권을 단숨에 휘어잡겠다는 것이다. 중국의 통신 사업은 3G는 물론, LTE 때까지만 해도 후발 주자에 속했다. 하지만 5G 시대에는 다르다. 중국은 이미 화웨이나 ZTE 같은 글로벌 주요 5G 통신 장비 업체를 보유하고 있다. 이용자가 늘어나면 자국 통신사와 IT 제조 업체, 소프트웨어 업체들까지 나서서 발 빠르게 관련 상품을 내놓으며 5G '실전 노하우'를 쌓고, 글로벌 수준의 기업으로 성장하게 된다. 이는 아직 5G를 시작하지도 못한 대부분의 국가가 결코 따라잡을 수 없는 기술 격차가 생겨난다는 뜻이다.

▌한국과 중국의 5G 가입자 수 변화 추이

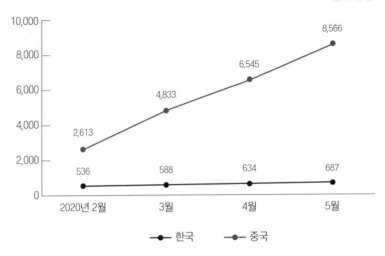

(단위: 만 명)

출처: 한국 데이터는 과학기술정보통신부 통계, 중국 데이터는 차이나모바일과 차이나텔레콤의 통계 합산.

저가 경쟁의 배경이 되어주는 중국 정부

중국 정부는 막대한 보조금을 뿌리며 '5G 저가 경쟁'을 부추기고 있다. 5G 인프라는 중국 정부가 기술혁신과 함께 내세운 '신지젠新基建(뉴 인프라)' 정책의 핵심이기도 하다. 중국 정부는 2020년 안에 5G 기지국을 60만 개까지 확대시킬 계획이다. 이는 같은 해 5월까지 약 11만 개의 기지국을 세운 한국의 6배에 달한다.

5G 서비스의 저가 공세와 인프라 확충으로, 실제 중국의 5G 서

비스 사용 인구의 증가율은 세계 어느 곳보다 빠르다. 세계이동통신 사업자연합회ᴳˢᴹᴬ는 2025년이면 중국 이동통신 서비스 이용자의 약 50%가 5G 서비스를 사용할 것이라고 내다봤다. 중국의 급부상으로 한국의 5G 선두 주자 효과가 약해질 것이라는 우려가 나오는 것도 이 때문이다. 전체 이동통신 가입자 중 5G 가입자의 비중은 한국이 약 10%를 차지해 여전히 세계 1위지만, 전체 규모에서는 상대가 안 된 다. 미국은 2019년 4월에 한국과 거의 똑같이 5G를 시작했지만, 가입 자 수는 한국보다도 적다. '도쿄 올림픽 특수'를 노렸던 일본도 코로 나19 때문에 5G 안착에도 힘이 부친 모양새고, 유럽의 5G 투자도 지 지부진하다. 이대로 간다면 중국의 5G 독주 시대가 열리고, 차세대 이 동통신 서비스인 6G 경쟁에서도 중국이 치고 나갈 가능성이 크다.

신지젠新基建 **정책**

2018년 12월 중앙경제공작 회의에서 5G와 인공지능, 산업 네트워크, 빅데이터 센터 건설을 '신형 인프라 건설'의 핵심 내용으로 제정하며 시작된 정책이다. 2020년 3월에는 공산당 중앙정치국 상무위원회 회의에서 구체적인 계획이 발표되기도 했다. 우선 5G와 사물인터넷, 블록체인, 통신 네트워크 등 대표적인 신기술을 활용한 정보 인프라를 구축하고, 빅데이터와 인공지능 기술이 원활하게 작동하는 스마트 시티를 건설하여, 과학 기술 분야에서 글로벌 패권을 쥐겠다는 계획이다.

10cm만 움직여도 잡아내는 중국 GPS

"목적지 근처입니다. 안내를 종료합니다."

내비게이션은 어떻게 우리의 위치를 정확히 파악할 수 있을까? 위성에서 보내는 신호를 받아 위치를 계산하는 GPS 기술 덕분이다. 현재 우리나라에서도 차량, 해양, 항공 서비스 등 다양한 분야에서 사용하고 있다. 그런데 이 GPS 기술에는 상상하기 어려운 비하인드 스토리가 있다. 바로 냉전시대에 미국이 미사일을 정확하게 쏘기 위해 만든 군용 기술이라는 것이다. 미국은 인공위성을 수십 기씩 쏘아올려

하늘에서 알려주는 위치 정보로 미사일 조준 정확도를 높였는데, 그렇게 개발된 '위성항법 시스템'의 이름이 GPS다. 스타벅스라는 브랜드명이 카페의 대명사처럼 쓰이듯 미국의 GPS는 위성항법 시스템의 대명사로 쓰인다. 미국이 전 세계에 무료로 공개한 덕분에 각국에서 일상적으로 GPS를 사용하게 됐다.

지금까지 미국을 제외하면 자체적으로 위성항법 시스템을 보유한 나라는 러시아(글로나스), 유럽연합(갈릴레오)뿐이었다. 그런데 2020년 6월 23일, 중국이 중국판 GPS인 '베이더우北斗 위성항법 시스템'을 완성했다고 발표했다.

중국판 GPS, 왜 중요할까?

베이더우의 등장은 생각보다 중요한 의미를 갖고 있다. 중국이 더 이상 미국이 만든 GPS에 의존하지 않아도 되기 때문이다. 어느 날 갑자기 미국이 중국에서 GPS를 이용할 수 없게 차단했다고 상상해보자. 정확한 위치·시간 정보를 알 수 없게 된 중국 사회는 단번에 마비될 것이다. 실제로 1996년 미국과 중국이 맞붙었던 대만 해협 위기 때 미국이 중국의 GPS 접근을 차단한 바 있다. 그러자 정확한 위

중국판 GPS인 베이더우

치 조준이 어려워져 당시 중국군이 훈련 중 발사한 유도미사일 두 발이 목표에서 벗어나는 일이 발생했다. 그러나 앞으로는 미국이 GPS를 차단해도 중국은 베이더우를 이용해 미사일을 정확하게 쏠 수 있다. 중국은 베이더우를 자국의 스마트폰, 자율주행 자동차, 미사일 등에도 사용하고 있다. 중국에서 쓰이는 스마트폰의 70%에는 이미 베이더우 수신 장치가 장착돼 있고, 기차, 스쿨버스 등에도 베이더우 수신기가 설치됐다.

미국 GPS보다 성능이 뛰어난 베이더우

베이더우가 제공하는 위치 정보는 일반용과 군사용으로 나뉜다. 무료로 공개되는 일반용은 위치 오차가 5~10m이지만 암호화된 군사용의

❙ GPS VS 베이더우

	GPS(미국)	베이더우(중국)
개발 기간	15년 (1978~1993년)	20년 (2000~2020년)
위성 개수	31개	35개
군사용 위치 오차	30cm	10cm

경우 10cm 이하로 알려졌다. 군사용 오차가 30cm인 미국의 GPS보다 정확하다. 중국은 2019년 10월 군용 차량 580대를 줄세워 달리게 했는데, 베이더우를 이용한 덕분에 행렬이 기준선에서 좌우로 1cm 이상 벗어나지 않았다.

중국은 친한 나라들에게 군사용 베이더우 시스템을 제공하며 영향력을 확장하고 있다. 중국이 추진하는 일대일로 사업에 적극 참여하는 국가나 군사 협력이 긴밀한 나라에게 선물로 증정하는 것이다. 일례로 중국의 우방국 파키스탄은 이미 2013년부터 군사용 베이더우를 무료로 쓰고 있다.

베이더우北斗

중국이 2020년 6월 완성한 자체 위성항법 시스템이다. 위성항법 시스템은 하늘에 인공위성들을 쏘아올려 정확한 위치·방향·시간 정보를 얻는 시스템으로, 선박·항공기 운항 정보, 차량 내비게이션, 유도 미사일, 차량 호출 서비스 모두 위성항법 시스템이 없으면 먹통이 된다. 중국은 20년에 걸쳐 위성을 쏘아올린 끝에 '베이더우'를 만들었다. 중국은 미국, 러시아, 유럽연합에 이어 네 번째로 자체 위성항법 시스템을 보유한 국가가 됐다.

달의 뒷면에는
토끼가 있는 게 아니다

"달 착륙, 그거 옛날에 미국이 다 했던 거 아니야?"

2019년 1월 3일, 중국이 달에 탐사선을 착륙시키자 사람들 사이에서는 '그게 뭐 그리 대단하냐'는 반응이 나왔다. 미국은 이미 50년 전인 1969년 7월 21일에 아폴로 11호에 우주인까지 태워 달 표면에 보냈다는 것이다. 그런데도 중국의 달 착륙에 짐 브리덴스타인 미국항공우주국NASA 국장은 "인류 최초이며 인상적인 성과"라며 극찬을 보냈다. 그 이유는 무엇일까?

인류 최초로 달의 뒷면에 착륙한 탐사선 창어 4호.

우주 전쟁의 승자는 바로 나!

중국의 달 탐사선 창어嫦娥 4호가 인류 최초로 지구에서 보이지 않는 달의 뒷면에 도착했다. 나아가 달 표면에 몇 주씩이나 머물며 각종 연구도 진행했다. 이에 비하면 1960년대, 1970년대의 미국과 옛 소련의 달 탐사는 단순 이벤트에 가까울 정도다.

중국이 달에서 진행하는 각종 연구에는 무슨 의미가 있을까? 인류가 더 큰 도전(더 먼 행성으로 떠나는 것)을 하기 위한 기초 공부라고 보면 된다. 지구에서 비교적 가까운 달을 인류의 '우주 실험실' 삼아 각종 테스트를 진행 중인 셈이다. 달에 있는 보물을 캐내기 위해서도 연구가 더 필요하다. 달에는 다이아몬드보다 귀한 청정 연료(헬륨3 등)와 희토류(스칸듐, 이트륨 등)가 가득 묻혀 있다.

중국의 달 탐사는 미국과 중국의 우주 경쟁에 불을 붙였다. 달 탐사를 시작으로 중국은 우주정거장인 '톈궁天宮'의 건설에 본격적으로 착수했다. 2020년 7월에는 화성에 무인 탐사선을 보내기도 했다. 한편, 중국의 추격에 바짝 긴장한 미국은 돈이 많이 든다며 연기하고 축소해왔던 우주 탐사 계획에 다시 속도를 냈다. NASA는 2024년까지 인간을 달에 보내 거주하게 하는 프로젝트를 완수하겠다고 발표했다. 이는 원래 계획보다 4년이나 앞당겨진 것이다. 과거 미국과 중국은 우주 기술에서 수십 년의 격차가 있었다. 중국은 미국보다 유인 우주선, 달 탐사선 발사에서 40년 이상 뒤처진 상태였다. 그러나 따라잡을 수 없을 것 같았던 격차가 눈에 보이게 좁혀지자 미국 의회는 보고서를 통해 "중국이 미국의 40년 성과를 20년도 안 걸려 따라잡고 있다"고 혀를 내두르기도 했다.

중국의 우주 개발 성공 비결

중국의 우주 개발은 1950년대 후반 마오쩌둥이 "우리도 인공위성을 만들어보자"고 선언하면서 시작됐다. 이후 1970년 4월 첫 인공위성 '둥팡훙東方紅 1호'를 발사했다. 중국의 우주 개발이 본격적으로 불붙은 계기는 2003년 유인 우주선 발사 성공이다. 이후 중국 정부는

'2050년까지 지구와 달을 포괄하는 우주 경제권을 구축하겠다'는 장기 목표 아래 매년 수조 원의 예산을 퍼부어 로켓을 발사하고, 인력을 늘려가고 있다.

중국은 2019년에만 34번이나 로켓을 발사했다. 한 달에 세 번 꼴로 발사한 셈인데, 이는 같은 해 미국의 발사 횟수인 27회보다 훨씬 많다. 중국 최대 국영 우주 기업인 항천과기집단공사CASC는 직원만 14만 명이 넘는다. 미국 항공우주 업체 보잉Boeing과 맞먹는 수준이다. 이렇듯 중국이 우주 개발에 들인 천문학적인 금액과 인력의 결과가 이제 서서히 드러나고 있으며 앞으로도 이런 추세는 지속될 것으로 예상된다.

창어嫦娥 4호

2019년 1월 3일 인류 최초로 지구에서 보이지 않는 달 반대편에 착륙한 중국의 탐사선이다. 중국 신화의 선녀 이름 '창어(항아)'에서 따왔다. 신화 속 창어는 신묘한 약을 먹고 지상에서 달로 날아갔다.

위투玉兔 2호

탐사선 창어 4호가 달 표면에 내려놓은 탐사 로봇이다. '위玉'는 옥, '투兔'는 토끼를 뜻한다. 신화 속 선녀가 하늘로 올라갈 때 품에 꼭 안고 갔던 옥토끼에서 따온 이름이다.

췌차오鵲橋

창어 4호와 지구를 이어준 통신위성이다. 췌차오는 우리가 잘 아는 '오작교'의 중국 명칭이다. 달 뒷면에는 통신 전파가 도달하기 힘들기 때문에 중간에 위치한 통신위성의 역할이 중요한데, 바로 이 췌차오가 창어 4호가 착륙할 수 있도록 도와준 일등공신이다.

'억' 소리 나는
쇼핑 잔치

165조 원(9,674억 위안). 2020년 6월 1일부터 18일 사이에 중국 대표 온라인 쇼핑몰 업체인 알리바바와 징둥닷컴에서 거래된 금액이다. 6월 18일 쇼핑 축제 '618'을 맞아 달성한 매출이었다. '618'은 매년 11월 11일에 열리는 '쌍스이雙十一'와 더불어 중국의 대표 쇼핑 축제로 꼽힌다. 우리나라 통계청의 자료에 따르면 2019년 한 해 동안 국내 온라인 쇼핑 거래액은 134조 5,830억 원이었는데, 중국은 단 한 번의 쇼핑 축제로 한국의 연간 매출 기록을 뛰어넘은 것이다. 이미 '억' 소리 나는 거대 행사가 되어버린 중국의 쇼핑 축제는 언제부터, 어떻게 시작된 것일까?

11월 11일, 솔로들을 위한 쇼핑 축제 '쌍스이'

중국에서는 매년 11월과 6월에 각각 대형 온라인 쇼핑 축제가 열린다. 하나는 11월 11일에 맞춰 열리는 '쌍스이'이고, 또 하나는 6월 18일을 뜻하는 '류야오빠六一八(618)'다. '광군제光棍節(솔로의 날)'라고도 불리는 쌍스이는 알리바바 창업자인 마윈의 뒤를 이어 최고경영자 직위를 이어받은 장융張勇이 시작한 쇼핑 축제다. 여기서 재밌는 사실은, 우리나라에서는 평소 마음에 두고 있던 상대방에게 빼빼로를 주는 '빼빼로데이(11월 11일)'가 중국에선 정반대의 의미를 가진 기념일이라는 것이다. 홀로 서 있는 것처럼 외롭게 보이는 숫자 '1'이 애인이 없는 모습과 비슷하다며 '솔로의 날'이 됐다. 장융은 지난 2015년 회사 내부 연설에서 "중국은 원래 전통적으로 11월에 큰 축제가 없었다. 국경절 (10월 1일)과 연말의 중간쯤에 날짜를 잡고 싶었는데, 그때 눈에 들어온 게 바로 '광군제'였다"며 "솔로들이 쇼핑으로 시간을 때울 수 있도록 하는 것, 이게 쇼핑 축제의 시초다"라고 밝혔다.

사실 장융은 2007년 CFO로 알리바바에 합류한 인물이다. 그런 그가 "온라인 쇼핑은 무조건 성장할 수밖에 없는 시장"이라며 알리바바의 온라인 쇼핑 사업부였던 타오바오의 운영을 도맡게 된 것은

2019년 11월 11일 알리바바 본사 미디어 센터의 모습. '쌍스이' 축제가 진행되는 동안 알리바바 산하 쇼핑몰이 달성한 거래액을 실시간으로 전광판에 게시한다.

2009년이었다. 당시 타오바오의 직원은 20명 남짓으로, 실적이 좋지 않아 해체 위기에 처해 있었다. 장융은 이런 타오바오를 되살려냈을 뿐 아니라, 쌍스이 축제를 성공적으로 히트시키며 '중국 대표 쇼핑 축제'의 창시자로 이름을 남기게 됐다.

6월 18일, 징둥닷컴의 포부가 담긴 축제 '618'

쌍스이와 양대 산맥으로 꼽히는 '618' 축제는 사실 중국 2위 온라인 쇼핑몰 업체인 징둥닷컴의 창립 기념일이다. 류창둥劉强東 징둥닷컴 창업자는 1998년 6월 18일 베이징 중관춘에 회사를 세우며 "매년 6월

▌2019년 쇼핑 축제 당일 거래액

쌍스이		618
알리바바	시초	징둥닷컴
2,684억 위안	알리바바 거래액	1,700억 위안
2,044억 위안	징둥닷컴 거래액	2,015억 위안

을 자체 축제 시즌으로 정하겠다"는 포부를 밝혔는데, 그 후 매년 6월 1일부터 18일 전후까지 징둥닷컴은 자체적인 할인 행사를 벌여왔다. 그런데 2010년대 중후반에 중국 온라인 쇼핑몰 시장이 급속도로 커지며, 업체 간의 할인 경쟁도 덩달아 치열해지면서 징둥닷컴 고유의 할인 행사에 경쟁자인 알리바바, 쑤닝 등의 업체도 할인 프로모션을 내놓기 시작했다. 그 결과 모든 주요 쇼핑몰들이 6월 초에 행사를 열게 됐고 618은 중국을 대표하는 또 하나의 쇼핑 축제로 자리 잡았다.

상상을 초월하는 쇼핑 축제의 규모

2019년 11월 11일 자정, 쌍스이 축제가 시작된 후 1분 36초 만에 거래액이 100억 위안(약 1조 7,000억 원)을 돌파했다. 2분이 걸렸던 2018년에 비해 24초가 빨라진 기록이다. 이날 알리바바의 하루 전체 거래액은 전년 대비 25.7% 늘어난 2,684억 위안(약 44조 6,200억 원)이었다. 같은 날 징둥닷컴은 하루 만에 2,044억 위안(약 34조 7,000억 원)의 거래액을 기록했다.*

이 쇼핑 축제 기간에 한국 기업들도 큰 이익을 봤다. 2019년 쌍스이에는 국내 주요 화장품 업체들의 거래액이 큰 폭으로 성장하며 역대 성적을 갈아치웠다. 설화수의 '자금라인 세트'는 예약 판매 시작 3분 만에 매출 1억 위안을 돌파했고, 하루 동안 총 24만 세트가 팔렸다. 라네즈의 '에센셜 스킨 로션'은 20만 개, 려의 '자양윤모'는 22만 개가 판매됐다. LG생활건강의 후, 숨, 오휘 등의 브랜드 매출도 전년 쌍스이 매출 대비 187% 성장했다. 같은 기간 한국산 가전, 스마트폰 등 IT 제품도 중국의 쇼핑 축제 덕을 크게 봤다.

2019년 쌍스이 당일 알리바바가 1초에 처리한 주문량은 54만 4,000건에 달했다. 2018년 1초당 49만 1,000건을 소화해낸 기록을 가뿐히 넘어섰다. 할인을 노린 수억 명이 쇼핑몰 사이트에 몰려든 것이다. 이 정도면 서버가 지연되거나 다운되어도 이상한 일이 아닐 텐데 알리바바에선 이 같은 사고가 단 한 건도 발생하지 않았다. 쇼핑 축제가 기술 발전을 뽐내는 '테크 축제'가 됐다는 얘기가 나오는 이유다.

* 알리바바그룹에 따르면 2020년 쌍스이 축제 기간(11월 1~11일) 동안 알리바바 산하 쇼핑몰의 거래액은 4982억 위안(약 84조 원)을 돌파했다.

실제로 매년 쇼핑 축제엔 클라우드(가상 저장 공간), 무인 물류 배송 시스템, AR(증강현실), 블록체인 등 온갖 혁신 기술이 활발하게 적용된다. 쌍스이 축제 당일에는 트래픽이 평소의 100배로 늘어나는데, 알리바바는 자체 클라우드에 제품을 더 빠르게 찾을 수 있는 데이터베이스 '폴라DB'를 개발하고 적용에 나섰다. 여기에 칩 하나당 10개의 GPU 효과가 있는 '한광800' AI 칩도 개발해 활용했다. 서비스 면에서는 화장품 쇼핑을 돕는 'AR메이크업' 등 참신한 신기술이 제공됐다. 이에 《봉황망》은 "쇼핑 축제는 중국 IT 기업들이 자체 개발한 기술의 성과를 확인하는 시험대"라고 평가했다.

중국 쇼핑 축제

미국에 '블랙프라이데이'가 있다면, 중국에는 11월 11일에 열리는 '쌍스이(광군제)'와 6월 초부터 20일 전후까지 지속되는 '618(류야오빠)'가 있다. 전자는 중국 최대 온라인 쇼핑몰 업체인 알리바바가 2009년부터 시작한 축제고, 후자는 2위 업체인 징둥닷컴이 창사기념일 전후로 할인 행사를 벌인 것에서부터 시작됐다. 축제에는 수십억 명이 몰려들어 단 한 시간 만에 1조 원이 넘는 거래액을 기록하기도 했다. 이 어마어마한 트래픽을 감당하고 주문을 착오 없이 처리하기 위해서 다양한 첨단 기술이 동원되고 있다.

마윈이 중국 최고 갑부가
아니었어?

마화텅馬化騰 텐센트 회장이 마윈 알리바바 창업자를 제치고 중국 최고 부자에 등극했다.* 2020년 4월 27일 포브스의 실시간 부호 순위에서 마화텅 회장의 재산은 458억 달러(약 59조 7,500억 원)로 마윈의 재산

- 2020년 11월 8일 실시간 기준 마윈은 해당 랭킹의 17위를 기록하며 19위인 마화텅을 다시 앞질렀다. 이 둘은 엎치락뒤치락하며 중국 최고의 부호 순위 1, 2위를 다투고 있다.

419억 달러보다 많았다. 포브스가 2019년 11월 발표한 '2019년 중국 부호 순위'에서만 해도 마윈이 1위고 마화텅이 2위였다. 그런데 어떻게 몇 개월 사이에 순위가 역전된 것일까?

중국 최고 부자에 오른 마화텅 회장은 누구인가

부호 순위가 갑작스레 역전된 것은 코로나 사태로 텐센트의 주가가 급등했기 때문이다. 텐센트의 주력 부문은 게임·소셜미디어 등 비대면 사업이다. 코로나19로 비대면 서비스의 수요가 높아지자 회사의 수가가 한 달 새 25%나 올랐다. 그 덕에 텐센트 지분을 8% 이상 보유한 마화텅 회장의 재산 평가액이 542억 위안(9조 4,000억 원) 더 늘었다.

　1971년에 태어난 마화텅 회장은 중국의 실리콘밸리로 불리는 선전시에서 자랐다. 아버지가 선전시 항운총공사 사장, 선전시 염전항그룹 부사장을 지내는 등 금수저 출신에 속하는 마화텅 회장은 철저하게 기술자 스타일이다. 선전대학 컴퓨터공학과 재학 시절부터 천재 프로그래머로 이름을 날렸고, 대학 졸업 후에는 5년 동안 소프트웨어 개발자로 일하면서 창업을 준비했다. 1998년 자신의 대학 동기들과 함께 처음 창업한 회사가 바로 텐센트다. 창업 3개월 만에 중국에서 가장 많이 쓰이는 메신저 중 하나인 'QQ' 메신저를 출시해 대박을 터뜨렸다. 이후 외국의 성공 아이템을 벤치마킹해 중국화하는 방식으로 막대한 부를 쌓았다.

텐센트는 어떻게 괴물 기업이 됐나

미국에 페이스북이 있다면 중국에는 1998년 창립된 텐센트가 있다. 텐센트가 처음 개발한 서비스는 1999년 출시한 PC 기반 메신저 QQ 다. 오랜 시간이 지난 현재까지도 사용자가 7억 명에 이를 만큼 QQ는 중국의 대표적인 메신저 서비스다. 2005년에는 디지털 음원 서비스 'QQ뮤직'을 만들었다. 당시 중국은 불법 음원의 천국이었는데 텐센트 는 개인 블로그 배경 음악으로 음원을 판매하는 전략을 세워 성공을 거뒀다.

2007년부터 텐센트는 주요 게임사에 크고 작은 투자를 해왔다. 특히 넥슨의 '던전 앤 파이터', 스마일게이트의 '크로스 파이어', 엔씨 소프트의 '블레이드 앤 소울' 등 한국에서 유명 게임을 수입해 유통 했다. 이 게임들이 중국에서 흥행하며 텐센트는 급격한 성장세를 보 였다. 텐센트는 글로벌 대형 게임사의 지분을 보유하고 있기도 하다. '리그 오브 레전드'로 유명한 미국의 라이엇게임즈의 지분을 완전히 인수했으며, 미국의 에픽게임즈, 핀란드 슈퍼셀의 지분도 각각 40%, 84%로 절반 이상을 보유하고 있다. 한국 기업 중에서 보자면, 텐센트 는 넷마블의 3대 주주고, '배틀그라운드'로 유명한 크래프톤(전 블루홀) 과 카카오의 2대 주주다. 이렇게 덩치를 불려나간 텐센트는 전 세계 게임 시장의 1위 자리를 차지했다. 2011년에는 모바일 메신저 위챗을 만들었고, 이후 카카오톡처럼 메신저 중심의 플랫폼을 만들어 모바일 결제, 게임, 클라우드 등 다양한 사업으로 확대하는 중이다. 현재 위챗의 이용자 수는 12억 명에 달한다.

코로나19 때문에 대박 난 기업

텐센트는 코로나 사태로 덩치가 더 커지고 있다. 코로나 사태 바로 직전인 2019년 12월 화상 회의 시스템 '텐센트 회의'를 출시해 곧바로 잭팟을 터뜨렸다. 서비스 시작과 동시에 텐센트 회의는 중국 최다 이용자를 보유한 화상 회의 시스템으로 떠올랐다.

한 해 매출 규모가 20조 원인 게임 사업도 수혜를 입었다. 신규 게임 인구가 늘어나고 게임 시간이나 소비 규모가 커진 덕이다. 주력 사업인 위챗은 중국 정부가 동선 확인을 위해 사용을 강제하는 '전자 통행증(건강 코드)'을 장착해 몸값이 더 높아졌다. 집중 투자한 클라우드 분야는 원격 근무, 온라인 교육이 확장되며 수요가 늘었다. 텐센트가 투자한 회사들도 잘나가고 있다. 텐센트는 중국 게임 생중계 서비스 플랫폼인 후야즈보虎牙直播와 중국 최대 라이브 스트리밍 업체인 더우위鬥魚, 중국의 떠오르는 온라인 쇼핑몰 핀둬둬拼多多의 주요 주주다. 중국 경제 매체 《증권시보證券時報》는 "텐센트는 코로나 피해가 가장 극심했던 3~4월 동안 적어도 20개의 기업에 투자했다"며 "코로나 시대를 역행해 발전하는 회사가 됐다"고 짚었다.

알리바바

알리바바는 중국 전체 온라인 거래의 80%를 차지하는 중국 최대 전자상거래 업체다. 매일 1억 명이 알리바바를 사용한다. 중국 국내 소포량의 70%가 알리바바 관련 회사를 통해 거래되고 있다. 알리바바닷컴, 타오바오, 알리페이, 티몰, 알리바바픽처스 등을 거느리고 있다.

텐센트

텐센트는 알리바바와 함께 중국 최대 인터넷 기업으로 꼽힌다. 1998년 PC 기반 메신저 QQ로 사업을 시작해 게임, 결제, 금융, 은행, 보험 등으로 영역을 넓혀왔다. 2011년 '중국판 카카오톡'으로 불리는 위챗을 출시했고, 2013년 위챗과 연동된 간편결제 서비스 위챗페이를 내놓으면서 위상이 높아졌다. 2020년 9월 기준, 텐센트 시가총액은 한국 주식시장 1위인 삼성전자의 2배 수준이다.

중국의
'돈 사랑'

2019년 2월 중국 한 도시의 쇼핑몰에 난데없이 거대한 선물 상자가 등장했다. 상자의 포장지가 벗겨지자 포르쉐 SUV 카이엔 쿠페가 모습을 드러냈다. 차량 뒷편엔 "○○○아, 나한테 시집 와라!"는 문구가 쓰인 핑크색 벽이 세워져 있었고, 쇼핑몰 3층에서 빨간색 풍선 수천 개가 쏟아졌다. 한 남성이 쇼핑몰 일부 공간을 통째로 대여해서 깜짝 청혼 이벤트를 벌인 것이다. 쇼핑몰을 방문한 고객들은 "내가 봤던 청혼 중 스케일이 가장 크다"며 감탄했다.

5년간 중국 주재원으로 근무한 한 대기업 임원은 "중국인들이 아름답다고 느끼는 기준은 크고, 화려하고, 비싼 것이다"라고 말했다. 색상은 붉은색과 금색이 특히 인기다. 붉은색은 중국에서 경사에 자주 사용되는 색상이며, 금색은 황족과 부유의 상징이다. 삼성전자 등 IT 기기 제조사도 중국 시장을 겨냥해 금색, 빨간색 스마트폰을 따로 출시하기도 한다. 중국 사람들은 왜 이토록 '부유함'을 좋을까?

배금주의에 물든 중국

오늘날 중국인들이 부유함을 미덕으로 삼게 된 배경에는 찢어지게 가난했던 역사가 있다. 한때 세상의 중심이었던 중국은 아편전쟁을 시작으로 외세의 침투를 막지 못한 치욕의 현대사를 겪었고, 2차 세계대전 후에는 마오쩌둥의 극단적인 사회주의 이념 통치로 수십 년간 전 국민이 배고픔에 시달렸다. 개혁개방 정책 이후 중국 경제는 빠르게 성장하기 시작했는데, 중국 통치권자의 궁극적인 목표는 다름 아닌 '과거의 영광을 되찾는 것'에 초점이 맞춰져 있었다. 과거의 영광이란 아편전쟁 전으로 거슬러 올라가, 주변국의 조공을 받으며 세계 문화와 자원, 경제의 중심이었던 시절을 뜻한다.

중국은 과거의 영광을 되찾는 최선의 방법을 경제성장에서 찾은 듯하다. '독재국가'라는 비판을 받는 중국이 미국처럼 자유나 평등, 민주주의와 같은 이념을 내세울 수는 없는 노릇이기 때문이다. 부국으로 우뚝 서기 위해 중국 정부는 국민들의 경제활동과 부의 축적에 집중했다. 개인의 정치적 자유와 발언을 제한할지언정 돈을 버는 일에는 최대한 간섭하지 않은 것이다. '물질적 가치 창출(돈을 버는 것)이 곧 애국'이라는 구호도 나왔다. 이러다 보니 중국 사회에서 돈은 점점 만능열쇠로 자리 잡게 됐다. 뇌물 문화가 자연스럽게 사회 전반에 뿌리내렸다. 돈을 벌기 위해서라면 가짜 술, 가짜 계란, 가짜 식용유 등을 거리낌 없이 만들어냈다. 국가 단위의 대형 도시 개발 프로젝트가 시작되면서 하루아침에 벼락치기 부자가 된 사람도 많다. 중국에서는 이들을 '빠오파후暴發戶'라고 부른다. 이런 부모 세대를 둔 1980~1990년대생들은 돈을 모으는 것보다는 쓰는 것에 익숙하다. 이들이 명품 시장의 큰손으로 거듭난 건 놀라운 일도 아니다.

물론 중국 정부가 이 같은 풍토를 그저 두고 보는 것은 아니다. 어느 정도 경제적인 풍족함을 달성하고 나자, 다음 단계에서는 선진국에서 조롱받기 좋은 저급한 문화를 청산하는 게 시급해졌다. 중국 정부가 대대적으로 관료들의 반부패 운동을 벌이거나, 정직함과 검소함의 가치를 강조하고 나선 것도 이 때문이다.

'돈 사랑'이 낳은 중국의 부호들

돈에 대한 강한 애착이 나쁘기만 할까? 그렇지도 않다. 성공과 경제적 자유를 목표로 한 젊은이들이 대거 창업에 도전하고, 노동시장에 적극적으로 뛰어든 것도 사실이다. 특히 중국의 GDP가 연간 10% 이상으로 급성장했던 2000년대 초반에 이런 현상이 두드러졌다. 당시 창업에 뛰어든 젊은이들이 오늘날 중국의 부호 리스트에 한자리씩 차지하고 있는 것을 보면 알 수 있다.

그럼 중국의 부호에는 누가 있을까? 원래 중국의 부호라고 하면 떠오르는 이름은 완다그룹의 왕젠린 회장의 이름이었다. 왕젠린 회장의 자산 규모는 한때 2,500억 위안(약 42조 7,375억 원) 수준이었다. 그는 중국 부동산 거물로, 부동산 개발, 영화관, 쇼핑몰 등의 사업으로 부를 쌓아왔다. 하지만 요즘은 판세가 바뀌는 중이다. 바야흐로 '디지털 시대'가 활짝 열리며 오프라인 산업 대신 IT 기업들이 약진하기 시작했기 때문이다. 현재는 텐센트의 마화텅, 알리바바의 마윈 등 IT 기업의 창업자들이 중국 내 부호 순위 1, 2위를 차지하고 있다. 수년간 부호 1위 자리를 차지해왔던 왕젠린 회장은 자산이 전년 대비 12%나 줄어들면서 중국 내 23위로 밀려났다.

빠오파후暴發戶
갑작스럽게 돈방석에 앉게 된 사람을 일컫는 말. 1978년 중국 개혁개방 이후 국가 경제가 급속도로 성장하는 가운데 기회를 잡아 부를 축적한 사람들이 대표적인 빠오파후. 이들 중에는 유년기에 문화혁명을 겪으며 마땅한 교육을 받지 못한 사람들이 많았다. 이에 따라 이 단어는 '문화적 소양이 낮고 돈밖에 없는 사람들'이라는 뜻의 비하하는 말로 사용되는 경우가 대부분이다.

달러의 시대는 갔다?
디지털화폐 왕국 세우는 중국

회사원 노현금 씨는 10년 전만 해도 동네 슈퍼에 장을 보러 갈 때 현금과 카드가 든 지갑을 챙겨 들었다. 요즘은 다르다. 어딜 가나 스마트폰에 있는 간편결제 기능을 써서 결제한다. 노 씨는 "지갑을 안 들고 다닌 지 벌써 1년도 훨씬 넘었다"고 했다. 중국은 한국보다도 먼저 현금 없는 사회가 됐다. 대표적인 간편결제 앱인 '위챗페이'와 '알리페이'의 사용자가 많아지면서다. 중국은 여기서 더 나아가 중앙은행에서 찍어내는 현금의 일부를 '디지털화폐'로 바꿔버릴 계획이다.

디지털화폐가 중요한 이유

중국이 준비하고 있는 디지털화폐에는 블록체인 기술이 일부 활용될 것으로 예상된다. 하지만 이 디지털화폐는 가상화폐로 유명한 '비트코인'과는 태생부터 다르다. 가상화폐의 핵심이 기존 중앙은행 시스템을 벗어나는 것이라면, 중국의 디지털화폐는 중앙은행인 인민은행이 직접 나서서 발행하고, 중국 4대 국유 상업은행(공상은행, 농업은행, 중국은행, 건설은행)과 3대 이동통신사(차이나모바일, 차이나텔레콤, 차이나유니콤)가 공동 운영한다. 실시간으로 가격이 요동치는 가상화폐와 달리, 중국 인민은행이 발행하는 디지털화폐는 은행의 자산을 담보로 '1위안=1디지털화폐'의 가치를 유지한다. 중국은 2014년부터 관련 연구를 시작했고, 6년 후인 2020년 4월에 디지털화폐의 실체가 처음으로 공개됐다. 디지털화폐는 별도의 은행 계좌 없이도 스마트폰에 직접 저장하고, 간편 송금과 결제 등을 진행할 수 있도록 설계됐다. 현재 유출된 디지털화폐 전용 앱 화면에는 '펑이펑碰一碰(부딪혀봐요)'이라는 기능이 보인다. 인터넷 연결 없이도 스마트폰을 결제 단말에 접촉하면 결제가 되는 기능이다. 2020년 10월, 중국 정부는 선전시 시민 5만 명을 추첨해 인당 200위안(약 3만 4,000원)의 디지털화폐를 지급했다. 이 화폐는 빵집, 약국 등 현지 3,389개 오프라인 매장에서 사용 가능하다. 국가 주도로 만들어진 디지털화폐가 실생활에 처음으로 모습을 드러낸 순간이다. 이 화폐의 공식 명칭은 '디지털 위안화'로 정해졌다.

전 세계 주요국들은 중국의 디지털화폐 발행에 신경을 곤두세우고 있다. 원래 우리가 사는 세상은 달러 중심의 금융 질서를 따른다. 그런데 중국이 이런 '전통'을 뒤집고, 중국 위안화 중심의 금융 질서를 세우고자 하는 것이다. 예를 들어 아프리카처럼 중국과 친한 국가에 수조 원 규모의 원조나 교역을 할 때, 기축통화인 달러나 국제 금융기구를 거치지 않고 디지털화폐로 지불하게 만들 수 있다. 이를 위해 중국은 전 세계에 자국 디지털화폐를 유통할 수 있는 독립적인 인프라를 구축할 것으로 보인다. 이런 사례가 많아진다면 위안화를 구심점으로 둔 새로운 금융권이 생겨나는 것도 불가능한 것은 아니다.

중국 디지털화폐의 성장이 가져온 도미노 효과

가까운 시일 안에 중국에선 카풀이나 택시를 부를 때 디지털화폐를 사용할 수 있게 될 것으로 보인다. 중국 최대 승차 공유 업체인 디디추싱이 정부와 함께 디지털화폐 업무 협력을 맺었기 때문이다. 또 중국은 2020년 5월부터 쑤저우시, 선전시, 슝안시, 청두시 등에서 공무원과 구區 단위 공공기관 직원에게 지급하는 교통 보조금의 50%를 디지털화폐로 지급하겠다고 나섰다. 2022년 베이징 동계올림픽에서는 디지털화폐를 전면 활용하는 모습을 볼 수 있게 될 전망이다.

미국은 이러한 중국의 도전에 어떻게 대응하고 있을까? 미국에서는 아직 정부 차원의 디지털화폐 발행 움직임이 보이지는 않지만, 대신 미국 IT 기업인 페이스북이 나서고 있다. 페이스북은 세계 주요 국가의 관영 디지털화폐와 실시간 교환해 사용할 수 있는 가상화폐를 선보이겠다고 밝혔다. 2020년 4월 16일 페이스북의 가상화폐 '리브라 libra' 개발을 이끌고 있는 리브라연합은 "달러, 유로, 파운드 등에 각각 연동되는 스테이블 코인stable coin(가격 변동성이 없는 가상화폐)을 발행해 각국의 디지털화폐와 자유롭게 바꿔 쓸 수 있도록 할 계획"이라고 밝혔다. 영국 파운드, 미국 달러를 바로 리브라로 바꿔 현금처럼 사용할 수 있다는 뜻이다. 2019년 10월 데이비드 마커스 페이스북 부사장은 블룸버그와의 인터뷰에서 "미국이 빠르게 대응하지 못한다면 5년 뒤 세계는 '디지털 인민폐'의 지배를 받게 될 것"이라고 말했다.

중국의 공세에 디지털화폐에 회의적이던 나라들도 하나둘씩 입장을 바꾸고 있다. 한국은행은 2019년까지만 해도 디지털화폐 도입의 필요성이 크지 않다는 입장이었다. 신용카드와 온라인 간편결제 인프라가 잘 깔려 있다는 이유에서였다. 하지만 최근 방향을 바꿔 2020년 안에 관영 디지털화폐 구현을 위한 기술 검토를 마치고, 내년 시범 운영에 나서겠다고 했다. 유럽중앙은행ECB 역시 2019년까지는 디지털화폐에 비판적이었지만, 최근 일본, 캐나다, 스위스 등 주요 국가의 중앙은행과 함께 디지털화폐 공동 연구 협력 체계를 구축하기에 나섰다.

왜 중국의 노인들은 돈이 있어도
돈을 못 쓰나?: 캐시리스 사회

중국 동영상 사이트에 한 할머니가 손에 현금을 쥐고 우는 영상이 올라왔다. 할머니는 휴대폰 영업점에서 "휴대폰 요금을 내러 왔는데 내 돈을 안 받는다"며 "아들 전화도 못 받게 생겼다"고 하소연했다. 왜 할머니는 요금을 낼 수 없었을까? 휴대폰 영업점이 현금이 아닌 모바일 결제로만 요금을 받고 있었기 때문이다. 할머니는 "모바일 결제는 할 줄도 모른다"며 서럽게 울었다.

중국에서는 거지도 모바일 결제로 구걸한다는데

중국에서 모바일 결제가 워낙 보편화된 탓에 현금에 익숙하고 스마트폰을 낯설어 하는 노인들이 고통받고 있다. 이미 중국의 상당수 가게들은 '현금 결제 금지' 팻말을 내걸고 모바일 결제만 받는다. 이런 현상은 식당·패스트푸드점·주유소 등 업종을 가리지 않고 일어난다. 위조지폐를 받을 염려가 없는 데다 매출 관리가 쉬워 고용 인력을 줄여도 되기 때문이다. 14억 인구의 중국에서 모바일 결제 이용자는 이미 10억 명을 넘어섰다.

중국에서는 길거리 음식점 등에서도 모바일 결제를 일상적으로 사용한다.

하지만 중국에서 모바일 결제를 쓰는 노인은 10명 중 1명도 안 된다. 중국사회과학원이 2018년 발표한 〈중노년층 인터넷 생활 연구 보고〉에 따르면 중국 60세 이상 노인 인구 2억 4,090만 명 중 약 2,000만 명(8%)만이 모바일 결제 사용자다. 모바일 결제를 쓸 줄 모르는 중국 노인들은 택시를 잡거나 가게에 들어갈 때 "현금을 내도 되느냐"라고 먼저 물어본다. 모바일 결제로 요금을 받는 유료 주차장엔 아예 들어가지도 않는다. 택시는 현금을 받기는 하지만 대부분 모바일 택시 호출 서비스를 통해 손님을 태우고 결제를 하기에 거스름돈이 없는 기사들이 많다.

노인에 대한 차별, 중국은 어떻게 대응할까?

67세의 셰 할아버지는 2018년 9월 슈퍼마켓에서 포도를 훔쳐서 뛰어나왔다. 포도를 사려고 현금을 꺼냈으나 가게 주인이 결제를 거부하자 홧김에 포도를 들고 밖으로 나온 것이다. 직원에게 붙잡힌 할아버지는 "내가 가진 돈은 위조지폐가 아니다. 왜 내가 늙었다는 이유로 모욕하느냐"며 울음을 터뜨렸다. 2018년 12월에는 중국의 한 대학 앞에서 다코야키를 파는 80세 노인이 위챗페이로 돈을 받았다가 매출이 반 토막 나기도 했다. 학생들이 7위안(1,200원)짜리 다코야키를 사면서 0.1위안(17원)을 위챗페이로 지급하는 꼼수를 쓴 탓이다. 위챗페이로 결제할 때 고객은 판매자의 QR코드를 읽어들인 뒤 금액란에 직접 가격을 입력한다. 위챗페이 사용법이 생소한 노인들은 확인 절차를 몰라 억울한 일을 당한다.

중국 당국은 노인에 현금 결제를 거부하는 것이 사회문제가 되자 단속에 나섰다. 중국 중앙은행인 인민은행은 "어떤 개인·단체도 현금 결제를 거절해서는 안 된다"는 경고를 내놨다. 이후 전국에서 주차장이나 식당 등 602곳이 단속됐다. 허리펑 베이징사범대 국제금융연구소장은 한 인터뷰에서 "현금 없는 모바일 결제는 노인에 대한 차별이고 격리"라며 "정부가 현금 유통을 강제하지 않으면 나중에 더 큰 사회적 비용을 치르게 될 것"이라고 했다.

알리페이, 위챗페이
중국의 양대 모바일 결제 서비스. 모바일 결제는 카카오페이처럼 스마트폰의 앱을 이용해 돈을 지불하는 방식이다. 알리페이는 알리바바가 운영사고, 위챗페이는 텐센트가 운영사다.

우리도 있어, 나스닥

2017년 7월 22일 오전 9시 30분, 중국 최대 주식시장인 상하이증권거래소에서 중국판 나스닥(미국의 기술 전용 주식시장)이라고 불리는 '커촹반科創板(과학혁신판)'이 정식 출범했다. 시진핑 국가주석이 직접 지시해 만든 스타트업·혁신 기술 관련 기업 전용 증시다. 커촹반에 상장한 반도체 재료 업체 안지테크安集科技의 주가는 거래 1시간 만에 공모가 대비 520% 급등한 243.2위안(약 4만 1,600원)을 기록하며 놀라움을 샀다. 이날 커촹반에는 총 25개의 업체가 상장했는데, 첫 거래일의 주가 평균 상승률은 무려 140%에 달했다. 데뷔 첫날부터 대박을 터뜨린 것이다.

중국판 나스닥을 만든 이유

지금까지 중국 스타트업들은 아무리 본토에서 성공하더라도 미국 증시 상장을 선택해왔다. 실제로 알리바바, 바이두, 넷이즈網易, 징둥닷컴 등 중국 거물급 IT 기업들은 모두 미국에 상장해 있다. 대형 증시 상장을 통해 기업 운영에 쓰일 자금을 모으기 위해서다. 이들이 중국 증시가 아닌 미국행을 선택한 이유는 간단하다. 폐쇄적인 중국 증시는 외국 자본의 투자가 미국만큼 자유롭지 못해 유통되는 자본의 양이 상대적으로 적기 때문이다. 중국 증시는 상장하는 데 정부의 허가를 받아야 해 2~3년의 긴 시간이 필요하기도 하다. 하지만 이처럼 글로벌 투자 자본을 끌어들일 만큼 매력적인 기업들이 모두 해외로 이탈한 것은 본토 증시를 키우고자 하는 중국 정부 입장에서 탐탁지 않은 일이다. 이런 고민의 결과가 바로 중국판 나스닥, 커촹반이다.

커촹반의 상장 요건은 파격적이다. 상장에 소요되는 기간을 기존 수년에서 수개월 단위로 대폭 축소했고, 요건만 맞는다면 적자 기업도 상장할 수 있다. 상하이·선전 증시에서는 불가능한 일이었다. 또한 기존 중국 증시가 엄격한 기업공개IPO '허가제'를 운영했던 것과 달리, 처음으로 '등록제' 방식을 적용시켰다. 미국 나스닥을 따라 한 것이다. 이로써 중국 정부는 BAT(바이두·알리바바·텐센트)를 비롯한 중국 주요 기술 기업들이 미국 증시에 상장하던 관행을 끊겠다는 의지를 보여주었다.

커촹반은 흥행 보증수표?

2020년 7월 8일, 중국의 대표 파운드리(반도체 위탁 생산) 업체인 SMIC中芯國際가 커촹반에 상장했다. 지금까지 커촹반에 상장했던 기업 중 '최대어'다. SMIC는 미중 무역 전쟁 가운데 중국 반도체 자급자족의 유일한 희망으로 여겨지는 업체다. 세계 1위 업체인 대만 TSMC에 비해 아직 기술력이 한참 떨어지는 SMIC를 단기간에 세계 1위 수준으로 키우겠다는 게 중국 정부의 계획이다. SMIC는 이번 상장을 통해 9조 원을 조달하며 흥행에 성공했다.

　　2020년 6월 28일 기준 커촹반에는 총 115개의 기업이 상장해 있

▌주가 흥행 보증수표인 커촹반 상장

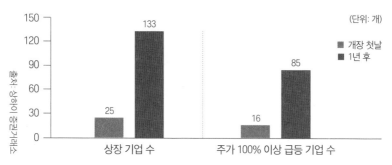

(단위: 개)

■ 개장 첫날
■ 1년 후

출처: 상하이 증권거래소

다. 그중 의약바이오 분야가 24개로 가장 많았고, 컴퓨터 관련이 23개, 기계설비가 20개, IT가 18개, 에너지재료 등이 11개였다. 전체 시가총액은 1조 7,200억 위안(약 292조 4,172억 원)에 달한다. 커촹반은 2020년 7월 22일 개장 1주년을 맞이했다. 상하이거래소에 따르면 지금까지 커촹반에 상장한 기업 중 주가가 상장 첫날보다 2배 상승한 기업은 62개로, 전체의 절반을 넘어선 수준이다. 정부 주도의 '중국판 나스닥'이 기술 기업들의 흥행 보증수표가 되어주고 있는 셈이다.

이렇게 잘나가는 커촹반이라도 중국 정부의 막대한 영향력을 피할 수는 없다. '알리페이'의 운영사 앤트그룹(알리바바의 자회사)은 커촹반에 동시 상장을 계획하고 있었다. 하지만 마윈이 한 연설에서 중국의 금융 규제가 낡았다는 비판을 한 게 문제가 되면서, 상장 예정일을 이틀 앞둔 11월 3일 상장이 전격 중단됐다. 이는 중국 정부가 커촹반을 내세우며 정부의 개입을 최소화하는 자유시장주의를 포용하는 것처럼 보여도, 절대 그 배후의 주도권을 놓지 않는다는 것을 보여주는 사례다.

커촹반科創板**(과학혁신판)**
영어 명칭은 스타STAR, Sci-Tech Innovation Board마켓이다. 이름처럼 기술 벤처기업을 '스타'로 키우기 위한 증시다. 상장 조건을 완화하고, 정부의 간섭을 최소화했다. 시진핑 주석이 2018년 11월 "미국 나스닥과 같은 혁신 기술 전용 주식시장을 추가로 개설하겠다"고 밝힌 후 커촹반은 260일 만에 초고속으로 상하이 증시에 문을 열었다. 앞으로 더 거세질 미중 무역 전쟁에서 커촹반은 자국 기술 기업이 원활하게 자금을 조달할 수 있도록 해주는 수단으로도 사용될 전망이다.

차이나 머니에
'NO!'라고 말하는 나라들

2020년 상반기는 코로나 사태로 인해 글로벌 기업 활동이 줄줄이 정체된 기간이었다. '블랙스완 효과(예측하기 어렵지만 발생하면 시장에 엄청난 충격을 주는 사건)'로 기업들은 전례 없는 긴축재정 상태에 돌입했고, 일부는 대규모 감원에 나섰다. 원래 탄탄하던 기업들이 예기치 못한 사건으로 휘청이고 있을 때, 가장 분주한 건 누굴까? 미래가 유망한 기업을 보다 저렴한 가격에 인수할 기회를 노리고 있던 중국 '큰손'들이다. 중국은 세계 어느 곳보다 먼저 코로나 사태를 겪었고, 상대적으로 먼저 안정을 되찾았다. 막대한 자본력을 앞세워 휘청이는 글로벌 기업 사냥에 나선 것도 이상한 일은 아니다.

중국의 기업 사냥과 차이나 머니를 견제하는 나라들

틱톡으로 글로벌 IT 기업 반열에 오른 중국 바이트댄스는 2020년 초 골드만삭스, 팰컨에지캐피털 등과 함께 인도의 인기 뉴스 앱 '데일리헌트'에 2,350만 달러(약 290억 원)를 투자했다. 지난 2016년 2,500만 달러를 투자한 것에 이어 추가로 지분을 늘리며 13억 인구의 뉴스 검색 시장을 공략하고 나선 것이다. '중국의 워런 버핏'으로 불리는 궈광창郭廣昌 푸싱그룹 회장 역시 자회사를 통해 프랑스 보석 브랜드 줄라의 지분 55.4%를 2억 1,000만 위안(약 360억 원)에 인수했다.

　중국은 2013년부터 대외 원조와 투자를 공격적으로 늘려왔다. 중국의 대외 직접투자 규모는 지난 2016년 1,961억 5,000만 달러(약 233조 원)로 최고점을 찍었고, 그 후 총 투자 규모는 축소됐지만 계속해서 1,100억 달러(약 131조 원) 수준으로 유지됐다.* 이 같은 돈은 민간 기업을 인수 합병하는 데도 사용됐지만, 일부 국가의 핵심 인프라에 투자하는 데에도 쓰였다.

　• 중국 상무부, 국가통계국, 국가외환관리국이 공동으로 발표한 〈2017년 중국 대외 직접투자 통계 보고서〉

중국 자본이 움직이자 세계 각국 정상들은 바짝 긴장했다. 자칫 잘못하면 자국 유망주들이 중국 기업으로 국적이 바뀔 상황이 되어버렸기 때문이다. 급기야 세계 주요국들은 대대적인 외국인 투자 규제 정책을 내놓으며 '차이나 머니'의 공습 견제에 나섰다. 일종의 반중 연대가 생겨난 셈이다. 중국 자본에 대한 막연한 불안감이 코로나 사태를 기점으로 '탈脫 중국 자본 시도'로 표출되고 있다.

중국 자본을 막기 위해 세계 각국 정부는 외국인 투자에 대한 허들을 높이고 나섰다. 예컨대 2020년 4월 8일 독일 정부는 유럽연합EU 회원국이 아닌 다른 국가의 자본이 독일 기업에 투자할 경우, 정부가 심사를 통해 투자를 금지할 수 있다는 내용의 외국 자본 규제 방침을

▌세계의 반反 차이나 머니 전략(2020년 기준)

주체	대책
호주	외국인의 인수 합병과 투자 제안 심의 의무화
독일	외국인이 테크 기업에 10% 이상 투자할 때 정부 심사 필수
유럽연합EU	중국의 유럽 기업 인수에 대비해 EU 회원국이 지분 늘리도록 권고
나토NATO (북대서양조약기구)	중국이 코로나로 가격 하락한 기업 인수 못하게 해야 한다고 권고
인도	인도와 국경을 공유하는 국가 투자시 정부 승인 필수

발표했다. 외국인 투자 건에 대한 정부의 심사 폭도 넓혔다. 기존에는 공공 부문이나 안보 측면에서 '실질적인 위험이 확인된 경우'에만 정부가 심사를 진행했지만, 이제는 '해를 끼칠 가능성이 있는 경우'에도 심사를 하는 걸로 규정한 것이다. 특히 인공지능이나 반도체 등 첨단 기술 분야에선 외국인이 지분 10% 이상 투자하는 경우 정부가 개입할 수 있다는 조항도 추가했다.

호주도 2020년 3월 외국인이 주도하는 인수 합병과 투자 제안은 외국인투자검토이사회FIRB의 심의를 거치도록 했다. 이는 원래 12억 호주달러(약 9,300억 원) 이상의 인수 합병에만 적용되던 규정이었다. 인도에서도 비슷한 대응책이 나왔다. 인도 상무부는 2020년 4월 18일 "인도와 국경을 공유하는 국가에 기반을 두거나 관련 있는 해외 기업이 인도에 투자할 때는 반드시 정부의 승인을 받아야 한다"는 새로운 투자 정책을 발표했다. 인도와 국경을 맞댄 나라 중 대규모 투자를 진행할 만큼 경제력이 있는 나라는 중국밖에 없다. 이에 따라 인도 정부가 사실상 '중국 기업의 투자 금지 정책'을 내놨다는 분석도 나왔다.

중국판 스타벅스는
왜 몰락했나

2020년 4월 2일, 미국 나스닥에 상장해 있는 한 중국 프랜차이즈 커피숍 업체의 주가가 장중 최대 85%까지 폭락했다. 루이싱커피Luckin Coffee의 류지안 최고운영책임자COO가 2019년 매출을 조작해 실적을 부풀린 사실이 밝혀졌기 때문이다. 이 소식을 접한 투자자들의 '패닉셀(공포에 의한 매도)'이 이어졌다. 전날 26.2달러로 마감했던 주가는 한때 4.91달러까지 폭락했다. 루이싱커피의 자체 조사 결과 2019년 2~4분기 동안 허위로 기재된 매출 규모는 22억 위안(약 3,800억 원)에 달한다.

지금까지 알려진 이 회사 매출의 절반 수준이 전부 '허구'였다는 것이다. 그리고 불과 3개월 만인 6월 29일, 루이싱커피는 결국 나스닥 증권거래소로부터 상장폐지 통보를 받고 거래가 중단됐다.

스타벅스에 도전장을 내민 루이싱커피

파란 배경에 하얀색 순록 이미지가 마스코트인 루이싱커피는 자국 프랜차이즈 커피 브랜드가 거의 없는 중국에서 '스타벅스를 이겨버리자'는 슬로건을 들고 2017년 10월 혜성처럼 등장한 업체다. 창업자 첸쯔아錢治亞는 우한방직대학을 졸업하고, 베이징대 EMBA를 나온 여성

설립 후 2년이 되지 않아 나스닥 상장에 성공했으나 매출 조작 파문으로 상장폐지된 루이싱커피.

CEO다. 루이싱커피를 창업하기 전에는 중국 승차 공유 업체인 선저우요우처神州優車에서 COO를 역임했다.

루이싱커피는 애국주의 마케팅과 과감한 할인 정책으로 2019년 12월부터 2020년 4월까지 오프라인 영업점 400곳을 새롭게 열었다. 이 기간 동안 주문량은 300만 건을 돌파했다. 창업한 지 2년도 채 안 된 2019년 5월 나스닥 상장에 성공했고, 상장 첫날에는 주가가 공모가보다 53% 급등하기도 했다. 눈에 보이는 '폭풍성장' 덕분에, 회사가 "2019년 1~3분기 동안 매출 29억 2,900위안(약 4,989억 원)을 달성했다"고 밝혔을 때 아무도 의심을 하지 않았다.

과도한 경쟁으로 몰락하다

그럼에도 중국 벤처 업계에서는 "루이싱커피의 몰락은 예견됐던 일"이라는 목소리가 파다하다. 그동안 스타벅스 등 해외 유명 커피 브랜드와의 경쟁에서 살아남기 위해서 제 살을 깎는 식의 할인권을 남발하고, 약간의 비용을 추가하면 30분 안에 커피를 집 앞까지 배달해주는 서비스까지 도입해 도저히 수익이 날 수가 없었다는 것이다. 예컨대 중국 상하이시에 사는 회사원 A씨의 경우, 아침에 회사로 출근한 뒤 루이싱커피 앱으로 정가 24위안짜리 아메리카노를 한 잔 주문하며 전날 받아놓은 82% 할인권을 적용시킨다. 커피값이 단숨에 4위안(약 688원)으로 줄어든다. 여기에 배송비 6위안을 추가하면, 약 10위안(약

1,700원)에 전문 배달원이 회사 앞까지 배달해주는 따뜻한 커피를 마실 수 있다. 배달원의 인건비는커녕, 커피 원두의 원가조차 나오지 않는 가격이다. 그동안 중국과 싱가포르 국부펀드, 미국 블랙록 등에서 투자받은 수조 원을 허공에 날리며 실속 없는 확장만 한 것이다.

루이싱커피의 회계 조작 사건은 미국에 상장해 있는 중국계 기업에 대한 불신을 일으켰다. 중국 기업들의 주가가 덩달아 큰 폭으로 하락한 것은 물론, 미국 상원은 "사기로 지배력을 확대하는 중국 기업들을 용납하지 않을 것"이라며 '외국 기업에 책임을 묻는 법'을 만장일치로 통과시켰다. 이 법안은 '어떤 기업이라도 미국 상장회사 회계감독위원회PCAOB의 회계 감사를 3년 연속 통과하지 못하면 상장을 금지한다'는 내용을 골자로 한다. 로이터통신은 "이 법은 모든 외국 기업에게 적용되지만, 사실상 중국계 기업을 겨냥한 것"이라고 보도했다.

제2의 루이싱 나올까?

중국의 대형 포털 기업 시나닷컴新浪이 '넥스트 루이싱'으로 지적한 업체는 중국 3위 전자상거래 업체 '핀둬둬'와 중국 전기차 제조 스타트업 '웨이라이蔚来'다. 두 업체 모두 루이싱커피처럼 수년째 투자금을 소모하면서 기업 덩치를 키웠지만, 제대로 수익을 내지 못한 채 미국 증시에 상장했다는 공통점이 있다. 중국 스타트업 업계에서는 이 밖에도 동영상 업체 아이치이爱奇艺(2020년 1분기 순손실 78억 위안), 뉴스 큐

레이션 서비스 취터우탸오趣头条(1분기 순손실 52억 1,600만 위안) 등의 기업도 위험군에 속해 있다는 지적이 나온다. 이들 기업에 대한 회의적인 의견이 많아지면, 신규 투자 유치가 점점 어려워져 돈을 태우는 사업 모델 자체를 유지하기 어려워질 수도 있다는 것이다.

루이싱커피 Luckin Coffee
중국판 스타벅스로 한때 주목받은 중국 토종 프랜차이즈 커피 브랜드. 초대형 회계 조작 사실이 밝혀지면서 나스닥 상장 1년여 만에 상장폐지 통보를 받았다. 수조 원대의 투자금을 바탕으로 과도한 할인권과 서비스를 남발했지만, 이제는 역사의 뒷편으로 사라지게 될 위기에 처한 상태다. '루이싱 회계 조작' 사건은 미국이 자국 증시에 상장해 있는 중국 기업에 대한 규제를 강화하는 결정적인 방아쇠로 작용했다.

유니콘에서 도시 쓰레기가 된
노란 자전거

2018년 12월 17일 아침, IT 기업과 벤처기업 사무실이 모여있는 베이징 중관춘의 인터넷금융센터 빌딩 앞엔 끝이 보이지 않는 긴 줄이 늘어섰다. 이 건물 5층에 본사를 두고 있는 당시 세계 최대 1위 공유자전거 업체인 오포ofo에 보증금 환불을 요구하러 온 사람들이었다. 중국 관영 언론《신화망新华网》은 "오포의 보증금 환불 업무가 3개월째 마비된 것으로 드러났다"며 "오포가 법원에 파산 신청을 했다는 루머까지 돌면서 불안해진 이용자들이 본사로 몰려들었다"고 보도했다.

오포, 단숨에 유니콘으로 부상하다

오포는 창업 2년 만에 유니콘(기업 가치 1조 원 이상인 기업) 기업으로 등극한 중국 공유 서비스 스타트업의 상징이다. 중국은 유독 자전거로 등교하거나 출퇴근하는 인구가 많은 나라다. 산이 많은 한국과 달리 자전거를 타기 좋은 평지 면적이 광활하기 때문이다. 오포는 1시간에 단돈 1위안(약 170원)이라는 파격적인 사용료로 공유자전거 서비스를 내놓았다. 중국 시민의 자전거 사랑을 겨냥한 오포는 단숨에 이용자를 끌어모았다. 언제 어디서든 빌려 타고, 사용이 끝나면 도심 어디든 세워두면 돼 편리성도 높았다. 오포가 운영하는 노란 공유자전거 수가 급격하게 늘면서, 중국 도심에는 곳곳에 수십 대의 자전거가 아무렇게나 세워져 있는 모습이 연출되기도 했다.

거대 유니콘 기업이 된 오포의 첫 출발은 그리 대단하지 않았다. 2015년 당시 중국 베이징대학 재학생이던 창업자 다이웨이戴維는 동료 학생 두 명과 학교 내에서 자전거 공유 사업을 시작했다. 이 작은 사업이 글로벌 사업으로 확장되기까지는 3년이 채 안 걸렸다. 사업 확장성을 좋게 본 알리바바와 디디추싱이 총 11억 5,000만 달러(약 2조 3,000억 원)를 투자하면서 오포의 기업 가치는 한때 30억 달러(약 3조 4,000억 원)까지 올랐다. 투자에 힘입어 오포는 중국 주요 도시는 물론, 한국의 부산을 포함한 세계 21개국으로 진출하며 회원 2억 명을 보유한 회사로 성장했다.

2017년 베이징의 한 거리에 줄 지어 세워져 있는 오포의 공유자전거.

유망한 스타트업이 추락한 이유

오포는 회원 가입 시기에 따라 자전거 보증금으로 고객당 99~199위안(약 1만 7,000원~3만 원)을 받았다. 공유자전거 도난을 방지하기 위한 최소한의 조치였다. 만약 이용자가 회원 탈퇴를 신청하면, 이 보증금은 2주 내에 고객의 계좌로 환불되어야 한다. 하지만 이용자들이 오포 본사로 몰려들기 약 일주일 전부터 소셜미디어에 '오포에서 보증금 환불이 안 된다'는 얘기가 급속도로 퍼지기 시작했다. 계약 관계에 있는 9개 자전거 제조사로부터 제조 대금을 주지 않았다는 이유로 고소를 당했다는 사실도 밝혀졌다. 심지어는 투자자인 알리바바로부터 6,000만 위안(약 98억 원)을 빌려 직원들에게 월급을 겨우 지불했다는 얘기까지 나돌았다.

사실 오포의 추락은 예견된 일이었다. 보증금 사태가 터지기 약 1년 전부터 오포는 수익 구조가 불분명하다는 이유로 투자 유치에 실패했고, 이때부터 본격적으로 '위기론'이 나오기 시작했다. 투자금을 모두 소진하고 자금난에 봉착한 오포는 알리바바 등 여러 기업과 매각 협상에도 나섰지만, 기업 가치가 투자 유치 당시의 절반 수준인 17억 달러(약 2조 원) 수준으로 책정되며 계약이 불발됐다.

오포의 가장 큰 착오는 수익성 모델의 부재였다. 이용자 확보를 위해 사용 단가를 극단으로 낮춘 게 독이 됐다. 게다가 자전거에 광고를 부착하며 대당 160위안(약 2만 6,000원)을 받았던 광고 사업도 중국 정부의 규제로 접을 수밖에 없었다. 자전거를 제작하고 운영하는 초기 비용이 크기 때문에, 아무리 유료 회원이 늘어나도 수익이 제대로 나오지 않았던 것이다. 실제로 오포의 누적 적자는 2018년 6월까지 64억 9,600만 위안(약 1조 644억 원)에 달했다.

도시 쓰레기로 전락한 노란 자전거

2년 전 자금난으로 몰락한 오포는 이제 사실상 실체가 없는 죽은 기업이 됐다. 지금도 중국 도심 곳곳에서 노란색 오포 자전거를 볼 수 있지만, 사용이 가능한 자전거는 거의 없다. 긴 시간 동안 관리를 받지 못해 좌석이 떨어져 나갔거나, 바퀴가 하나밖에 없는 자전거도 여럿이다. 말 그대로 '도시 쓰레기'로 전락한 것이다.

　이용자들은 여전히 오포 측의 보증금 환불을 기다린다. 현재 환불을 기다리는 회원은 1,100만 명을 넘어선 것으로 알려졌다. 하지만 현지 IT 업계에서는 오포는 이용자들에게 돌려줄 돈이 한 푼도 남아 있지 않은 상태로, 평생 기다려도 보증금 환불은 불가능할 것이라고 보고 있다. 중국 시나닷컴은 "자본의 총아였던 공유자전거는 과도한 시장 확장과 투자금 태우기로 결국 시장에서 사장됐다"며 "성장성만 믿고 내실이 부족한 스타트업에 맹목적으로 투자하는 기류를 반성해야 할 때"라고 평가했다.

오포ofo

한때 세계 최대 자전거 공유 업체였다. 중국 스마트폰 제조 업체인 오포oppo와는 전혀 다른 기업이다. 베이징대 출신 다이웨이가 2015년 창업했다. 창업 2년 만에 유니콘 기업으로 등극했고, 전 세계 21개국에서 회원 2억 명을 보유한 업체로 성장했다. 하지만 과도하게 저렴한 사용료를 책정해 제대로 된 수익을 낼 수가 없었고, 투자금을 다 쓰고 나자 기업 사정은 빠르게 기울었다. 결국 2018년 말부터 사용자들의 보증금을 돌려주지 못하고 폐업과 다를 바 없는 상태가 됐다. 중국 공유 서비스 업체의 대표 실패 사례로 기록됐다.

PART 4

사회

우리가 모르는
중국의 민낯

○○ 출신은
안 뽑아요

만약에 우리나라에서 부산 출신은 채용하지 않는 기업이 있다면, 어떤 일이 벌어질까? 큰 사회적인 질타를 받을 것이다. 그런데 이런 황당한 일이 중국에서는 지금도 벌어지고 있다.

중국 허난성에 사는 24살 법대생 샤오옌은 2019년 7월 한 리조트 회사에 이력서를 보냈다가 황당한 불합격 통보를 받았다. 회사에서 보내온 회신에 적힌 불합격 사유가 '허난성 사람'이었던 것이다. 샤오옌은 '지역 차별'이라며 소송을 제기했다. 그해 11월 중국 법원은 "취업 기회의 평등 원칙을 침해했다"며 회사 측에 1만 위안(약 170만 원)의 위자료를 샤오옌에게 배상하고, 공개 사과하라고 판결했다.

중국에도 지역감정이 있다니

한국에도 있는 지역감정이 땅덩어리 넓은 중국에 없을 리 없다. 특히 차별받는 지역은 허난성. 중국인들은 허난성을 '사기꾼의 요람'이라 부르며 이 지역 출신들을 대놓고 무시하곤 한다. 2015년 미국 뉴욕 타임스스퀘어 전광판에 60초짜리 중국 허난성 홍보 광고가 등장한 적이 있다. 이 광고는 허난성의 사업가들이 지역 이미지 개선을 위해 자비 10만 달러(약 1억 2,000만 원)를 들여 게시한 것이었다. 그러나 이에 타 지역 출신 중국인들은 "사기꾼의 요람인 허난성을 왜 광고하느냐"며 불편한 심기를 거침없이 드러냈다.

2018년에는 허난성 출신에 대한 취업 차별 논란이 있었다. 중국의 유명 동영상 사이트 아이치이 인사팀 채용 방침에 대놓고 '허난성 출신은 가급적 걸러내야 한다'는 문구가 들어갔기 때문이다. 아이치이는 담당자를 해고하고 공개 사과했지만, 이는 허난성 출신 직원의 채용을 기피하는 현상이 실제로 존재한다는 것을 보여준 사례였다. 중국의 실리콘밸리로 불리는 중관춘의 기업들도 '허난인 응시 불가'라는 안내문을 내걸었다가 철회했다.

▌중국 주요 도시와 허난성

헤이룽장성

지린성

라오닝성

신장 위구르 자치구

간쑤성

네이멍구 자치구

● 베이징

허베이성

닝샤 후이족
자치구

산시성

산둥성

칭하이성

산시성

허난성

장쑤성

● 상하이

티베트 자치구

쓰촨성

충칭

후베이성

안후이성

저장성

후난성

장시성

푸젠성

구이저우성

윈난성

광시 좡족 자치구

광둥성

대만

홍콩

하이난성

황허문명의 발상지가 오명을 쓴 이유

원래 허난성은 중국에서 상당히 살기 좋은 곳이었다. 세계 4대 문명 중 하나인 황허문명의 발상지이기도 하다. 이런 허난성이 오명을 얻게 된 데는 크게 두 가지 이유가 있다. 첫 번째는 '짝퉁 공장'으로 낙인 찍혔기 때문이다. 1978년부터 중국 정부는 바다를 끼고 있는 지역을 먼저 지원하는 '연해 지역 우선 개발 정책'을 실시했다. 이로 인해 중국의 대표적인 내륙 지역인 허난성은 가난한 지역으로 전락해버렸다. 농업에만 의존하던 허난성 사람들은 1980년대부터 돈을 벌기 위해 짝퉁 생산 공장을 짓기 시작했고 이곳에서 가짜 솜, 술, 꿀과 실크가 대량생산됐다. 동물용 의약품을 일반 약품으로 속여 전국에 팔았다가 온 나라의 원성을 사기도 했다. 두 번째는 허난성에서 탈출한 빈민들이 전국으로 흩어져 사기를 치거나 도둑질을 하는 경우가 종종 목격됐기 때문이다. 2000년대 초엔 "기차가 허난성에 들어설 땐 '덜컹덜컹' 소리가 아니라 '컹쯔컹쯔坑子(사기꾼)' 소리가 난다"와 같은 말이 퍼지기도 했다.

하지만 허난성에 대한 시역감정은 편견에 불과하다는 지적도 많다. 허난성 출신 농민공農民工이 워낙 많았기 때문에 이들 중 소수가 잘못해도 쉽게 눈에 띄었다는 것이다. 또 사회적 지위가 낮은 이방인이었던 이들에 대한 도시인들의 시선이 처음부터 곱지 않았다는 주장도 있다.

최근에는 코로나19 바이러스의 발원지로 알려진 후베이성에 대한 지역감정이 커지고 있다. 후베이성에서 온 사람들을 대놓고 차별하는 것이다. 정부와 언론은 이런 지역감정에 대해 경고하고 있지만, 중국에서 한번 뿌리박힌 편견은 수십 년이 지나도 쉽게 사라지지 않는 경우가 많다.

후커우戶口**(호적)**

중국의 거주지 등록 제도. 우리나라의 주민등록 제도와 비슷하지만, 거주지 이동이 거의 불가능하다는 점에서 다르다. 중국에서는 해당 지역 후커우가 없으면 학교에 다닐 수 없고, 병원도 갈 수 없다. 중국 정부는 급속한 도시 팽창을 막기 위해 농촌 사람이 도시에 아무리 오래 살아도 후커우를 주지 않고 있다. 이 때문에 가난한 현실을 바꾸기 위해 도시에 일하러 가려면 자녀를 시골에 남겨둬야 하는 문제가 생긴다. 현재 중국 농촌에는 6,000만 명 이상의 아이들이 부모 손에서 크지 못하고 있다.

20살 아래 동생,
중국에선 흔하다는데

"내 나이가 27살인데, 동생 기저귀를 갈아주느라 주말에 늦잠을 못 잔다니……."

중국 광둥성에 사는 리 모 씨의 이야기다. 리 씨는 2019년에 태어난 동생을 돌보는 일로 부모님과 자주 말다툼을 한다. 중국 베이징에 사는 24살 장 모 씨는 "엄마가 임신을 해 곧 동생이 생긴다"며 "내가 엄마 나이가 됐을 때 내 동생은 겨우 대학생이 될 것"이라고 한탄했다. 유독 중국에 이렇게 나이 차이가 많은 형제가 많은 이유는 뭘까?

중국은 왜 산아제한을 했을까?

사실 중국은 아주 최근까지 둘째를 낳는 게 불법인 나라였다. 실수로 둘째 아이를 임신해 낳으면 거액의 벌금을 내야 했다. 중국 정부는 2015년 10월에서야 고령화 등 사회문제를 고려해 둘째 자녀 출산을 허용했다. 그 결과, 오랫동안 둘째를 염원했던 가정에서 늦둥이들이 태어나기 시작한 것이다. 심지어 일부 부유층에서는 1억 원 수준의 비용을 지불하고서라도 대리모를 고용해 둘째를 얻는 경우도 생겼다.[*]

2020년 기준 중국의 인구는 14억 명을 웃돈다. 세계 인구(약 78억 명)의 18%를 차지하는 것인데, 중국 인구가 처음부터 이렇게 많았던 것은 아니다. 2차 세계대전이 막을 내린 1945년, 중국 인구는 5억 4,000만 명 정도였다. 하지만 전쟁 이후 권력을 잡은 마오쩌둥은 "사람이 많은 것이 곧 힘"이라며 다산을 장려했고, 그 결과 종전 30년 만인 1974년에 중국의 인구는 9억 명을 뛰어넘게 됐다. 당시 가난했던 중국에서는 갑작스럽게 늘어난 인구로 인해 극심한 식량난과 사회 혼란이 야기됐다. 결국 중국 정부는 1978년 인류 사상 가장 극단적인 산아제한 정책을 내놓게 된다. 이것이 바로 우리에게도 잘 알려진 '한 자

---

[*] 중국 최대 대리모 알선 업체 'AA69다이원왕代孕網'에 2019년 7월 필자가 직접 문의했다. 75만 위안(1억 2,600만 원)을 내면 2년 내에 아기를 만날 수 있고, 추가 비용을 내면 성별도 선택할 수 있다.

중국의 한 자녀 정책 홍보 포스터

녀 정책(계획생육 정책)'이다.

중국의 산아제한은 상당히 강압적이었다. 1982년 이후 아이를 출산한 모든 여성은 자궁 내 피임 기구인 IUD를 삽입하도록 강요받았고, 둘째를 출산한 부부에게는 농민들이 10년을 모아야 겨우 마련할 수 있는 수준의 벌금을 부과했다. 벌금을 내지 못하면 낙태 시술을 받아야 했다. 벌금과 낙태 시술을 피하기 위해 산속으로 도망치는 경우도 많았다. 이렇게 출생이 등록되지 않은 아이들은 일명 '검은 아이'라는 뜻의 '헤이하이즈黑孩子'로 불리며 또 다른 사회적 문제를 낳았다.

산아제한 시대에 태어난 아이는 부모와 친외가 조부모까지 어른 6명의 보살핌을 받았다. '샤오황디小皇帝(소황제) 세대'라는 신조어가 나온 것도 이 때문이다. 부모들은 가난과 무지를 대물림하지 않기 위해 하나밖에 없는 자녀를 '꼬마 황제'처럼 떠받들며 키웠다. 집안에서만큼은 '최고 권력자'인 소황제들은 집안 어른들의 넉넉한 금전적 지원 아래 취업 시기가 늦어지고, 사치를 부리는 경우가 많았다. 이런 샤오황디는 약 4억 명 정도다. 물론 이는 아래 세대에 대한 위 세대의 편견이라는 시각도 있다.

산아제한이 풀려도 해결되지 않는 문제

아무리 중국이라도 이런 비인간적인 정책엔 엄청난 반발과 불만이 나올 수밖에 없다. 이에 맞춰 산아제한 정책도 조금씩 변화해왔다. 다음의 표를 보자.

▌산아제한 정책 변천사

1978년	한 자녀 정책 출범
1984년	농촌 지역 19개 성省에서는 첫째가 딸이면 둘째를 허용
2002년	부모가 모두 외동일 경우 둘째 허용
2013년	부모 중 한쪽이 외동이면 둘째 허용
2015년	둘째 전면 허용

문제는 이렇게 제한을 완화했음에도 출산율이 크게 상승하지 않았다는 점이다. 중국의 젊은 세대 역시 한국처럼 출산을 기피하는 경향이 강해 산아제한을 완화해도 효과가 없다는 평이 나온다. 최근 젊은 세대 중 대도시에서 생활하는 사람들은 자녀들을 양육하고 공부시키는 데 너무 많은 돈이 든다고 생각한다. 실제로 정책이 완화된 지 4년이 넘게 지났는데도 중국의 출산율은 회복될 기미를 보이지 않고 있다. 2017년과 2018년 중국의 신생아 수는 연달아 감소한 반면 60세 이상 고령인구 비율은 1990년 10%에서 2018년 17.3%로 높아졌다. 이대로 가면 2030년쯤에는 고령인구가 중국 전체 인구의 25%를 차지할 것으로 전망된다.* 이는 '세계의 공장'이라 불리는 중국에서 노동자 수가 줄어든다는 것을 뜻한다. 중국 경제성장의 기초가 흔들리게 되는 것이다.

중국의 산아제한(계획생육) 정책

한 가구당 자녀 한 명만 낳을 수 있도록 제한하는 정책. 급증하는 중국 인구를 조절하기 위해 1978년부터 시행됐다. 2015년 말부터는 산아제한을 없애고 둘째 출산을 허용하기 시작했지만, 이제는 젊은 세대가 출산을 기피해 사회적 문제가 되고 있다. 중국에서는 '낳을수록 가난해진다越生越穷'는 말이 유행하고, '소황제'처럼 키운 자녀가 부모에 기대 사는 '컨라오족啃老族(늙은 부모를 뜯어먹는 부류)'으로 전락할 수 있다는 두려움이 사회 전반에 퍼지고 있다.

* 2019년 7월, 한국무역협회 베이징 지부의 〈중국 실버산업 동향 및 시사점〉 보고서와 중국 국가 통계국 데이터를 근거로 정리.

시골 총각이 아이폰을 사려고
콩팥을 팔았다고?

2012년 중국 안후이성에 사는 17세 소년 정 군은 인터넷에서 장기 매매 중개업자와 접촉해 오른쪽 신장 적출 수술을 받았다. 정 군은 "아이패드를 사고 싶었는데 돈이 없었다. 인터넷에서 신장을 팔면 2만 위안(약 332만 원)을 받을 수 있다는 매매 중개인의 글을 봤다"고 말했다.

중국에는 잘사는 사람도 많지만, 가난한 사람도 많다. 리커창李克强 중국 총리는 2020년 5월 28일 기자회견에서 "중국에서 6억 명의 월 평균 수입은 여전히 1,000위안(약 17만 원) 내외"라며 "1,000위안으로는 보통의 도시에서 월세 내기도 힘들다"고 말했다. 리 총리의 말대로 면 중국 인구의 40%가 아직도 팍팍한 삶을 이어가고 있다는 이야기다. 베이징사범대학의 조사에 따르면 중국에서는 월수입 2,000위안(약 34만 원) 이하 인구가 9억 6,400만 명이나 된다. 이는 전체 인구의 약 70%에 달한다. 사정이 이렇다 보니 아이패드, 아이폰을 사기 위해 신체 일부를 파는 일도 종종 일어나는 것이다.

공포의 돈 벌이 방법

중국의 23살 청년 리루이 씨는 돈 때문에 자신의 신장을 팔게 된 시연을 2020년 5월 한 신문에 공개했다. 농촌에서 도시로 올라온 노동자인 그는 한 달에 68만 원가량을 벌었다. 가족들을 부양하기에는 부족한 수입이었다. 가난한 리 씨는 소셜미디어에 "빨리 돈을 벌 수 있는 일이 뭘까요?"라는 질문의 글을 올렸다. 그러자 누군가 '신장을 팔아보라'고 했다. 10만~20만 위안(1,700만~3,400만 원)을 받을 수 있다고 구체적인 금액까지 알려줬다. 이틀이 지나자 리 씨의 소셜미디어에 또 다른 누군가가 글을 남겼다. "신장을 팔면 4만 5,000위안(약 770만 원)을 벌 수 있고, 구매자가 기분 좋으면 보너스도 받을 수 있다"는 내용이었다. 생각보다는 적은 금액이었지만, 리 씨는 순순히 제안에 응했다.

　다음 날 그는 기차역 근처의 한 병원에서 혈액과 소변 검사, 복부 초음파 촬영 등 검진을 받았다. 밀매 조직원은 검은 안대로 리 씨의 눈을 가리고 승합차에 태워 야산의 외딴 공장으로 갔다. 잡초가 무성하고 인적이 드문 곳이었다. 안으로 들어가자 수술복을 입은 의료진이 대기하고 있었다. 리 씨가 다시 눈을 떴을 때 그의 옆에는 현금 다발이 들어 있는 빨간색 비닐봉지가 놓여 있었다. 그 안에는 총 840만 원이 들어 있었다. 그는 다시 종이 박스 공장에 취직했지만, 수술 후유증으로 일하던 도중 쓰러졌다. 그리고 다시는 예전처럼 일을 할 수 없게 됐다.

중국에서 장기 매매는 진짜 흔한 일일까?

중국에서는 장기 매매가 실제로 일어나고 있긴 하다. 해외 환자들이 장기이식을 받으러 중국에 오는 경우가 늘면서 거래가 더 활발해졌다. 중국의 장기 매매 조직은 '장기 팔 사람'을 구하는 모집책, 접선책, 시술의사, 마취사, 간호사, 운반책 등으로 분업화되어 체계적으로 움직인다. 그러나 한국에서 떠도는 소문처럼 장기 매매가 '흔한 일'은 아니다. 중국에서도 장기 매매는 신문에 기사가 날 정도로 충격적인 일이다.

하지만 중국에서 사형수의 장기를 적출하는 관행은 꽤 오랫동안 이어져왔다. 중국이 공식적으로 인정한 일이다. 2012년 중국 위생부는 "사형수의 장기를 적출·이식하는 행위를 근절하겠다"고 밝혔다. 국제인권단체의 조사에 의하면 2000년부터 2005년까지 중국에서 4만 1,500개의 기증자 불명의 장기가 이식됐다고 한다.

금지된 종교를 믿는 사람이나 정치범의 장기를 적출하고 있다는 증언도 끊이지 않는다. 영국의 언론《가디언》은 2019년 6월 "중국에 수감됐던 파룬궁(중국 정부가 반사회적 단체로 규정한 종교) 신도나 위구르족 출신들은 수감 기간 끊임없이 혈액 검사를 포함한 검진을 받았다"면서 "수감자 중에서 어느 날 갑자기 사라지는 이들은 장기 적출의 희생양이 됐을 가능성이 있다"고 보도했다. 이런 보도가 나오자 영국에서는 장기이식 수술을 위해 중국으로 건너가는 것을 금지해야 한다는 목소리가 나왔다. 이미 이스라엘과 이탈리아, 스페인, 대만 등은 중국에서 장기이식 수술을 하는 것을 금지하고 있다.

빠빠빨간 맛
궁금해 링링허우

알리바바의 창업자 마윈이 2020년 5월 동영상 사이트 빌리빌리^{哔哩哔哩}에 4분짜리 연설 영상을 올렸다가 급하게 삭제했다. 영상에서 마윈은 "비즈니스야말로 가장 큰 공익사업이고, 가치를 창조하는 소중한 일"이라고 말했다. 이 영상에는 이틀 만에 1만 6,000개의 댓글이 달렸는데 대부분 심한 욕과 비난으로, "착취하는 자본가의 헛소리", "지주^{地主}께서 노예들을 마음껏 부리려고 명분을 만들었네" 등의 내용이었다. 마윈이 2020년 3월 미국에 마스크 100만 개를 기부한 것을 두고 "매국노"라고 비난하는 댓글도 있었다.

마윈도 링링허우 비위는 맞추기 힘들어

이런 가운데 중국 언론들은 일제히 '중국에서 가장 존경받는 사업가인 마윈도 링링허우零零后 비위는 맞추기 힘들다'는 제목의 기사를 올렸다. 링링허우란 2000년부터 2009년에 태어난 신세대를 일컫는 말이다. 빌리빌리는 링링허우의 대표적인 인터넷 아지트로, 회원 1억 5,000만 명 중 영상 콘텐츠를 올리거나 댓글을 다는 사용자 대부분이 링닝허우라고 알려져 있다.

약 1억 6,400만 명에 달하는 링링허우들에게는 과거 문화대혁명 시기의 홍위병을 연상케 하는 면이 있다. 홍위병처럼 국가와 정권에 맹목적으로 충성하는 데다 전투력도 강하기 때문이다. 세계 강대국으로 올라선 조국에 대한 자부심이 큰 이들은 중국 공산당이 주창하는 사회주의사상을 맹목적으로 추종한다. 그렇다 보니 자본주의 체제가 정착된 중국 사회에 살면서도 스스로를 자본을 갖지 못한 무산 계급으로 여기고 유산 계급(사업가)에 대한 분노를 표출한다. 중국 매체들조차 "링링허우가 교과서에 나온 내용만 가지고 실생활에서 교조적으로 적용하는 것이 우려된다"고 언급할 정도다.

링링허우는 강한 애국주의적 성향도 띤다. 미국을 필두로 한 중국의 라이벌 국가들에 반감이 크고, 중국에 반대하는 대상은 적으로 간주한다. 이들의 애국 성향을 보여주는 대표적인 사례가 '2019년 미국 프로농구 보이콧 사태'다. 2019년 10월 미국 휴스턴 로케츠 구단의 단장이 "반중 시위에 나선 홍콩을 지지한다"고 공개적으로 밝히자 링링허우가 집단적으로 NBA 보이콧 운동을 벌였다. 결국 중국 국영방송 CCTV는 NBA 중계를 중단하기로 결정했다.

바링허우, 주링허우와 뭐가 다를까?

링링허우의 이런 성향은 개방적인 '바링허우八零后(1980년대생)'와 개인주의적 성향이 두드러지는 '주링허우九零后(1990년대생)'와 대비된다. 바링허우는 1978년 시작된 중국 개혁·개방의 목격자로, 세계와 단절됐던 중국이 외국 자본을 흡수하며 급속 성장하는 과정을 지켜보며 열린 태도를 갖게 됐다. 주링허우는 개혁·개방의 결실인 2000년대 경제 호황기를 누린 데다 활성화된 인터넷과 해외여행 덕분에 개인주의적 성향이 강하다.

　이에 반해 링링허우는 중국이 중심이 된 세계에서 자랐을뿐더러 시진핑 중국 주석이 주도하는 과도한 애국주의 교육을 받았다. 2013년 시진핑 정권이 들어선 직후 중국 정부는 중국 성공 신화를 가르치는 등 애국주의 교육을 꾸준히 강화했다. 청나라 말기 이후 외세 침탈로 굴욕을 겪었지만, 이제는 누구도 흔들 수 없는 강국이 됐다고 말이다. 시 주석이 이끄는 중국 정부의 달라진 구호도 링링허우의 애국주의에 영향을 끼쳤다. '도광양회韜光養晦(어둠에서 힘을 기른다)', '대국 굴기大国崛起(세계 강국으로 일어난다)'였던 이전 시기의 정치 구호가 '만 방래조萬邦來朝(주변국이 조공을 바치러 중국에 온다)'로 대체됐다.

이제 중국의 대세는 '시진핑 키즈'

'시진핑 키즈', '국뽕 사회주의자'라는 별명을 얻은 링링허우. 그들은 이제 중국에서 그 누구도 함부로 대하지 못하는 세력이 됐다. 2019년 4월 마윈은 "996을 할 수 있다는 것은 전생에 덕을 쌓아 얻은 복"이라 고 말했다가 곤욕을 치렀다. 996은 매일 오전 9시부터 오후 9시까지, 일주일에 6일씩 일하는 강도 높은 근로 문화를 말하는데, 해당 발언 영상에는 "노동자가 노예냐"라는 비난 댓글이 대거 달렸다. 중국 간판 교육 업체 신둥팡新東方의 CEO 위민홍俞敏洪은 2018년 8월 링링허우를 향해 "사회적 도덕, 법규 준수 관념이 거의 없다"고 비판했다가 공개 사과해야 했다.

　기업이 링링허우를 잡으려면 이른바 국뽕 마케팅이 필수다. 중국 어로는 '궈차오國潮 마케팅'이라고 한다. 궈차오는 중국 전통문화를 의 미하는 궈國와 트렌드를 의미하는 차오潮가 합쳐진 말로, 중국 전통문 화를 따르는 트렌드를 뜻한다. 중국의 스포츠웨어 리닝Li Ning은 복고풍 한자와 빨간색을 이용한 마케팅 전략으로 2019년 매출이 전년 대비 32% 늘었다. 중국 토종 기업인 창청자동차長城汽車는 2020년 상반기까

2019년 SS 파리 패션위크에서 선보인 리닝의 컬렉션. 붉은색과 한자를 활용한 궈차오 트렌드가 엿보인다.

지 중국에서 80개월 넘게 스포츠 유틸리티 차량^{SUV} 판매 1위를 차지했다. 그렇다면 링링허우에 대한 중국 내 평가는 어떨까? 중국 주간지 《신주간》은 "링링허우는 물질적으로 부족함이 없으나 그들이 무엇을 추구할 것인지에 대한 결정은 부모와 사회가 대신 내렸다"고 언급했다. 홍콩의 《사우스차이나 모닝포스트》는 "링링허우는 중국에서 가장 독선적인 세대가 될 것으로 보인다"고 했다.

바링허우八零后

1980~1989년에 출생해 1978년에 시작된 중국의 개혁·개방을 목격한 세대. 이전까지 세계와 단절됐던 중국이 외국 자본을 흡수하며 급속하게 성장하는 과정을 지켜봤다.

주링허우九零后

1990~1999년 출생해 개혁·개방의 결실인 2000년대 경제 호황기를 누린 세대. 어릴 때부터 상대적으로 풍요로웠고, 해외여행과 인터넷에 익숙한 디지털 세대다.

링링허우零零后

2000년 이후 출생해 2008년 베이징올림픽의 기억이 유년 시절을 관통하는 세대. 세계 강대국으로 올라선 조국에 대한 자부심과 중국 체제에 대한 충성심이 크다.

중국이 가장
신경 쓰는 숫자는?

중국이 가장 신경 쓰는 숫자는 바로 경제성장률이다. 국가에게 경제
성장률은 학생이 받는 성적표와 같다. '1년 동안 나라를 얼마나 더 부
유하게 만들었는지' 보여주는 숫자이기 때문이다. 중국은 지난 수십
년 동안 경제성장률이 높은 우등생이었다. 그러나 최근 들어 그 성적
이 급격히 떨어지면서 '멘탈'이 흔들리는 중이다. 2019년에는 29년 만
에 가장 낮은 6.1%의 경제성장률을 기록했는데, 이보다 더 큰 문제는
2020년 경제성장률이다. 코로나19 바이러스 사태와 미국과의 기싸움

때문에 1%에 그칠 것이라는 예상이 벌써부터 나오고 있다. 경제성장률이 낮아지면 일자리가 줄어들고, 사회 불만이 커진다.

중국의 경제성장률, 왜 자꾸 낮아질까?

1978년부터 중국이 경제 발전에 힘쓰면서, 오랫동안 중국 경제성장률은 고공행진해왔다. 1978년은 중국이 세계에 빗장을 풀고 돈을 끌어모으기 시작한 개혁개방의 해다. 1984년엔 역대 최고 성장률인 15.2%를 달성했다. 그러나 오르막길이 있으면 내리막길도 있는 법. 2010년대 들어 중국의 경제성장률은 한 자릿수로 떨어졌고, 2015년에 6.9%를 기록하면서는 '바오류保六(6%대 성장률)' 시대에 접어들었다.

중국의 경제성장률이 낮아지는 이유는 무엇일까? 과거의 중국을 제대로 먹지 못해 볼이 푹 패인 깡마른 아이였다고 상상해보자. 주머니 사정이 좋아져 마음껏 음식을 먹을 수 있게 된 아이는 몸무게가 빠르게 늘어났다. 초반 몇 년 동안은 몸무게가 매년 10%씩 늘어 40kg이었던 아이가 금세 50kg을 돌파했다. 그러나 50kg를 넘긴 뒤부터는 예년과 비슷한 수준으로 살이 붙는데도 몸무게가 늘어나는 속도가 확 줄었다. 게다가 몸무게가 일정 수준으로 올라가자 살이 잘 찌지 않게 됐다. 마찬가지로 중국도 일정 수준의 경제 규모를 달성하니 경제성장 속도가 느려진 것이다.

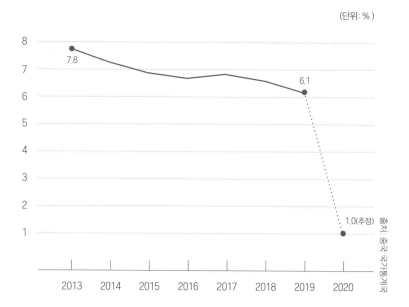

(단위: %)

출처: 중국 국가통계국

중국이 이 숫자에 집착하는 이유

이처럼 중국이 경제성장률을 중시하는 것은 경제성장률이 일정 수준
으로 유지돼야 사회가 안정되기 때문이다. 경제성장률이 높을수록 국
민들의 삶의 질이 높아지고, 불만은 줄어든다. 그간 중국 역사를 돌아
보면 나라의 경제 사정이 나빠지면 국민들이 들고 일어나는 일이 반
복됐음을 알 수 있다. 게다가 2020년 중국의 경제성장률은 그 어느 해
보다 중요하다. 장쩌민 전 국가주석이 과거 '2020년까지 중국 GDP(국

내총생산)를 2010년의 두 배로 올리겠다'고 공약한 바 있는데, 이를 지키려면 2020년 경제성장률이 최소 6.2%는 넘어야 하기 때문이다. 장쩌민의 공약이 지켜지면 중국은 2021년부터 '샤오캉小康 사회'에 진입하게 된다. 샤오캉 사회란 온 국민이 풍족하고 편안하게 사는 세상을 말한다. 그러나 2021년에 중국이 샤오캉 사회를 맞이할 가능성은 적어 보인다. 예상치 못한 코로나19 바이러스와 미중 무역 전쟁이 중국의 경제성장 속도를 늦추고 있는 탓이다.

경제성장률은 중국의 일자리 창출과도 관련이 깊다. 간단히 말하면 경제성장률이 올라가면 일자리가 늘어나고, 경제성장률이 낮아지면 일자리가 줄어든다. 경희대 차이나 MBA의 전병서 교수는 경제성장률 숫자에 200만 개를 곱한 값으로 중국의 신규 일자리 규모를 추산했다. 예를 들어 경제성장률이 6%일 때, 당해 중국에서 새로 늘어나는 일자리는 6×200만 개, 즉 1,200만 개로 추정해볼 수 있는 것이다. 반대로 말하면, 중국에서 경제성장률이 1% 포인트 낮아질 때마다 200만 개의 일자리가 날아간다고 보면 된다. 이렇게 수백만 개의 일자리의 증감을 가늠해볼 수 있는 경제성장률이니 역대 중국 지도자들이 민감하게 반응할 수밖에 없었던 것이다.

바오류保六

6%대 경제성장률을 유지하겠다고 밝힌 중국 정부의 경제성장 목표다. 바오保는 보장하다는 뜻이고, 류六는 숫자 '6'을 뜻한다. 1978년 개혁개방 정책(시장경제 도입)을 채택한 이래 중국 경제는 장기간 두 자릿수 초고속 성장률을 유지해왔지만, 2010년(10.6%) 이후 성장률이 한 자릿수로 떨어졌다. 2015년부터는 6%대인 6.9%를 기록했다. 이후 중국은 6%대 경제성장률을 지키기 위해 노력 중이다.

샤오캉小康 사회

중국의 모든 국민이 의식주 걱정 없이 풍족하고 편안한 삶을 누리는 사회. 2002년 장쩌민 전 국가주석이 "2020년까지 전면적인 샤오캉 사회를 달성하겠다"고 말한 이후 중국의 가장 중요한 국가 발전 목표 중 하나로 자리 잡았다. 샤오캉 사회를 만들기 위해서는 2020년의 GDP가 2010년의 두 배로 늘어나야 한다. 그러나 2020년 중국 경제 사정이 나빠지면서 샤오캉 사회 달성은 몇 년 뒤로 미뤄질 전망이다.

우한의 영웅은
국민 역적이 될 운명인가

코로나19 바이러스를 가장 먼저 발견한 사람은 누굴까? 최초 발원 지역으로 알려진 중국 우한시의 안과 의사 리원량李文亮이다. 리 씨는 2019년 12월 30일 의대 동기 150여 명이 있는 단체 대화방에서 코로나 바이러스에 대해 경고했다. 그러나 중국 경찰은 유언비어를 유포했다며 그를 잡아갔다. 반성문을 쓰고 입단속 단단히 하라는 경고를 받은 뒤 그는 다시 병원으로 돌아와 진료를 계속했다. 당시 중국은 사회 혼란을 우려해 코로나 발병 사실을 공개하지 않았다.

중국의 코로나 영웅은 어떻게 됐을까?

리원량 이야기의 결말은 반전 없는 비극이다. 리 씨는 환자들을 돌보다 코로나19에 걸려 2020년 2월 7일 숨졌다. 우한의 시민들은 그의 사망 다음 날 아파트 창문을 열고 호루라기를 불며 "편히 쉬시라"고 소리를 지르며 추모했다. 리원량의 사망 당시 그의 아내는 둘째 아이를 임신한 상태였다. 유치원에 다니는 5살 첫째 아들에게는 차마 아빠의 죽음을 알리지 못하고 "아빠가 해외여행 때문에 집에 오지 못한다"고 말했다. 그녀가 2020년 6월 둘째를 출산하고서 인터넷에 남긴 말이 인상 깊다. "여보, 하늘에서 보고 있어? 당신이 내게 준 마지막 선물이 오늘 태어났어."

중국 정부는 리원량의 사망 소식에 당황했다. 그를 체포하고 역적 취급했던 사실이 알려지면서 사람들이 분노했기 때문이다. 만약 리원량의 최초 폭로를 처벌하지 않고, 적극적인 조치를 취했다면 코로나19의 피해는 지금보다 덜했을 것이란 목소리도 높아졌다. 그러자 정부는 뒤늦게 '리원량 의인 만들기'에 나섰다. 중국 정부가 직접 관리하는 언론들이 하루아침에 리원량을 영웅이라고 치켜세우며 그의 일대기를 다룬 기사를 앞다퉈 쏟아냈다. 그러나 이조차도 시간이 지나자 시들해졌다. 중국 사회에서 리원량에 대한 언급은 여전히 불편하다.

역적 취급받는 중국의 영웅들

중국은 사스가 유행했을 때도 최초 폭로자를 역적 취급했다. 2003년 중국이 숨기던 사스 창궐을 외부에 알린 고발자도 리원량처럼 의사였다. 군 병원의 외과의였던 장옌융蔣彦永은 자신이 확인한 사스 확진자만 60명에 달했음에도 정부가 '확진자는 12명뿐'이라고 거짓 발표를 하는 걸 보고 해외 언론에 진실을 제보했다. 《뉴욕타임스》가 그의 말을 인용해서 세계에 중국의 사스 실태를 알렸다. 이후 중국은 투명하게 사스 환자 수를 공개하며 빠르게 사태를 수습했다. 그러나 정작 사실을 알린 영웅 장옌융은 언론 인터뷰를 제한받고, 여러 이유로 가택 연금까지 당하게 됐다. 그는 한 인터뷰에서 "나는 중국 정치를 보고 거짓말하는 게 가장 쉽다는 것을 알았다. 그러나 나는 거짓말하지 않기로 했다"고 말했다.

코로나 사태 속에서 일기를 써 공개한 유명 작가도 역적이 됐다. 코로나19가 가장 먼저 퍼진 우한시는 두 달이나 봉쇄됐고, 그 안에서는 끔찍한 비극이 벌어졌다. 이 지역에 살고 있었던 소설가 팡팡은 봉쇄 이틀 후인 1월 25일부터 두 달간 자신의 블로그에 일기를 연재했다. 가족을 잃은 사람들의 슬픔과 갇혀 있는 고통에 대해 상세하게 쓴 그의 글은 수백만 명이 읽었고, 미국의 유명 출판사에서 2020년 5월 《우한 일기Wuhan Diary》라는 제목의 책으로 출간됐다.

"환자들이 병원에 입원하지 못하고 아픈 사람들이 무너지기 시작했다."

"어제 한 사람은 벽을 들이받았고, 저녁에는 한 남자가 다리에서 뛰어내렸다."

"이웃의 사촌 여동생이 죽었다. 지인의 동생도 죽었다. 친구의 부모와 아내도 죽었다. 그 친구도 죽었다. 이젠 울어도 소리가 나오지 않는다."

"'사람 간 전염되지 않고, 통제 가능하다', 그 한 마디가 한 도시를 피와 눈물과 한없는 슬픔과 고통으로 바꿨다."

— 《우한 일기》 중에서

그러나 팡팡은 중국에서 호된 비판을 받고 있다. 미국에 중국의 치욕스러운 실상을 알렸다는 것이 그 이유다. 중국의 주요 언론인들과 교수들이 팡팡을 공개 비난하기도 했다. 결국 《우한 일기》는 중국에서 금서가 됐다.

사스 SARS

'중증급성호흡기증후군'이 정식 명칭인 사스는 2002년 겨울 중국 남부 광둥성에서 발생된 신종 전염병이다. 사스에 걸리면 열이 심하게 나고 숨 쉬기가 힘들다. 심각한 폐렴으로 발전해 죽음에 이를 수도 있다. 확산 속도도 빨라 몇 개월 만에 홍콩, 싱가포르, 캐나다 등 전 세계적으로 퍼졌다. 약 7개월 동안 32개국에서 8,000여 명의 환자가 발생했고, 그 가운데 774명이 사망했다.

한국 미세먼지의 절반은
중국에서 왔다

2014년 베이징에서 아시아태평양경제협력체APEC 정상회의가 열리자 '신기한 일'이 일어났다. 미세먼지에 뒤덮였던 베이징의 잿빛 하늘이 푸른 물감을 풀어놓은 듯 파랗게 변한 것이다. 이날 미세먼지 지수는 '좋음'을 가리켰는데, 중국 정부가 APEC 정상회의를 성공적으로 치르기 위해 베이징 주변 공장 가동을 전면 통제한 덕분이었다. 맑은 공기가 생소했던 베이징 시민들은 야외로 쏟아져 나와 하늘을 향해 카메라 셔터를 연신 눌렀다. 일명 'APEC 블루'는 그해 가장 유명한 신조어가 됐다. 이후 중국은 대규모 행사가 있을 때마다 탁월한 공기 관리 능력을 보여줬다. 그럴 때마다 '양회(매년 열리는 최대 정치 행사) 블루', '열병식 블루' 등 신조어가 계속해서 나왔다.

중국, 공기질을 조작한다?

중국의 미세먼지가 심각한 이유는 석탄 사용량이 많기 때문이다. 세계 석탄 사용량의 약 절반은 중국에서 소비된다. 게다가 오염물 처리가 제대로 되지 않는 소형 석탄 화력발전소가 전국에 퍼져 있고, 가정에서도 석탄을 많이 사용한다. 중국에서 에너지 소비량이 계속해서 늘어나는 것도 문제다. 소득 수준이 높아질수록 에너지 소비량도 기하급수적으로 늘어나는데 현재 중국의 난방 사용과 자동차 운행량이 폭증해 공기를 더 나쁘게 만들고 있다.

중국 지방 도시에서는 미세먼지 문제를 해결하기보다 상황을 숨기는 경우도 많다. 공무원들이 공기질이 개선된 것처럼 온갖 방법을 동원한다. 건물에 물대포 발사하기, 대기 측정소 주변에 물 뿌리기, 조사 기간 동안 공장 가동 강제 중단…… 모두 2019년 중국 생태환경부의 보고서에 담긴 공무원들의 공기질 조작 사례다. 중국 닝샤 자치구 스쭈이산시 공무원들은 2017년 1월 환경보호국 빌딩에 '물대포'를 쐈다. 건물에 설치된 대기 측정소의 오염 측정 수치를 낮추기 위해서였다. 물을 뿌리면 먼지가 일시적으로 가라앉아 오염도가 낮게 나온다. 2019년

5월 11일에는 안후이성 보저우시 공무원들이 환경오염 조사 일정을 사전 통보해 이 기간에 지역 내 공장들의 가동을 중단시켰다. 대체 왜 이렇게 공기 오염도에 민감하게 반응하는 걸까? 2017년부터 중국에서 '환경오염 개선'이 지방 도시 실적 평가의 주요 항목이 됐기 때문이다.

한국의 미세먼지 문제는 정말 중국 탓일까?

겨울이 되면 한국에는 중국발 미세먼지가 불어온다. 이 먼지는 북서 계절풍을 타고 유입되는 것이다. 한국 국립환경연구원은 징진지京津冀 (베이징, 톈진, 허베이성) 등의 지역을 포함하는 중국 북쪽 화베이 지방에서 발생하는 미세먼지가 우리나라 수도권으로 들어오는 것으로 보고 있다. 이곳은 중국 안에서도 미세먼지가 심하기로 악명 높은 지역이다. 미세먼지의 주범인 석탄 사용량도 가장 많다. 징진지와 그 아래 붙어 있는 산시성, 산둥성, 허난성 등 6개 지역의 석탄 사용량은 중국 전체 사용량의 33%나 된다.

각종 연구 결과와 데이터가 쌓여 있지만, 중국 정부는 배상 책임을 걱정해 한국의 겨울 미세먼지가 자기네 탓이라고 인정하지 않는다. 중국 생태환경부 대변인은 2018년 브리핑에서 "서울의 미세먼지는 자체적으로 발생한 것"이라고 말해 우리나라에서 공분을 사기도 했다. 중국은 석탄 사용량을 급격히 줄일 자신도 없다. 낙후한 지역일수록 석탄에 의존하고 있어 사용을 금지할 경우 마땅한 대안이 없기 때

❙ 미세먼지로 악명 높은 중국의 지역들

문이다. 허베이성의 한 농촌에서는 가정용 석탄 보일러를 가스로 교체하는 사업을 실시했는데, 교체 일정이 늦어지는 바람에 한겨울에 동사자가 발생하는 비극도 생겼다.

미국 대사관도 지적한 중국의 미세먼지

중국에서 미세먼지에 대한 우려가 본격적으로 제기된 것은 2012년부터다. 발단은 황당하게도 주중 미국 대사관이 발표하는 '대기오염지수'였다. 대사관 홈페이지에 실시간으로 공개하는 이 지수에는 초미세먼지 수치도 포함돼 있었다. 미국 대사관의 대기오염지수는 중국인들에게 그야말로 충격이었다. 공기가 나쁘다고는 생각했지만 미세먼지 수치가 그 정도로 최악일 줄은 몰랐던 것이다. 당시 중국 정부는 의도적으로 초미세먼지를 측정 항목에 포함시키지 않았다. 여론의 거센 역풍을 맞은 중국 정부는 결국 그해 12월 미세먼지 종합 대책을 만들었다. 초미세먼지도 정부의 공식 측정 항목에 포함됐다.

중국의 대기 오염은 과연 개선될 수 있을까? 나아지고 있는 추세지만 아직은 갈 길이 멀다. 중국 전체 에너지 사용량에서 석탄이 차지하는 비중은 여전히 60%나 된다. 중국 북방 지역의 미세먼지 문제가 근본직으로 해소되려면 지금부터 10~15년의 시간이 필요하다는 분석도 있다.

APEC 블루

2014년 베이징에서 열린 아시아태평양경제협력체APEC 정상회의 당시 중국 정부가 주변 공장 가동을 중단시켜 인위적으로 만든 '파란 하늘'. 미세먼지가 심한 중국은 1년 내내 잿빛 하늘이 계속되는 지역이 많다. 특히 베이징과 상하이가 포함된 중국 북부, 동부 지역의 미세먼지가 심각하다. 치부를 드러내기 싫어하는 중국은 대형 행사를 치르기 전에 일시적인 미세먼지 줄이기 조치를 내린다.

징진지 京津冀 정책

징진지는 베이징, 톈진, 허베이성의 약자다. 징진지 정책이란 중국의 북방 대도시인 베이징과 톈진, 그리고 허베이성을 종합적으로 개발해 중국 북방의 성장 거점으로 육성하겠다는 전략이다. 이들 지역의 환경보호를 위해서 도심과 가까운 공장들을 외곽의 다른 지역으로 옮기겠다는 내용도 포함되어 있다.

교회에서
국가 불러본 사람?

중국 교회에서는 예배를 어떻게 드릴까? 요즘 중국에서는 찬송가 대신 중국 국가를 부른다. 목사는 교단 앞에 나와 시진핑 주석을 칭송한 다음 설교를 시작한다. 벽에는 십자가 대신 주석의 초상화가 걸려 있다. 이런 곳도 교회라고 부를 수 있을까 싶을 정도다. 아무렇게나 지어 낸 얘기가 아니다. 2020년 7월 8일 미국《폭스뉴스》등의 언론이 보도한 내용이다.

중국에도 교회가 있을까?

중국에도 교회와 성당이 많다. 중국 사회과학원은 중국 내 기독교 신자가 6,000만~9,000만 명이며, 중국이 금지하는 무허가 교회의 교인까지 합치면 신자 수가 더 많을 것으로 추정하고 있다. 그러나 중국에서 자유롭게 종교 생활을 하는 것은 어려운 일이다. 《폭스뉴스》에 따르면, 2020년 6월 14일 중국 허난성 카이펑시의 한 성당에서 신부와 신도 20여 명이 미사 도중에 국기를 게양하고 국가를 불렀다. 이 성당의 신부는 "우리는 전염병 이후 오늘 장엄하게 국기를 게양한다"며 "시 주석의 지도 아래 모두 협력한 성과"라고 말했다. 허난성과 저장성의 기독교협의회 등에도 '신도들이 교회에서 감동적인 중국의 코로나 승전 스토리를 증언하도록 하라'는 지시가 내려왔다. 푸젠성 취안저우시의 최대 교회인 취안난 교회의 목사는 미국의 코로나 대응에 대해 비판하라는 구체적 지시를 받았다고 한다. 허난성 성당의 한 신도는 "하느님을 찬양하기 위한 성가를 부르는 대신 코로나 대응에서 승리한 시 주석을 찬양해야 했다"면서 "나의 믿음에 배치된다"고 말했다.

중국은 종교의 자유가 사실상 제한된 국가다. 중국 헌법 36조에는 신앙의 자유를 보장한다고 쓰여 있지만, 꼭 그렇지만은 않다. 이 조항에는 "국가는 '정상적인 종교 활동'을 보호한다", "종교 사무는 '외세 지배'를 받지 않는다"와 같은 단서가 달려 있다. 정부가 '정상적인 종교 활동'이 무엇인지 직접 판단하고, 외국의 비판과 감시는 '외세 지배'로 보고 무시하겠다는 뜻이다. 이 때문에 중국의 성당이나 교회는 정부 간섭을 피해 몰래 종교 활동을 하는 '무허가 교회'와 정부의 통제를 받는 '공식 교회'로 이원화되어 있다. 무허가 교회는 '지하 교회'라고 불리기도 한다.

중국 정부는 종교를 공산당 통치의 위협 요소로 간주한다. 정부의 감시를 받지 않고 마음껏 종교 생활을 하게 두면, 이들의 수가 불어나 정치 세력으로 성장할까봐 걱정하는 것이다. 중국 역사에는 종교가 기존 체제를 위협했던 사례가 적잖다. 1851~1864년 청나라에서 일어난 태평천국운동太平天國運動이 대표적이다. 이 운동은 기독교에 영향을 받은 홍수전洪秀全이라는 인물이 '신의 아들'을 자처하며 가난한 농민들을 결집시켜 일어났다. 태평천국군은 한때 남자 180만 명, 여자 30만 명에 달했고, 중국 주요 지역을 점령해 정권을 크게 위협했다. 중국에 종교에 대한 트라우마를 심어준 사건이다.

프란치스코 교황이 중국 교인들을 배신했다?

중국 정부는 2012년에 '기독교의 중국화'라는 개념을 만들었다. 이때부터 개신교와 천주교에 대한 간섭이 더욱 심해졌다. 허난성과 저장성 등지의 교회와 성당 십자가가 강제 철거되고 시 주석의 초상화로 대체됐으며, 일부 지역의 무허가 교회들이 폐쇄됐다. 기독교의 중국화는 신보다는 정부의 말을 더 따르라는 의미였던 것이다. 리커창 중국 총리는 2019년 3월 전국인민대표대회에서 "종교의 중국화를 견지해야 한다"고 강조했다.

중국이 기독교를 이렇게 압박하니 교황청과의 관계가 좋을 리 없었다. 특히 주교 임명 문제가 갈등의 큰 부분을 차지했다. 교황청은 '주교 임명은 교황의 고유 권한'이란 입장을 고수했고, 중국은 '정부가 직접 주교를 뽑겠다'고 우겼다. 1951년 바티칸이 대만 정부를 합법적인 정부로 인정하자 중국은 아예 단교를 선언했다. 이후 중국 정부는 천주교 신자를 대대적으로 탄압했다. 1957년 바티칸이 임명한 성직자를 거부하고, 중국 정부가 허가한 성당과 직접 임명한 성직자만 인정한 것이다. 무허가 성당에서 종교생활을 한 이들을 단속해 구금하기도 했다. 그러나 2013년 즉위한 프란치스코 교황은 이전의 교황들과 달랐다. 그는 중국에 우호적인 메시지를 보냈고, 주교 임명권 문제를 처음으로 중국과 협상했다. 2018년 9월에는 중국 외교부와 교황청이 베이징에서 비공개 협의안에 사인했다. 협의안은 중국 정부가 임명하는 중국 주교를 교황청이 정식 승인하겠다는 내용인 것으로 알려졌다. 교황청 안팎에서는 "교황이 신자들을 저버렸다"는 말이 나왔다. 중국의 교인들이 신앙을 지키기 위해 고통받고 있는데 교황이 중국 공산당의 요구에 굴복했다고 본 것이다. 그러나 교황청은 이에 대해 "좋은 중국 국민인 동시에 좋은 천주교 신도가 될 수 있다"고 말했다.

기독교의 중국화

종교 자유가 제한되는 중국에서 개신교, 천주교 신자들을 관리하기 위해 2012년에 내놓은 개념. 중국 정부가 허용하는 방식으로 종교 생활을 하라는 의미가 포함되어 있다. 이로 인해 교회와 성당의 십자가가 강제 철거되고 시 주석의 초상화가 걸렸다. 무허가 교회에 대한 단속도 강화됐다.

어느 날 갑자기
메신저 계정이 삭제됐다

"헐, 우리 동아리 위챗 단톡방이 먹통 됐네?"

코로나19 바이러스가 중국에서 본격적으로 확산되던 2020년 2월, 중국에서 유학하다 방학을 맞아 한국에 들어온 박지범 씨는 자신의 스마트폰을 보며 놀랐다. 대학 동아리 회원 수십 명이 참여하고 있는 이 단톡방에서 채팅 오류가 나고, 사진이나 영상도 공유하지 못하게 된 것이다. 위챗 서버 전체가 다운된 건가 싶었지만, 이 단톡방을 제외한 다른 채팅방들은 모두 문제없었다. 그렇다면 이 단톡방은 왜 갑자기 말썽인 것일까? 최근 이 단톡방에서 "중국 정부가 코로나 대처를 제대로 못하고 있다"는 말이 몇 번 오갔는데, 그것 때문에 검열 대상이 된 것이었다.

'우한', '코로나' 단어만 들어가면 위챗 차단?

박 씨처럼 '위챗 검열'을 당한 사례는 흔하다. 캐나다 토론토대학 산하 시민연구소는 2020년 1월에서 2월 사이, 중국 본토와 홍콩의 주요 뉴스 사이트에서 추출한 핵심 단어를 토대로 위챗 대화방 검열 실태를 분석했다. 그 결과 2020년 1월 1일부터 중국 정부가 대대적인 위챗 검열을 시작한 것으로 나타났다. 검열 키워드는 '폐렴', '우한', '우한 봉쇄', '리커창', '코로나 상황' 등 516개에 달했다. 코로나19 발생 사실을 외부에 알린 의사 리원량이 코로나 바이러스에 감염되어 사망한 뒤에는 '리원량 사망'과 관련된 키워드도 검열 대상에 추가됐다. 검열된 위챗 단톡방은 일주일 이상 '동결' 상태가 되는 경우가 대부분이고, 심하면 대화를 주도한 사람의 위챗 계정이 삭제되기도 했다.

위챗 계정이 삭제되는 것은 생각보다 큰 문제다. 중국에서 '위챗 삭제'는 사회적 매장과도 같다. 위챗은 단순한 메시지 전달 도구 이상의 생활 필수 앱이다. 중국인들이 가장 많이 쓰는 통신 수단이고, 주요 소셜미디어이자 결제 수단이기 때문이다. 위챗의 사업보고서에 따르면 중국 인구의 82%인 11억 5,000만 명이 위챗을 쓰고 있고, 이 중

중국에서 위챗 계정이 삭제되는 것은 사회적으로 매장당하는 것과 같다.

8억 명이 위챗의 간편결제 서비스 기능을 활용하고 있다. 이미 현금이 거의 사라져 버린 캐시리스^{cashless} 사회로 돌입한 중국에서 위챗 서비스를 쓰지 못하는 것은 사회생활에 사형선고를 받은 것과 비슷한 의미다.

사라진 위챗 계정을 복구하기 위해서는 위챗 운영사인 텐센트에 이의 신청을 해야 하지만, 100% 복구가 가능하다는 보장은 없다. 계정이 회복되는 데 걸리는 시간도 천차만별이다. 게다가 위챗은 하나의 휴대폰 번호에 단 하나의 계정만 사용할 수 있도록 규정하고 있다. 현재 쓰고 있는 휴대폰 번호로 새로운 계정을 만들고 싶어도 그럴 수 없다는 것이다.

지식인들의 계정이 삭제되다

2020년 코로나 사태 때는 중국 정부 비판에 나선 지식인들의 계정이 삭제되는 사례가 많았다. 중국 우한대의 친첸훙秦前紅 교수는 정부의 코로나 대응을 비판하며 위챗에 "후야오방 당 총서기가 사망했을 때보다 더 심각한 상황이 벌어질 수 있다"는 글을 올렸다. 1989년 4월

덩샤오핑의 후계자로 꼽혔던 후야오방이 사망하자, 그의 죽음을 애도
하던 학생 시위가 톈안먼사건으로 번진 일을 꼬집은 것이다. 중국 정
부가 금기시하는 톈안먼사건을 우회적으로 언급한 친 교수의 위챗 계
정은 2월 25일 갑자기 삭제됐다. 허웨이팡賀衛方 베이징대 교수 역시
위챗에 시진핑 국가주석을 비판하는 글을 올렸다가 계정이 폐쇄됐고,
쉬장룬許章润 칭화대 교수는 "분노한 인민은 두려워하지 않는다"는 글
을 썼다가 계정이 삭제됐다.

인터넷 기업에 '자체 검열' 요구하는 중국

메신저 검열은 중국 밖의 세상에서는 심각한 사생활 침해로 간주되는
일이다. 한국에서는 일명 'n번방' 사건이 되풀이되지 않도록 만든 'n
번방 방지법'(전기통신사업법, 정보통신망법 개정안)이 최근 국회를 통과했
다. 네이버, 카카오와 같은 인터넷 사업자도 음란물 유통 방지를 위한
기술적 조치를 취해야 한다는 게 개정안의 골자다. 그러나 이러한 조
치로 인해 카카오톡 대화방이나 개인 블로그까지 '검열'하는 것이 아
니냐는 의문이 제기됐다. 방송통신위원회가 사적 대화는 관리 대상에
포함되지 않는다며 검열의 우려가 없다고 주장하여 일단락되기는 했
지만, 인터넷상의 사적 검열 여부는 여전히 매우 민감한 문제다.

하지만 중국은 상황이 다르다. 오히려 온라인 기업에 '자체 검열'
을 요구하고 나섰는데, 이러한 현상은 갈수록 더 심해지고 있다. 소셜

미디어, 온라인 뉴스, 게임, 동영상, 온라인 여행사 등 네티즌이 자유롭게 글을 올리고 교류할 수 있는 곳이라면 검열 규제에 걸리지 않는 업체가 없을 정도다. 그리고 이 같은 인터넷 통제의 수위는 시진핑 주석 시대에 들어 더 강해지고 있다. 일례로 중국 정부를 비판하는 경제 기사를 실었던 온라인 매체가 갑자기 접속이 차단되는 경우도 있었다.

검열 때문에 일어난 웃지 못할 해프닝도 많다. 2020년 6월 29일 《뉴욕타임스》는 중국 성악가 류커칭刘克清의 사례를 보도했다. 류커칭은 시 주석과 비슷한 외모와 목소리로 유명하고, 틱톡에서 그의 계정을 팔로우하는 사람만 30만 명이 넘는다. 하지만 2019년 프로필 사진이 시 주석과 너무 닮았다는 이유로 그의 소셜미디어 계정이 돌연 정지됐고, 그는 사진을 바꾸고 나서야 다시 활동을 할 수 있었다. 그 후에도 그의 계정은 수차례씩 차단당했다. 2020년 5월에는 중국 최대 연례 정치 행사인 양회를 앞두고 아무런 이유도 없이 계정이 정지되기도 했다.

위챗 검열

중국 최대의 메신저이자 주요 결제 수단으로 사용되고 있는 위챗에서 계정이나 게시물이 정부에 의해 검열되고 있다. 그 결과 위챗 계정이 정지되거나 돌연 삭제 처리되기도 한다. 주로 정부에 비판적인 시각을 담은 발언이 검열의 대상이 된다. 캐나다 토론토대의 연구에 따르면 위챗은 '시진핑', '페럼', '리커창', '우한' 등 최소 516개의 단어를 검열 블랙리스트에 올린 상태다.

만리방화벽을 뚫는
VPN

"중국에서는 카카오톡이 안 된다던데?"

태어나서 처음으로 중국 여행을 떠나는 김여행 씨는 친구의 말에 깜짝 놀랐다. "요즘엔 네이버 검색이나 카페 접속도 어렵대." 중국을 꽤나 다녀본 친구는 한술 더 떠서 이렇게 말했다. "아니, 인터넷이 없는 오지 탐험을 가는 것도 아닌데 안 되는 이유가 뭐야?" 김여행 씨의 질문에 친구는 으쓱하면서 말한다. "중국은 '만리방화벽'을 세워서 해외 사이트를 차단하거든. 그러니 가기 전에 스마트폰에 VPN을 꼭 설치하고 가~."

만리방화벽과 VPN

만리방화벽Great Firewall. 중국 역대 왕조가 북방 유목 민족의 침략을 막고자 세운 '만리장성'과 정보 통신망의 접속을 차단하는 '방화벽'을 합친 단어로, 중국 국민의 해외 사이트 접속을 막기 위해 구축된 네트워크 통제 정책을 가리킨다. 중국에서 접속하는 이용자에 한해서 구글, 유튜브, 페이스북, 인스타그램, 트위터와 같은 해외 인터넷 서비스를 차단하는 것이다. 한국의 네이버와 카카오의 서비스도 종종 차단의 대상이 되곤 한다. 중국은 왜 이런 사이트를 차단한 것일까? 중국 정부가 치욕으로 느끼는 톈안먼사건을 비롯한 반정부적인 여론을 자국 국민이 접하지 못하도록 막기 위해서다. 이 때문에 만리방화벽의 차단 리스트에는 일반 인터넷 업체 외에도 《뉴욕타임스》, 《월스트리트저널》 등 영미권과 홍콩, 대만의 언론도 포함돼 있다.

　그렇다고 중국에서 유튜브와 페이스북을 아예 쓰지 못하는 건 아니다. VPN(가상사설망) 서비스를 이용하면 사용자의 접속 정보를 담은 IP주소를 임의로 바꾸는 방식으로 우회해서 접속할 수 있다. 예컨대 중국에서 VPN을 사용하면 내 IP주소는 미국으로 뜨게 되고, 그 결과 중국의 방화벽에 걸리지 않고 접속할 수 있는 것이다. 원래 VPN은 기업 내부에서 정보를 주고받으며 보안성을 높이는 용도로 사용되던 것인데, 중국에서는 전 세계 수십 억 인구가 보편적으로 쓰고 있는 서비스에 접속하기 위한 우회 통로로 활용되고 있다.

중국 사람들은 페이스북과 유튜브 말고 뭘 쓸까?

중국에 거주하는 유학생이나 해외 주재원들과 달리, 중국인들은 VPN을 사용할 필요성을 크게 느끼지 못한다. 인터넷을 사용하기 시작할 때부터 중국산 앱만 이용해왔기 때문에, 해외 서비스를 사용하지 못해도 전혀 무리가 없는 것이다. 아래의 표를 보면 중국에서 주로 쓰는 서비스들이 해외 유명 서비스를 대체하고 있음을 알 수 있다.

사실 중국의 만리방화벽은 여론 통제의 도구일 뿐 아니라, 자국 인터넷 기업 육성을 위한 보호책이기도 하다. 구글과 아마존이 진입하지 못한 중국에서 바이두와 알리바바가 거대한 내수 시장을 독점하며 글로벌 IT 공룡으로 성장했다. 트위터의 서비스를 따라한 웨이보, 유

▌ 해외 서비스를 대체하는 중국의 애플리케이션

해외 오리지널 애플리케이션	대체되는 중국 애플리케이션
구글	바이두
유튜브	빌리빌리, 아이치이, 요우쿠
트위터	웨이보
애플뮤직, 멜론	QQ뮤직, 샤미뮤직
아마존	타오바오, 징둥

튜브를 그대로 답습한 요우쿠 등도 마찬가지다.

만리방화벽 때문에 〈기생충〉도 못 본다?

2020년 7월부터 시행된 홍콩보안법을 둘러싼 여러 쟁점 중엔 '만리방화벽'도 포함된다. 본래 홍콩은 중국 본토와 달리 구글, 페이스북 등 해외 인터넷 서비스를 자유롭게 접속할 수 있는 예외의 땅이었다. 하지만 중국 정부가 홍콩보안법을 시행하게 되면서 상황이 반전됐다. 이제 홍콩에서도 글로벌 사이트 접속이 어려워진 것이다. 2019년부터 불거진 홍콩의 반중 시위를 검열하고, 관련 여론이 인터넷을 통해 확산되는 것을 효과적으로 통제하기 위해서다. 이에 따라 홍콩에 사무실을 두고 있던 해외 VPN 업체들이 하나같이 철수하기에 이르렀다. 인터넷 우회 서비스를 제공하는 이 업체들이 사업을 유지할 경우, 국가보안법 위반 혐의로 잡혀갈 가능성이 크기 때문이다. 홍콩보안법은 현지 경찰의 권한을 대폭 강화해 영장 없이도 업체를 수색할 수 있도록 했다. 보안법 위반은 국가 체제 안정에 대한 도전으로 간주되며, 최고 종신형에 처해질 수 있는 중죄로 분류된다. 사실상 VPN 사용 업체들은 홍콩에서의 사업을 계속할 수가 없게 됐다. 이에 따라 미국에 본사를 둔 'IP배니시', '프라이빗 인터넷 액세스', 캐나다 업체 '터널베어' 등이 홍콩 사업을 중단했다.

　한국산 영화도 만리방화벽 때문에 수출에 어려움을 겪는 경우가 있다. 예를 들어 2019년 아카데미 시상식에서 4관왕을 기록한 봉준호 감독의 〈기생충〉은 중국에서 보기가 어렵다. 코로나 사태의 여파로 극장이 모두 문을 닫은 가운데, 온라인 개봉을 하려고 해도 중국 당국의 허가가 나오고 있지 않기 때문이다. 〈기생충〉이 사회적인 불평등과 빈곤에 대한 비판적인 시각을 담고 있다는 게 문제로 점쳐진다. 그렇다고 중국 이용자들이 해외 유료 사이트에서 돈을 지불하고 영화를 보기는 쉽지 않다. 유료 영화를 제공하는 사이트들은 대부분 만리방화벽에 막혀 접속이 불가능한 탓이다.

만리방화벽

2003년 출시된 중국 정부의 인터넷 감시 및 검열 시스템을 뜻한다. 만리장성과 방화벽을 합친 용어다. 사회 안정을 앞세워서 해외 인터넷 서비스로의 접속을 원천 차단하고 있다. 인터넷 산업 태동기인 2000년대 초반부터 미국 업체들의 시장 진입을 막아 자국 인터넷 기업을 육성한 효과도 있다.

VPN Virtual Private Network

가상사설망을 뜻하는 용어로, 본래 회사에서 공중망을 통해 내용을 외부에 드러내지 않고 통신하기 위해 쓰는 사설 통신망이다. 중국에서는 접속 IP주소를 중국이 아닌 해외로 바꿔 만리방화벽을 우회하는 용도로 많이 쓰인다. 2018년 말 기준, 중국의 인터넷 사용자 8억 2,900만 명 중 VPN을 사용하는 사람은 1억 4,000만 명으로 전체의 17%를 차지했다. 다만 중국에서 일반인의 VPN 사용은 불법이다. 일례로 2020년 5월에는 중국 산시성 공안이 VPN 사용자를 처벌하겠다고 밝혔다.

당은 어제 저녁
당신이 한 일을 알고 있다

"지아지아, 정말 너 맞니⋯⋯?"

2020년 5월 18일, 중국 산시성 시안시 공안국(경찰서)에는 기쁨의 통곡이 흘러나왔다. 이날은 60세가 넘은 리징즈 씨 부부가 32년 전 잃어버렸던 아들과 극적으로 상봉한 날이었다. 1988년 10월 당시 2년 8개월 된 아들을 유치원에서 데리고 오던 리 씨는 음료수를 사주려고 계산을 하기 위해 아이의 손을 잠깐 놓았는데, 그사이 아이가 유괴를 당한 것이다. 아이는 시안시에서 약 700km 떨어진 쓰촨성의 한 부부에게 팔려갔다. 그 후 리 씨는 전국을 누비고, 방송에도 출연하며 300개가 넘는 제보를 받았지만 모두 허탕이었다.

그러던 중 2020년 4월 리 씨는 한 익명의 제보자로부터 아들을 안다는 제보와 함께 성인 남성의 사진 한 장을 받았다. 사진의 주인공이 어디 사는 누구인지조차 불명확했지만, 리 씨는 곧바로 사진을 들고 경찰서로 향했다. 경찰은 중국 시민들의 얼굴 정보를 저장해둔 인공지능 안면인식 데이터베이스를 통해 해당 남성이 쓰촨성 청두시에 살고 있다는 사실을 알아냈다. 거주지가 특정되자, 얼마 지나지 않아 경찰은 해당 남성을 찾아내 DNA 검사를 실시할 수 있었다. 중국의 막강한 안면인식 기술 덕분에, 제보를 받고 아이를 찾기까지 한 달여밖에 안 걸린 것이다.

중국의 안면인식 기술, 어디까지 발전했나

리징즈 씨와 지아지아의 이야기는 중국의 안면인식 기술이 범죄 사건 해결에 도움을 준 수많은 사례 중 하나다. 안면인식 기술을 탑재한 CCTV가 중국 전역에 보급된 후, 지나치는 행인들 속에서 수배범을 검거하는 경우가 날로 늘어가고 있다. 2018년에는 6만 명이 운집한 콘서트 현장에서 수배자를 파악해 체포했고, 2019년에도 17년 전 살인 혐의로 도망치던 용의자를 찾아내 검거했다. 중국 안면기술 업체들의 기술력은 이미 수많은 군중 속에서 오가는 사람들의 얼굴을 포착하는 것만으로도 특징을 뽑아내 신원을 확인할 수 있는 수준에 달했다.

중국의 안면인식 기술은 어떻게 이렇게 빠르게 성장할 수 있었을까? 중국 정부가 안면인식 데이터 활용을 규제하지 않을 뿐 아니라, 안면인식 기술을 생활 속 서비스에 접목시키도록 적극적으로 격려하고 있기 때문이다. 센스타임SenseTime, 메그비Megvii, 이투커지依圖科技 등 중국 안면인식 기술 기업들이 빠르게 유니콘 기업으로 성장한 것도 정부의 든든한 지원 덕분이다. 이제 중국에서 안면인식은 생활 곳곳에서 흔히 볼 수 있는 기술이 됐다. 마트에서 얼굴 인식 한 번으로 간편결제를 할 수 있고, 지하철도 얼굴 인식으로 탑승할 수 있다. 코로나 사태가 어느 정도 소강 상태에 접어들었던 2020년 3월, 중국의 여러 초등학교는 입구에 안면인식 기계를 설치해, 정문을 통과하는 학생의 체온 정보와 신상 정보를 실시간으로 서버에 저장하기도 했다.

현대판 빅브라더 사회

중국은 왜 이렇게 안면인식 기술에 집착할까? 전국에 설치된 CCTV를 통해 '사회 분란'을 일으키는 용의자를 보다 빠르게 통제할 수 있는 '장점'이 있기 때문이다. 중국 정부는 사회적 불만 응집과 체제 전복을 위한 단체 행동을 가장 꺼린다. 안면인식은 중국의 이런 불안을 잠재우는 데 유용한 기술이라 할 수 있다.

그렇기 때문에 서방에서는 중국이 현대판 '빅브라더' 사회를 구

▎CCTV 개수가 인구수 대비 가장 많은 도시는?

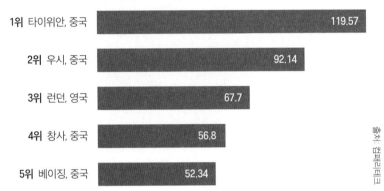

1,000명당 CCTV 개수(2020년 기준)

1위 타이위안, 중국	119.57
2위 우시, 중국	92.14
3위 런던, 영국	67.7
4위 창사, 중국	56.8
5위 베이징, 중국	52.34

출처: 컴패리테크

축하고 있다는 비판이 쏟아지고 있다. 실제로 중국의 거리에는 안면인식 기술이 탑재된 CCTV가 상상을 초월할 정도로 많이 설치돼 있다. 2020년 7월 영국 IT 전문 컨설팅 업체 컴패리테크가 발표한 보고서에 따르면 인구수 대비 CCTV가 가장 많은 상위 도시 20개 중 18개가 중국 도시였다. 1위에 오른 중국 타이위안시는 인구 1,000명당 119.57대의 CCTV가 설치된 것으로 나타났다. 2019년 기준, 타이위안시 인구는 446만 1,900명이다. 6,909km² 넓이의 이 도시에 감시카메라가 약 53만 3,200대 있다는 뜻이다. 고도의 안면인식 기술을 통해 중국 정부가 마음만 먹는다면 특정 시민의 일거수일투족을 모조리 감시할 수 있는 환경이 만들어진 셈이다.

한 예로 중국 베이징시의 한 횡단보도 앞 인도에는 CCTV가 찍

중국의 한 횡단보도 앞 풍경. 무단횡단을 한 사람의 얼굴을 인식해 신호등 옆 스크린에 실시간으로 그 사람의 신원 정부가 게시되고, 과태료가 자동으로 부과되며 문자메시지로 이를 통보한다.

고 있는 화면을 그대로 송출하는 대형 스크린이 설치돼 있다. 이 스크린에는 1~2시간 전 무단횡단을 한 사람들의 행적이 그대로 노출되고, 얼굴을 확대해 누구인지 볼 수 있게 해주고 있었다. 일종의 '공개 처형'인 셈이다. 중국 경찰은 무단횡단자의 신원을 빠르게 파악할 수 있을 뿐 아니라, 도시 곳곳의 CCTV에서 수집된 데이터를 통해 이 사람이 총 몇 번의 무단횡단을 했는지까지 알 수 있게 된다. 이뿐만이 아니다. 블룸버그에 따르면 홍콩 경찰은 CCTV를 포함해 영상물에 찍힌 시위대의 얼굴을 스캔한 뒤 신원을 곧바로 확인할 수 있는 기술을 갖춘 것으로 알려졌다. 반중 시위가 한창인 홍콩에서 경찰이 시위 주도자를 쉽게 체포할 수 있다는 것이다. 홍콩을 비롯해 신장 위구르 자치구 등 소수민족의 독립 분쟁이 심한 곳에서도 중국은 안면인식 기술을 통해 시위 주도자를 색출하고 있는 것으로 드러났다. 이 같은 의혹이 잇따르자 미국 정부는 다수의 중국 안면인식 기술 기업을 거래 금지 블랙리스트에 올리기도 했다.

중국판 빅브라더

조지 오웰의 소설 《1984》에 등장하는 전지전능한 통치자 '빅브라더'처럼, 중국 정부가 정보를 독점하면서 사회를 통제하는 점을 빗댄 말이다. 중국 전체에 고도의 안면인식 기술이 탑재된 CCTV가 깔리면서 글로벌 사회에서 나오고 있는 비판이다. 실제로 중국은 안면인식 기술 발전에 큰 투자를 하는 동시에, 이 기술을 사회 분란을 일으키는 '반동 세력'을 색출하는 데 쓰고 있다.

중국에서도
삼수 취준생이 흔하다고?

중국의 화난리공대 신문방송학과는 2020년 6월 '동문들에게 보내는 편지'라는 글을 인터넷에 올렸다. 졸업생들의 취업률이 처참하니 직장을 구할 수 있도록 동문들이 힘써달라는 내용이었다. 편지는 절절했다. "2020년 우리 학과 졸업생의 14.48%만 직장을 구했습니다. 동문들께서 후배들에게 취업 기회를 알선해주거나 제공해주실 것을 부탁합니다. 학생들이 사회로 발을 내딛을 수 있도록 그 첫 문을 열어주십시오."

중국은 한국보다 취업 잘되는 줄 알았더니

한국처럼 중국에서도 취업이 하늘의 별따기다. 대학생들 사이에서는 "3,000위안(약 53만 원)의 월급만 주면 어디에서든 일할 수 있다"는 말이 오간다. 중국의 극심한 취업난의 배경에는 여러 악재들이 있다. 우선 대학 졸업생이 너무 많다. 2020년에만 874만 명이 대학·대학원을 졸업했다. 여기에 취업 재수생과 해외 유학파를 일컫는 '하이구이^{海歸}'까지 더하면 새로 직장을 구하는 고학력자의 수는 1,000만 명이 넘는다. 이 많은 사람들이 양질의 일자리를 구하다 보니 취업 경쟁이 극도로 치열해진 것이다. 참고로, 중국에서 대학생이 이렇게 많아진 것은 최근 일이다. 1998년에는 18~22살 중국인 10명 중 단 한 명만 대학에

▌중국 대학·대학원 졸업자 수

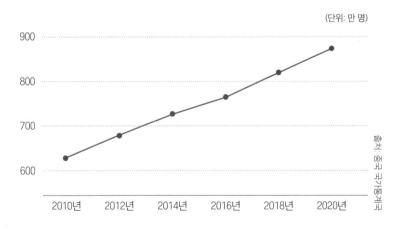

(단위: 만 명)

출처: 중국 국가통계국

다녔지만, 2016년엔 10명 중 4명 꼴로 늘었다.

또 다른 이유는 미중 무역 전쟁과 코로나 사태로 중국의 경제 사정이 나빠졌기 때문이다. 기업들은 경기가 안 좋아지면 제일 먼저 채용 규모 축소를 고려한다. 2003년 사스 사태 때도 중국에서 한 해 동안 127만 개의 일자리가 줄어들었다. 마찬가지로 2008년 금융위기 때도 실업자가 속출했다. 현재 중국의 경제 사정은 얼마나 나쁘기에 이럴까? 중국의 2020년 1분기 GDP는 전년 대비 6.8% 감소했고, 44년 만에 처음으로 마이너스 성장을 기록했다. 폐업하는 기업도 속출했다. 중국 기업 정보 플랫폼인 톈옌차天眼查는 1분기에 46만 개의 회사가 문을 닫았다고 밝혔다.

중국의 실업 문제 대책은?

중국 정부도 심각성을 인지하고 실업 문제에 대해 여러 대책을 내놓고 있다. 중국의 실업 대책은 크게 '대학원, 군대, 농촌, 노점' 네 가지로 분류할 수 있다. 하나씩 살펴보자.

대학원

중국 교육부는 2020년 대학원생과 대학 편입생 정원을 51만 명 늘리겠다고 발표했다. 원래 취업 시장에 나와 경쟁해야 할 51만 명을 학교에 잡아두는 게 목적이다. 중국 대학원 입학의 평균 경쟁률은 높은 편으로 3 대 1을 웃돈다. 따라서 정원을 확대하면 학생 수가 증가할 것으로 예상한 것이다.

군대

중국 군대에서도 군인을 예년보다 많이 뽑아 실직자들을 흡수하기로 했다. 우리나라와 같은 징병제가 아니라 모병제라 가능한 일이다. 대졸 학력을 가진 중국인들은 힘든 군 생활을 꺼려왔지만, 취업이 힘들어지자 군대에 지원하는 추세다.

농촌

대졸자를 농촌으로 내려보내기도 한다. 시골에 내려가 농촌 간부가 되거나 농촌 창업가로 활동할 수 있도록 정부가 지원하는 것이다. 중국 푸젠성은 대졸자 6,000명을 농촌에 파견하면서 1인당 연간 2,000위안(약 35만 원)의 보조금을 줬다. 광둥성도 대졸자 2,000명을 2년 동안 농촌으로 보내 인터넷 관련 업무를 맡기기로 결정했다. 대학생들이 농촌에 가면 지역 개발과 빈곤 퇴치에 효과가 있어 중국 정부로서는 일석이조이기 때문이다.

노점

특이하게도 노점상 장려책도 실업 대책으로 나왔다. 길가에 좌판을 깔고 물건이라도 팔아서 백수 신세를 면하라는 의도다. 중국에서 노점 제한을 완화하면 최대 5,000만 개의 일자리가 새로 생길 것으로 추정된다. 중국이 노점상 단속을 풀어준 것은 2007~2008년 금융위기 이후 10여 년 만이다.

정부에서도 직접 할 수 있는 건 뭐든 하려고 한다. 중국 지방정부들은 앞다퉈 채용 보조금 지원 등 대책을 쏟아내고 있다. 베이징시는 2020년 7월 대졸자를 채용하는 기업에 한 명당 최장 6개월간 50만 원을 지급하는 정책을 발표했다.

중국은 실업자 문제에 왜 이렇게 민감할까?

중국에서 실업자 문제는 리커창 총리가 '가장 중요한 임무'라고 할 정도로 중요하게 다뤄진다. 고학력 실업자들이 대도시 빈민가에서 취업 기회를 엿보는 '개미족蟻族(공동 생활하는 가난한 고학력자)'이 되거나, 부모에게 기대어 사는 '컨라오족'이 되면 사회 혼란을 부추긴다고 보기 때문이다. 중국이 더 두려워하는 것은 실업자들의 대규모 반발이다. 1989년 베이징대학에서 시작된 민주화 열기는 중국 전역으로 확산돼 톈안먼사건을 불렀다. 그 배경에는 경제난이 자리 잡고 있었다. 1988년, 물가가 18.5% 올랐고 베이징에는 직장을 구하지 못한 노동자들이 늘어났다. 경제 악화에 분노한 학생과 실업 노동자들이 집결하자 그 어느 때보다 결연한 시위가 일어난 것이다.

중국 실업률이
가짜라니?

중국에서는 실업률을 정확하게 알기 어렵다. 정부 발표와 민간 연구소의 추정치가 너무 많이 차이 나기 때문이다. 2020년 4월 중타이증권연구소中泰证券研究所의 실업률 추정치는 20.5%였지만, 중국 통계국이 공식 발표한 실업률은 6.0%였다. 이 정도면 어느 쪽을 믿어야 할지 고민이 될 수밖에 없다.

중타이증권연구소와 중국 정부의 서로 다른 이야기

민간 회사인 중타이증권연구소는 중국의 실업 상황이 극심하다고 했다. 이 회사가 주장하는 '실업률 20.5%'가 진짜라면, 중국의 노동인구 약 10억 명 중에 2억 명은 백수라는 얘기다. 이 연구소는 코로나19 바이러스의 여파로 중국 내 실업자가 몇 달 새 7,000만 명이나 늘었다고 설명했다. 중국 통계국도 4월 실업률을 나쁘게 평가하긴 했다. 그동안 통계국에서 발표한 중국의 실업률은 4~5%대를 벗어나지 않았다. 그러나 코로나 사태로 국가 경제가 큰 타격을 받은 것을 고려하면 최근 중국의 실업률 변동 폭은 지나치게 작다.

세계 금융위기가 닥쳤던 2008년에도 중국의 실업률 통계가 논란이 된 적 있다. 구조 조정으로 해고를 당한 근로자가 쏟아졌는데도 실업률에 변화가 거의 없었기 때문이다. 동부 연안에서 2,000만 명의 일꾼들이 하루아침에 일자리를 잃었다는 신문 보도가 나왔는데 그 기간 실업률은 4.0%에서 4.2%로 올라가는 데 그쳤다.

진짜 중국 실업률은 얼마일까?

중국의 실업률은 민간 기관들이 발표하는 추정치와 정부 통계를 종합해 짐작하는 편이 현실에 가깝다. 중국 정부가 발표하는 실업률은 취약 계층 통계를 누락하고 산출된 것이기 때문이다. 류전제 중국 수석 경제학자는 2020년 3월 경제 전문 매체 《차이신財新》에 기고한 글에서 "중국 통계국은 1~2월 실업률을 6.2%라고 발표했지만, 이 통계에는 2억 9,000만 명에 달하는 농민공이 배제돼 정확성의 한계가 있다"고 분석했다. 농민공이란 농촌에서 이주한 도시 노동자를 이르는 말이다. 이들은 농민으로 등록되어 있어 도시에서 일하는 것 자체가 불법이다. 이 때문에 암암리에 일자리를 구하고 조용히 해고돼 통계에 잡히지 않는다. 한 마디로 농민공은 불법체류자 신세나 마찬가지다. 도시 출신 실업자라고 해도 모두 통계에 잡히는 것은 아니다. 중국에서는 실업자로 인정받는 것 자체가 까다롭다. 노동부에 실업자로 등록하기 위해서는 ① 농촌 출신이 아니고, ② 실업보험에 1년 이상 가입되어 있어야 하고, ③ 남자는 50세 미만, 여자는 45세 미만이어야 한다.

실업자 조건을 모두 갖췄더라도 '실업 신고'가 힘들어서 못하는 경우도 있다. 근로자가 일자리를 잃으면 60일 내 주민등록 소재지로 돌아가 신고해야 한다. 예를 들어 광둥성 출신이 베이징에서 일자리를 잃으면, 서울-부산을 세 번을 왕복하는 거리만큼 떨어진 광둥성으로 돌아가서 알려야 한다. 그러나 실업자가 베이징에 남아 재취업 준비를 하고 싶다면 '어느 세월에 갔다오나' 하는 생각에 실업 신고를 포기하는 것이다. 중국에선 취업도 어렵지만, 실업도 어렵다.

도시실업률

중국 정부가 발표하는 공식 실업률의 이름이다. 이름에서 알 수 있듯이 중국의 실업률 통계는 도시 상황만 반영한다. 도시가 아닌 시골에 사는 사람은 모두 고용된 상태라고 가정하기 때문이다. 농촌에서 돈을 벌기 위해 도시로 올라온 농민공 수억 명도 이 통계에서 빠져 있다. 이 때문에 중국의 실제 실업률은 발표된 통계보다 훨씬 높을 것으로 추측된다.

농민공農民工

중국 도시에서 일하는 농촌 출신 노동자. 중국의 개혁개방 정책으로 도시와 농촌의 빈부 격차가 커지자 1990년대 중반부터 농촌 주민들이 도시로 일자리를 찾아 대거 이주했다. 2014년 기준 중국 내 농민공 숫자는 2억 7,395만 명으로 전체 인구의 20% 수준이다. 매년 1,300만 명의 농촌 인구가 도시로 이주하고 있다. 중국 경제는 농민공의 저임금 덕분에 고속 성장했다. 이들은 중국의 건설·제조·서비스업 종사자의 절반 정도를 차지한다.

중국은 더
'문송합니다'

"모두 다 컴퓨터공학을 전공해버리면, 누가 음식 배달을 해준단 말인가요?"

최근 중국 포털사이트 바이두에 올라온 "4년제 대학 문과생인데, 취업 전망이 어둡다"는 내용의 게시글에는 이 같은 댓글이 달렸다. 자신도 문과생이라고 밝힌 이 네티즌은 문과 졸업생이 취업난으로 배달 아르바이트를 자주 하는 현실을 빗대 일종의 '자학개그'를 한 것이다. 이 댓글에는 수백 개의 '좋아요'가 달렸다. 한국에서 "문과생이 졸업하면 취직은 못하고 치킨집이나 차린다"는 우스갯소리와 일맥상통하는 이야기다.

중국 문과생, 정말 취업이 어려울까?

문과생이 기업 면접에 응시했다가 떨어졌다는 얘기는 이미 넘쳐나지만, 좀 더 확실한 통계 자료를 보도록 하자. 중국 데이터분석 업체 마이코스에 따르면 중국 대학의 전공 중 졸업 6개월 후 취업률이 가장 높은 것은 소프트웨어 엔지니어링(96.7%)이었다. 에너지, 전기공학, 물류시스템관리, 데이터관리, 간호학 등 이공계, 의료계 전공이 뒤따랐

❙ 중국에서 가장 취업 잘 되는 전공은?

순위	전공	취업률(%)
1	소프트웨어 엔지니어링	96.7
2	에너지 엔지니어링	95.8
3	전자공학 및 자동화	95.6
6	간호학	95.1
⋮	⋮	⋮
17	재무관리	94.2

출처: 마이코스, 2018년

다. 문과 전공 중에 가장 순위가 높았던 것은 재무관리(94.2%)로 17위였고, 전체 톱 50위 중 문과 계열 전공은 9개에 불과했다. '순수 문과'에 속하는 문학, 역사, 철학 등은 아예 순위에 들지도 못했다.

이공 계열은 왜 취업이 잘 될까?

반대로 중국 이공계 졸업생은 취업 고민이 거의 없는 것으로 나타났다. 중국 이공계 명문대인 항공항천대학의 2019년 졸업생 취업 보고서에 따르면, 이 학교의 졸업생은 구직 과정에서 평균 3.96개의 업체에 합격한 것으로 나타났다. 베이징이공대학의 2019년도 졸업생 취업률은 98.35%였고, 이 학교 졸업생을 가장 많이 채용한 상위 30개 기업은 모두 우주 기술, 군사 기술 또는 전자공학 분야의 업체들이었다. 이에 대해 언론 매체《중국청년보》는 "신흥 IT 업체와 기술 관련 산업 시장이 커지면서 이공계 졸업생에 대한 수요가 공급을 한참 넘어섰다"며 "문과 졸업생과 상당한 괴리감을 형성했다"고 분석했다.

중국 취업 시장에서 이공 계열의 수요가 끊이지 않는 것은 시진핑 국가주석이 내세운 '중국몽'과도 관련이 있다. 중국몽은 시 주석 집권 후 내놓은 슬로건으로, '중화민족의 위대한 부흥'이라는 뜻이다. 미국과 함께 세계 2대 강대국으로 도약하겠다는 청사진을 담았다. 특이한 점은 이 같은 국가계획의 핵심에 '기술'이 있다는 것이다. 사실 중국은 10년 전만 해도 세계의 공장이라는 이미지가 더 강했다. 부가 가치가 높은 첨단 기술은 미국의 전유물이었고, 싼값에 대규모 인력을 동원해 제품을 생산하는 '굴뚝산업'은 중국의 몫이었다. 시 주석은 2012년 중국몽을 선언하면서 사실상 기술 국가로의 변화를 천명했다. 인터넷, 통신, 우주 기술에 이어 인공지능, 빅데이터와 같은 첨단 신기술에서 빠르게 서방 국가를 따라잡고, 궁극적으로는 이들을 뛰어넘겠다는 것이다. 중국몽이라는 커다란 기조 아래 기술 중심의 정책들이 쏟아졌다.

중국몽을 키우는 정책들

중국의 기술 부양책 중 가장 중요한 것은 2015년 발표된 '중국 제조 2025'로, 중국 기술 발전을 위한 30년짜리 장기 계획이다. 첫 10년에는 글로벌 제조 강국 대열에 진입하고, 두 번째 10년에는 혁신 기술을 통해 경쟁 우위 산업에서 글로벌 시장을 견인하고, 마지막 10년에는 주요 산업에서 세계 기술 시장을 선도하는 위치로 도약하겠다는 내용이다. 다시 말해 2045년쯤에는 중국이 미국에 앞서는 기술 선도 국가가 되겠다는 것이다. 중국 제조 2025에는 국가가 나서서 직접 육성하는 10대 전략 산업이 명시돼 있다. 정보, 로봇, 항공, 해양, 철도, 자원, 전력, 농업, 신소재, 의료 산업 등으로, 당연히 모두 이공 계열이다.

　하지만 기술 강국을 향한 중국의 야심은 기존 패권 세력인 미국의 심기를 크게 건드렸고 2018년부터 본격화된 미중 무역 전쟁의 불씨가 됐다. 화웨이를 비롯해 글로벌 시장에서 두각을 나타내는 중국 기술 기업들은 미국의 표적이 되고 있다. 미국은 표면적으로는 보안 위협을 문제 삼고 있지만, 속내에는 중국에게 기술 우위를 따라잡히 지 않기 위해 견제하려는 의도가 있다.

중국몽

시진핑 국가주석이 2012년 공산당 총서기에 선출된 후 내놓은 핵심 통치 이념이 다. '중화민족의 위대한 부흥'을 목표로 한다. 중국몽에는 국가 부강, 민족 진흥, 인민 행복 등 세 가지 핵심 가치가 포함돼 있다. 중국은 이를 실현시킬 수 있는 핵심 전략으로 '기술 굴기'를 겨냥하고 있다.

중국 제조 2025

중국 국무원이 2015년 5월 8일 발표한 산업고도화 전략이다. 지금까지 양적인 면에서 제조업 강국이었던 중국을 혁신 기술을 통해 '질적인 제조 강국'으로 변모시키겠다는 내용을 담고 있다. 독일의 '공업4.0', 일본의 '일본재흥전략', 미국의 '국가혁신전략' 등과 결이 비슷하다. 향후 30년 동안 핵심 기술 분야를 집중적으로 양성해 세계를 선도하는 기술 강국으로 성장하는 것이 목표다.

PART 5

문화

중국은 문화를
어떻게 다룰까?

구독, 좋아요,
그리고 알람 설정!

'왕훙網紅'. 중국판 인기 BJ를 일컫는 단어다. 인기 연예인 못지않은 큰 손이며, 이들이 추천하는 상품은 1분 만에 수십억, 수백억 원어치씩 팔려 나간다. 심지어 중국은 인터넷 사용 인구까지 많아, 한국에서 내로라하는 인기 유튜버나 BJ보다도 영향력 면에서 훨씬 우위를 갖고 있다는 평도 있다. 중국은 물론, 국내 유통 업계에서도 모시느라 바쁜 '왕훙'은 어떤 사람들일까?

최근 중국 온라인 쇼핑 시장은 라이브 커머스가 주도하고 있다.

인기 왕훙이 나서서 제품을 소개하고, 직접 사용하는 영상을 실시간
으로 송출한다. 제품 구매를 원하는 고객들은 클릭 몇 번으로 제품을
구매할 수 있다. 홈쇼핑의 왕훙 버전인 것이다. 코트라의 자료에 따르
면 지난 2015년 160개에 불과했던 중국 MCN(다중 채널 네트워크) 업
체는 2019년 말 1만 4,500개로 늘었다. 간단하게 말해 MCN은 왕훙
을 활용한 온라인 마케팅과 판매 사업을 관리하는 연예 기획사와 같
은 업체다. 2020년 1월에서 3월 사이 중국 온라인 쇼핑 플랫폼에서 진
행된 라이브 커머스는 400만 건 이상이고, 이를 시청한 이용자는 2억
6,500만 명이 넘는다.

중국의 라이브 동영상 업체 콰이쇼우快手에 따르면 2019년 11월
인기 남성 뷰티크리에이터인 '신바(구독자 3,470만 명)'는 한국 화장품
라이브 커머스 방송을 진행해 5분 동안 4,250만 세트를 판매했고, 매
출액 4억 위안(약 670억 원)을 기록했다. 또 다른 유명 왕훙 '비야'와 '리
자치'의 경우 2019년 광군제 쇼핑 축제에서 각각 8시간, 6시간 34분
동안 라이브 방송을 진행해 각각 약 27억 위안, 10억 위안 이상의 매
출을 기록한 것으로 알려졌다. 기업체가 거액을 들여 왕훙을 섭외하는
이유도 이처럼 확실한 판매 보증수표가 없기 때문이다.

왕훙 마케팅, 항상 성공하는 건 아니다

2020년 코로나 사태로 해외여행이 막히기 전까지, 서울 동대문 의류

도매 상가에서는 옷을 입어보며 라이브 영상을 찍는 왕훙들을 자주 볼 수 있었다. 소셜미디어형 쇼핑몰인 샤오훙슈, 타오바오 등의 플랫폼에서 라이브 채팅 기능을 열고, 옷을 입어본 뒤 "이건 어때요? 가격도 참 착해요"라고 말하며 물건을 판매하는 식이다. 사드 갈등 때문에 매출이 크게 추락했던 동대문에 왕훙 상인들이 나타나면서 다시 활기가 돌기도 했다.

국내 기업들이 왕훙을 통해 중국 시장에 진출하는 사례가 많아지고 있지만, 그만큼 사기를 당하는 경우도 늘어나고 있다. 사실 몇 분만에 수억 원의 매출을 올릴 수 있는 진정한 왕훙은 소수다. 광고비 수십억 원을 써서 섭외한 왕훙이 판매 실적이 저조한 경우도 생각보다 많다는 것이다. 그런가 하면 왕훙이 자신의 전문 분야 외의 제품을 판매하다가 웃지 못할 사건이 벌어지는 경우도 있다. 중국 대표 '화장품 완판남'인 리자치는 2019년 초 프라이팬 판매를 위한 라이브 방송을 진행했다. 그런데 강력한 코팅 성능을 강조한 것과 달리 방송에서 실제로 프라이팬에 굽던 달걀 프라이가 들러붙어 떨어지지 않은 일이 생긴 것이다. 리자치는 "설명서를 제대로 읽지 않아 생긴 일"이라고 해명했지만, 지금도 왕훙 마케팅의 대표적인 실패 사례로 회자되고 있다.

바람 잘 날 없는 왕훙

스타덤에 오른 왕훙들의 사생활이 문제가 되는 경우도 있다. 2020년

장판蔣凡 타오바오 CEO는 자사 플랫폼에서 라이브 커머스를 진행하는 왕홍 장다이張大奕와의 불륜 의혹으로 위기를 맞게 됐다. 모델 출신인 장다이는 웨이보 팔로워만 1,100만 명이 넘는 대표 왕홍이다. 장다이가 속한 기획사 루한은 그의 영향력 덕분에 2019년 4월 나스닥에 상장까지 했을 정도였다. 그러나 이 사건으로 장다이의 평판이 바닥에 떨어지며 회사 주가도 한동안 출렁거렸다.

중국소비자협회는 2020년 '618' 쇼핑 축제에서 왕홍 라이브 커머스에 따른 불만 제보가 11만 건을 넘었다고 밝혔다. 중국 정부는 2020년 7월 1일부터 '라이브 커머스 행위 규범'을 발표하고 라이브 커머스 도중 담배를 피거나, 저속한 발언을 하는 행위를 금지하고, 과장된 상품 홍보에 법적 책임을 묻겠다고 경고했다.

왕홍網紅
왕뤄홍런網絡紅人의 준말로, 인터넷에서 인기있는 사람이라는 의미의 신조어다. 이들은 2014년 무렵부터 등장하기 시작해 현재 중국 온라인 쇼핑 시장을 쥐락펴락하는 큰손으로 성장했다. 인기 왕홍은 단 몇 분 만에 수십억 원의 매출을 올리는 등 막대한 영향력을 과시하기 때문이다. 하지만 왕홍 경제가 커질수록 부작용도 뚜렷해지고 있다. 상품 판매에만 초점을 맞춘 나머지 과장된 제품 홍보가 이뤄지거나, 제품이 불량이었을 때 후속 조치가 미비하는 등 이와 관련한 소비자의 불만이 속출하고 있다.

중국에서만큼은
나도 BTS

2019년 8월, 중국 선전시의 바오안체육센터에는 3만 2,000명의 팬들
이 모여들었다. 대대적인 콘서트 행사에 보안 인력만 1,000여 명이 투
입됐다. 이곳에 모인 팬들은 손에 똑같이 생긴 응원봉을 들고, 가수의
이름이 쓰인 플래카드를 흔들었다. 인기 K팝 가수가 중국에서 콘서트
라도 연 것일까? 아니다. 이날 이 체육관을 호령한 주인공은 중국 3인
조 인기 아이돌 'TF보이즈'였다.

TF보이즈의 인기가 얼마나 대단하길래

TF보이즈는 한 마디로 중국의 '국민아이돌'이다. 2020년 8월에 데뷔 7주년을 맞은 이 그룹의 모든 멤버는 영화, 드라마, 가요, 예능 등 분야를 가리지 않고 중국 연예계를 종횡무진하고 있다. TF보이즈는 '더 파이팅 보이즈The Fighting Boys'의 준말이다. 멤버들 중 맏형이자 리더인 왕쥔카이가 1999년생이고, 나머지 두 멤버는 2000년생이다. 각자 만 13세, 14세였을 때 데뷔를 한 것이다. 이 때문에 멤버들이 앳된 아이였을 때부터 이들을 좋아하던 '골수팬'들은 "아이를 키우는 마음으로 덕질한다"는 얘기를 자주 한다. 2019년 8월에 열린 TF보이즈의 데뷔 6주년 기념 콘서트의 1차 예매 당시 티켓 2만 5,000장이 단 1초 만에 매진됐고, 2차 예매에 풀린 6,000여 장의 티켓을 구하기 위해 몰려든 인파만 115만 명에 달했다. 티켓 예매에 실패한 대다수는 결국 콘서트를 라이브 중계로 볼 수밖에 없었는데, 이를 시청한 인원 수만 1억 5,600만 명이었다. 국내 아이돌로서는 도저히 따라잡기 어려운 기록이다.

2018년 한 차례 공개됐던 이들의 자산 수준은 어마어마하다. 멤버들 중에서 가장 인기가 많은 이양첸시는 당시 18살의 나이로 이미 3억 위안(516억 7,500만 원)의 자산을 보유한 것으로 나타났다. 나머지 두 멤버도 각각 2억, 2.5억 위안 수준의 자산가다. 물론 현재 이들의 자산 규모는 이보다 훨씬 늘어났을 것이다.

한국에서 활동하는 중국 아이돌, 왜 중국행 택할까?

한국에서 중국인 연예인이 소속사와의 계약을 끊고 중국행을 선택하는 경우는 흔하다. 슈퍼주니어의 한경이 중국 활동을 위해 한국을 포기했고, 소속사 후배이자 인기 아이돌인 엑소의 중국인 멤버 크리스와 루한도 비슷한 선택을 했다. 이들이 팀을 이탈할 때 국내에서는 "잘되는 그룹을 제 발로 떠나다니"라는 탄식도 많았다. 하지만 중국 내수 시장 인구와 연예계 시장 규모를 고려하면, 결과적으로는 팀을 이탈한 이들이 중국에서 훨씬 많은 부를 끌어모은 것도 사실이다. 실제로 중국 엔터테인먼트 업계의 통계에 따르면 중국에서 루한은 1년에 약 2억 위안(약 345억 원)의 수입을 벌어들인 것으로 알려졌다. 크리스 역시 다양한 중국 오디션 프로그램과 드라마 등에 출연하고 있기에 연수입이 최고 1억 3,000만 위안(약 224억 원) 수준일 것이라는 추측이 나온다.

다만 한국인 입장에서 중국의 아이돌은 '어디에서 본 듯한' 느낌이 드는 게 사실이다. 아이돌 산업 후발 주자인 중국이 한국 기획사의 뮤직비디오, 패션, 기획 콘텐츠 등을 적극적으로 모방하고 있기 때문이다. 거대한 내수 시장 덕분에 중국에서 성공한 아이돌의 수입은 어마어마하지만, 이들이 중국 외의 해외시장에서는 여전히 두각을 나타내지 못하는 이유도 이 때문이다. 대표적인 예로 TF보이즈가 2015년 발표한 노래 '양Yang'의 뮤직비디오가 엑소의 '12월의 기적' 뮤직비디오를 표절했다는 논란이 있었다. 뮤직비디오의 배경과 피아노 같은 소품부터, 강아지를 안아들거나 그림을 그리는 동작까지 똑같다는 것이다. 하지만 본격적으로 시동을 걸기 시작한 중국 아이돌 산업에 거대한 자본이 흘러들어오며, 최근에는 중국 콘텐츠의 수준이 빠르게 한국을 따라잡고 있다는 평가도 나온다. 이대로 가다간 중국 아이돌이 역으로 한국에서 팬덤을 형성하는 경우도 불가능한 일은 아닐 것이다.

TF보이즈

2013년 3인조 그룹으로 데뷔한 중국 최고의 국민아이돌. 이들은 중국 연예인 브랜드 가치 평가에서 상위권을 싹쓸이하고, 콘서트가 열리면 수만 장의 표가 1초 만에 매진되는 등 엄청난 인기를 누리고 있다. 제대로 된 아이돌 산업이란 게 없었던 중국 연예계에 나타난 TF보이즈는 중국의 '1세대 아이돌'에 해당된다. 지금까지 한국 아이돌 업계를 모방하기에 급급했던 중국이 TF보이즈에 이어 자신만의 노하우와 자본을 바탕으로 빠르게 약진할 것이라는 평가도 나온다.

우주 대스타도
나라가 정한 만큼만 벌어라

2020년 6월, 중국 포털사이트 바이두에 중화권 인기 영화 배우 저우동위周冬雨의 이름이 갑자기 실시간 검색어 1위에 올랐다. 저우동위는 2010년 중국 유명 소설을 토대로 제작한 영화 〈산사나무 아래〉로 데뷔하며 일약 스타덤에 오른 배우다. 그가 갑자기 세간의 주목을 이끈 이유는 새로운 작품이 상영해서도 아니고, 어떤 말실수를 해서도 아니다. "저우동위가 2017~2018년에 촬영했던 드라마 〈막후의 왕〉에서 1억 900만 위안(약 186억 원)에 달하는 높은 출연료를 받았다"는 폭로 때문이었다. 한국인들은 "인기 있는 배우가 천문학적인 출연료를 받는 게 어때서?"라고 생각할 수도 있다. 하지만 중국은 다르다. 인기가 있든 없든, 배우가 너무 돈을 많이 벌면 실제로 법적 문제가 생기기 때문이다.

배우 몸값이 금값이었던 나라

중국이 처음부터 영화나 드라마, 예능 프로그램의 출연료에 상한선을 두었던 건 아니다. 오히려 중국 방송미디어계는 잘만 하면 정말 엄청난 부를 축적할 수 있는 기회의 장으로 여겨졌다. 2018년 방송된 중국 황실 드라마 〈여의전〉의 경우엔 총 제작비 3억 위안 중 남녀 주인공의 출연료만 1억 위안이 들었고, 최상급 인기 배우의 출연료는 작품당 적게는 8,000만 위안, 많게는 1억 5,000만 위안까지 치솟기도 했다.

천정부지로 오르는 스타의 몸값 때문에 중국의 방송 시장엔 어마어마한 부작용이 일었다. 전체 프로그램 제작비의 50~80%가 배우 출연료로 쓰이는 경우가 허다하게 생기며 양질의 콘텐츠가 나오지 않았기 때문이다. 한국의 경우 배우 출연료는 전체 제작비의 20~30% 수준이고, 미국도 30% 내외다. '몸값이 금값'인 현상이 지속되면서 터진 사건이 바로 중국 유명 배우 판빙빙의 탈세 사건이었다. 2018년 판빙빙이 이면계약서를 통해 거액의 출연료를 받고서 탈세를 일삼았다는 의혹이 제기됐는데, 얼마 후 판빙빙이 갑자기 실종됐다. 가택연금설,

미국 망명설, 사망설 등 온갖 추측이 난무했지만, 잠적 3개월 만에 다시 나타난 그녀는 '탈세 행위에 대해 크게 반성하고 있고 책임질 것'이라며 공개 사과를 했다. 홍콩《빈과일보》는 판빙빙이 1,400억 위안이 넘는 세금과 벌금을 충당하기 위해 베이징에 있는 자기 소유의 아파트 41채를 급매물로 내놨다고 보도했다.

칼 빼든 중국 정부

중국 배우들의 과도한 출연료는 정부의 눈엣가시가 됐다. 비정상적인 부유함이 사회 양극화와 소득 불균형을 초래해 사회적 불만이 확산될 수 있기 때문이다. 중국 정부에게 빈곤 문제는 항상 사회 안정성 및 정권 안정성에 직결되는 문제다. 모두가 먹고살 만한 중산계급(샤오캉)이 되는 것을 국가적인 목표로 삼고, 연간 GDP 상승률에 집착하는 이유도 이 때문이다. 경제성장이 이어지고, 사람들이 내일의 변화를 희망하게 된다면 일당독재와 자유가 없는 정치 문제에 보다 관대해질 수밖에 없기 때문이다.

출연료 문제는 중국이 영화산업촉진법을 제정했던 2016년 처음으로 전국인민대표대회 상무위원 회의석상에서 공론화됐다. 2017년 9월에는 드라마 산업과 관련된 단체들이 '출연료 제한' 의견을 제시했다. 배우 출연료가 전체 제작비의 40%를 넘지 못하도록 하고, 주요 배우의 출연료는 전체 출연료의 70%를 넘지 못하도록 제한한다는 내용이었다. 이 같은 의견은 2018년 8월 중국 중앙선전부, 문화부, 세무총국, 광전총국 등 정부기관에 그대로 받아들여져 제도화됐다. 이른바 '시엔신링限薪令', 수입제한령이다. 업계는 회당 출연료를 세금을 포함해 100만 위안 미만으로 하고, 전체 출연료는 세금을 포함해 5,000만 위안 미만으로 지급하자는 데 뜻을 모았다.

하지만 이런 제도가 나온 후에 암암리에 고액의 출연료를 받는 경우가 적발됐고, 배우가 제작사와 이면계약을 할 경우 이를 제재할 방도가 없다는 지적도 나오기 시작했다. 이에 중국 정부는 2020년 2월 이 제도에 새로운 조항을 추가했다. 배우가 새로운 일감을 받을 때 제작사와 쓴 계약서의 복사본을 꼭 정부에 보고해야 한다는 것이다. 심지어 중국 정부는 이미 판빙빙의 사례를 통해 아무리 인기 있는 스타라도 언제든지 감금 조사를 할 수 있다는 점을 보여줬다. 계약서를 의무적으로 정부에 보고하게 되면 남몰래 돈을 더 받던 사례도 근절될 수 있을 것이라는 기대가 나온다.

짝퉁의
세계

통이 넓은 힙합 바지를 입고 팔뚝에 문신을 한 참가자가 프리스타일
로 랩을 선보인다. 랩을 유심히 듣던 전 엑소 멤버 크리스 우는 '합격'
이라며 참가자의 손에 'RICH'라고 써진 금 목걸이를 쥐어준다. 중국
의 〈랩 오브 차이나〉라는 힙합 서바이벌 프로그램에서 도전자가 팽팽
한 예선을 뚫고 프로듀서에게 인정을 받아 본선으로 진출하는 순간이
다. 분명 중국에서 방영되는 프로그램인데, 왜 이렇게 익숙한 걸까?
〈랩 오브 차이나〉의 로고, 경쟁 방식, 심지어는 출연자의 곡까지 한국

Mnet의 인기 프로그램 〈쇼 미 더 머니〉와 닮지 않은 구석이 없다. 중국 방송사가 한국의 Mnet으로부터 판권을 사들여 새롭게 제작한 프로그램일까? 애석하게도 답은 '아니오'다.

예능 후발 주자, 돈 되는 포맷 따라 하기

중국 방송 시장에서 예능 카테고리는 최근까지만 해도 크게 발전하지 못한 분야였다. 중국 정부가 여론 통제를 위해 방송국을 꽉 쥐고 있는 가운데, 표현이 비교적 자유롭고 경쟁을 부추기는 식의 예능 프로그램은 방송 허가가 나기 어려웠다. 예능 대신 반일 정서를 부추기는 역사 드라마와 교양, 시사 프로그램이 편성표의 대부분을 차지했다. 하지만 몇 년 전부터 온라인 동영상 업체OTT를 통해 유통된 해외 예능 프로그램이 중국에서 큰 인기를 얻게 됐다. 때마침 중국 정부도 고속 발전한 경제에 힘입어 다양한 문화 사업을 독려했다. 문제는 프로그램을 제작해야 하는 방송사들에게 예능 관련 노하우가 전무하다는 것이었다. 이에 중국 방송사와 프로그램 제작자들은 이미 성공이 확인된 해외 예능을 포맷을 그대로 가져다 재생산하기 시작했다.

여기에 사드를 둘러싼 한중 갈등이 시작되면서, 2017년 중국에 '한한령(한류 금지령)'이 내려져 한국산 게임, 방송, 음악 등 콘텐츠는 물론, 한국 여행까지 길이 막혔다. 중국 방송국들은 한한령을 틈타 한국 프로그램을 구입하는 대신 베끼는 데 박차를 가했다.

짝퉁 프로그램의 향연

중국이 정당하게 판권을 구매하지 않고 제작한 프로그램은 정말 많다. 예를 들어 중국 최대 위성방송사인 후난TV가 내놓은 〈워지아나샤오즈我家那小子(우리집 그 녀석)〉는 제목부터 세트 구성까지 SBS의 〈미운 우리 새끼〉와 아주 흡사하다. 후난TV는 앞서 연예인들이 외국에서 식당을 개업하는 〈중찬팅中餐廳(중식당)〉이라는 프로그램을 내놨는데, 이 역시 tvN의 〈윤식당〉을 그대로 불법 답습한 프로그램이다. Mnet의 인기 서바이벌 프로그램 〈프로듀스 101〉의 경우에는 정식으로 판권을 구매한 〈창조 101〉이라는 중국 프로그램이 있음에도 불구하고, 불법 짝퉁 프로그램인 〈우상연습생〉이 버젓이 방송되기도 했다. 이 같은 현상과 관련해 국내 유명 PD인 나영석 씨는 과거 언론과의 인터뷰에서 "한한령으로 한중 양국 관계가 딱딱해지면서 정품 포맷을 구매하는 행위 자체가 눈치 보이는 일이 된 것 같다"고 언급하기도 했다.

뿐만 아니라 한국 아이돌 그룹의 무대 아이디어를 그대로 베끼는 경우도 심심찮게 발견된다. 2020년 6월 14일 방송된 중국 음악 예능 프로그램 〈천천향상〉에서 한 남자 가수가 화려한 부채 퍼포먼스를 보이며 호평을 받았다. 하지만 이는 같은 해 5월 Mnet의 음악 서바이벌 프로그램 〈로드 투 킹덤〉에서 국내 아이돌 그룹 '골든차일드'가 선보인 무대를 그대로 따라 한 것이었다. 하지만 이 같은 표절 논란에 국내 연예 기획사는 "무대에 대한 중국 예능의 표절을 일일이 대응하기란

쉽지 않다"는 입장이다.

국내 방송사들이 로열티를 제대로 지불하지 않는 중국 프로그램을 대상으로 법적 소송을 진행하고는 있지만 소송에서 이겨도 배상금 정산이 차일피일 미뤄져 골치를 썩히고 있다. 예를 들어 MBC는 중국 예능 제작사 찬싱燦星이 2015년 방송한 중국판 〈복면가왕〉의 수익 로열티를 정산받지 못했다. 찬싱이 MBC와 수익 배분 계약을 맺고 〈복면가수를 맞혀라〉라는 프로그램을 제작해 방송했지만, 한한령 때문에 송금을 못한다는 이유로 로열티 지급을 미룬 것이다. 이에 MBC 상하이 지사가 법적 대응에 나섰고, 2020년 4월 중국 준사법기관인 중국 국제경제무역중재위원회가 찬싱에 프로그램의 수익금을 MBC에게 지급하라고 판결했다. 하지만 이 돈은 2020년 8월까지도 지급되지 않고 있다. 결국 법정 대응에 성공하더라도 밀린 수익금을 받기에는 어렵다는 것이다.

짝퉁 현상, 게임에도 있다

이런 짝퉁 현상은 게임 산업에서도 두드러진다. 대표적인 것이 전 세계에서 인기를 얻은 한국산 사격 게임 '배틀그라운드'다. 중국 게임사인 넷이즈는 2018년에 이 게임과 매우 유사한 '나이브스 아웃', '룰 오브 서바이벌'을 선보였다. 이들 게임은 비행기를 타고 공중 낙하를 한 뒤 최후의 한 사람이 생존할 때까지 총격전을 벌이는 포맷이 똑같다.

배틀그라운드를 개발한 한국 개발사 펍지는 2018년 넷이즈를 표절로 고소했다. 2019년 3월 상호 합의를 하고 펍지 측은 소송을 취하했지만, 2020년 상반기에 "넷이즈가 합의 사항을 지키지 않았다"며 소송을 재개했다.

14억 인구에
손흥민 한 명 안 나오는 이유

글로벌 스포츠계에서 중국의 축구 성적은 좀처럼 풀리지 않는 미스터리다. 지난 2016년 브라질 리우데자네이루에서 개최된 제31회 올림픽에서 중국은 금메달 26개, 은메달 18개, 동메달 26개로 세계 3위에 랭크됐다. 이에 앞선 2014년 런던 올림픽에서는 메달 순위 세계 2위까지 올랐었다. 하지만 국제축구연맹FIFA의 자료에 따르면 중국의 남자 축구는 2019년 기준 세계 76위다. 세계 2위 경제 대국이자 스포츠 강국인 중국의 축구 수준이 오랜 내전으로 초토화된 시리아(79위)와 비슷하다는 얘기다. 도대체 중국은 왜 축구에서 유독 성적을 올리지 못하는 걸까?

중국의 축구 흑역사

중국에게는 일단 월드컵 본선 출전부터 난관이다. 중국 국가대표 축구단은 지금까지 딱 한 번 월드컵 본선에 진출했는데, 바로 2002년 한일월드컵이었다. 이마저도 아시아 축구 강국인 한국과 일본이 주최국으로 예선에서 빠지자 어부지리로 올라간 것이었다. 2002년 월드컵 당시 중국은 모든 참가국 중에서 유일하게 골을 넣지 못했다. 순위는 출전국 중 31위로 사우디아라비아에 이어 두 번째로 낮았다.

월드컵을 빼고서도 중국 축구의 흑역사는 차고 넘친다. 유럽 국가들과 맞붙었을 때 큰 득점 차이로 완패하는 것은 놀라운 일도 아니다.

▎ **최근 3년간 중국의 FIFA 랭킹 순위**

	중국	한국	일본
2017년	71위	60위	57위
2018년	76위	53위	50위
2019년	76위	40위	28위

자료 출처: FIFA

태국 등 동남아시아 팀과 붙어도 결과는 마찬가지다. 중국이 어느 나라에 대승을 거뒀다는 소식은 좀처럼 접하기 힘들다. 특히 중국은 오래전부터 한국과 맞붙을 때마다 큰 확률로 지고 있다. 중국 축구계에 '공한증(한국공포증)'이란 단어가 괜히 나온 얘기가 아니다.

쏟아지는 돈이 오히려 독?

자국의 축구 실력이 글로벌 웃음거리가 되자, 보다 못한 중국 정부는 축구 육성 사업에 나섰다. 시진핑 국가주석이 직접 "나의 꿈은 중국이 월드컵을 개최하고 우승하는 것"이라고 언급할 정도다. 중국 정부는 대기업을 동원해 구단을 운영하도록 했고, 적극적인 외국인 선수 귀화 정책까지 선보였다. 이러한 중국의 축구 양성 정책을 '축구 굴기蹴球崛起'라고 부른다. 2013년부터 중국 프로축구 리그에서 MVP로 활약했던 브라질 출신 공격수 엘케손이 2019년 8월 정식으로 '중국인'이 됐다. 그 후 브라질 출신 히카르두 굴라트 등 중국 리그에서 활동하는 외인 선수들이 귀화 수순을 밟았다. 귀화를 선택한 선수들에게는 금전적으로는 물론, 생활과 주거 면에서도 파격적인 혜택이 제공된다.

하지만 이처럼 중국 현지 축구 리그에 투자가 쏟아지는 게 중국 축구 실력 향상을 가로막는 가장 큰 걸림돌이라는 지적도 있다. 우선 중국 리그에서 어느 정도 성적을 낸 선수들의 연봉이 실제 실력에 비해 너무 높다는 게 문제다. 2020년 기준 각 팀 내에서 두각을 나타내는 선수들의 연봉은 세후 800만~1,100만 위안 수준이었다. 한화로 13억~19억 원 사이다. 같은 기간 국내 K리그에서 연봉 순위 1위인 김진수(전북 현대모터스) 선수의 연봉이 14억 3,500만 원이었고, 10억 원 이상 연봉을 받는 선수는 3명뿐이었다.

2019년 11월 중국은 시리아와의 월드컵 예선에서 1:2로 패배했다. 그런데 득점을 한 시리아 선수의 월급이 1,600위안(약 27만 원)밖에 되지 않았다. 이 사실을 알게 된 중국 축구팬들은 "성적은 못 내면서 연봉은 많이 받아간다"며 분노를 표출했다. 중국 언론들도 나서서 "중국 리그에서 너무 많은 돈을 받기 때문에 유럽 등 해외 리그로 진출하려는 의지가 아예 없다"고 꼬집기도 했다.

중국 축구를 수렁에 빠뜨린 사회적인 요인들

그 밖에도 중국 축구의 부진에는 다양한 이유가 꼽힌다. 그중에는 중국 정부가 1970년대부터 시행한 '한 자녀 정책' 때문이라는 시각도 있다. 축구는 개인의 역량보다 팀워크가 중요한 스포츠인데, 집안 어른들의 사랑을 한 몸에 받고 자라 '소황제'라 불리는 젊은 층은 개인주의 성향이 매우 강하다는 것이다. 또 대부분의 가장들은 하나밖에 없는 아이가 운동보단 공부를 하기 원해 축구 인재가 제대로 배출되지 못했다는 분석도 나온다.

고질적인 부패도 문제다. 유명한 축구광인 시 주석은 집권하자마자 축구협회 사정 작업에 착수했다. 당시 셰야룽, 난융 등 중국 축구협회 최고위 간부들은 부패로 줄줄이 수갑을 차게 됐다. 돈을 받고 실력이 부족한 선수를 경기에 출전시켜주거나, 국가대표로 뽑는 일이 관행처럼 이뤄졌던 것이다.

축구 굴기蹴球崛起

중국이 자국 축구 실력을 키우기 위해 내놓은 축구 양성 정책. 대기업에게 구단을 인수하게 하고, 천문학적인 돈을 쏟아 외인 선수를 영입하고 나섰다. 성적이 좋은 외인 선수들에게는 파격적인 혜택을 제공하면서 귀화를 유도하기도 했다. 축구 실력을 향상시켜 월드컵 본선에 출전하는 것이 목표다. 하지만 이 같은 정책은 오히려 중국 축구 선수들이 자국 축구 리그에 안주하도록 만드는 역효과를 내고 있다는 지적도 나온다.

중국 남자는
왜 자상할까?

　"그거 봤어? 글쎄 중국 남자들은 매일 주방에서 요리도 하고 직접 장도 본대!"

　몇 년 전 배우 추자현 씨의 중국인 남편 우효광 씨가 '우블리'로 불리며 인기를 끌었다. 이른바 가부장적인 면모가 없고, 가사 노동에 충실하며, 아내를 끔찍이 사랑해주는 모습이 방송 전파를 탄 덕분이다. 한동안 국내 인터넷 커뮤니티에는 '지금이라도 중국 남성과 결혼하려면 어떻게 해야 하느냐'는 우스갯소리가 꽤나 올라오기도 했다.

중국 남성들은 정말 다 그럴까?

이와 관련해 개인적인 경험담을 하나 풀어볼 생각이다. 20년도 더 된 이야기다. 당시 베이징에서 초등학교를 다니던 필자는 부모님과 함께 평소에 알고 지내던 중국인 대학교수 부부의 집을 방문한 적이 있다. 초인종을 누르자, 초록색 철문 뒤로 앞치마를 두르고 있던 교수는 아내가 아직 퇴근을 하지 않았다며 "거실에서 조금만 앉아 기다리세요" 라고 말했다. 혼자 재료를 다지고 볶는 모습을 보아 하니, 주방에 하루 이틀 드나든 모양새가 아니었다. 그로부터 30분 정도 뒤에 집에 도착한 교수의 아내는 자연스럽게 거실에 앉아 부모님과 담소를 나눴다. 주방 일을 거드는 일도, "내가 왔으니 당신은 나가봐"라고 말하는 일도 없었다. 그날의 소소한 풍경에 가장 충격을 받은 사람은 10여 년간 당연하게 주방 일을 전담해온 필자의 어머니였다.

그러니까 '우효광 신드롬'은 난데없는 현상이 아니란 것이다. 아마 큰 확률로 그는 어릴 적부터 아버지가 하는 밥을 수없이 먹었을 것이며, 밖에서 일을 하고 돌아오는 어머니가 낯설지 않았을 것이다. 일례로 오래된 중국 명절 가요인 '창후이지아칸칸常回家看看(자주 집에 돌아가봐요)'이라는 노래 가사에는 명확하게 "어머니는 잔소리를 준비했고, 아버지는 맛있는 식사를 만드셨네"라는 내용이 나온다.

같은 유교 문화권인데 한국과 다른 이유

한국에서는 바로 위 세대만 해도 남자는 생계를 책임지고, 여자는 가사를 도맡는다는 식의 고정된 성 역할이 지배적이었다. 그 원인으로 '유교 사상'이 주로 지목되곤 한다. 한국 유교 사상의 뿌리는 삼강오륜을 비롯한 남송 시대 주희의 성리학으로, 그 발원지가 중국인 것은 틀림없다. 하지만 근대에 들어서면서 현재 중국을 통치하고 있는 '공산주의 사상'이 밀려와 만민 평등과 같은 이념이 오래된 동양 철학을 대체하게 됐다.

공산주의 이념을 광신狂信한 대가로 중국 근대사에는 수많은 비극이 탄생했다. 시장경제를 역행하는 정책으로 대기근이 발생했고, 문화가 후퇴했으며, 여론을 움직일 수 있는 힘을 갖춘 지식인들은 탄압당했다. 하지만 이런 거대한 부작용 속에서 뜻밖에 남녀 간, 직업 간의 평등이 같은 동아시아 국가인 한국이나 일본보다 상대적으로 잘 다져진 사회가 된 것도 사실이다. 그중에서 남녀평등을 실질적으로 자리 잡게 한 요인은 여성의 높은 직업 참여율이다. 마오쩌둥은 1950년대 중반에 "여성이 하늘의 반을 받든다"는 유명한 말을 남기며 여성에게 노동에 참여할 것을 격려했다. 물론 이는 여권 향상을 고려한 것은 아니었다. 오히려 당시 노동력 확보와 경제성장을 위해 강제로 대다수의 국민을 생산 현장으로 밀어 넣기 위한 조치였다.

의도야 어떻든 간에, 중국 여성의 경제활동 참여율은 한때 90%

에 달할 만큼 높았다. 중국에서는 한국보다 훨씬 전부터 맞벌이 부부가 사회 전반에 자리 잡았다는 것이다. 확률적으로도 여성 고위 임원, 성공한 여성 창업자 등이 이웃국가인 한국이나 일본보다는 많을 수밖에 없다. 실제로 글로벌 투자은행 크레딧스위스가 발표한 보고서 〈CS 젠더 3000〉에 따르면, 2019년 중국 기업의 CFO 중 여성 임원의 비율은 21%로, 전 세계 6위에 해당한다.

중국은 정말 남녀가 평등할까?

그럼에도 우리가 유의해야할 것은, 중국의 남녀평등 수준이 높다는 말은 어디까지나 한국, 일본 등 동아시아 주요 국과 비교했을 때 그렇다는 점이다. 비교 우위를 배제하고 본다면 중국은 여전히 남성 중심의 사회다. 〈CS젠더 3000〉 보고서에 따르면 2019년 중국의 각 회사 이사회에서 여성 임원의 비율은 11%였다. 이는 미국(24.7%)이나 유럽(29.7%)에 비해 크게 낮을 뿐 아니라 전년도(11.2%) 대비 오히려 후퇴한 수치다. 실제로 중국에서는 1990년대 이후부터 '여성은 집으로 돌아가라'는 사회적 여론이 형성돼 여성의 경제활동이 줄어들었고, 그결과 남녀평등의 수준이 후퇴했다는 평가를 받고 있다.

관리직에 오른 여성이 많음에도, 여성 직원이 같은 일을 하는 남성 직원보다 보편적으로 연봉을 적게 받는다는 사실도 통계학적으로 증명됐다. 중국의 채용 전문 플랫폼인 보스즈핀BOSS直聘이 발표한

〈2019 중국 직장 성별차이 보고서〉에 따르면, 남성의 임금을 100으로 봤을 때 여성의 임금은 평균 78.3에 그쳤다. 회사가 어려워 사람을 해고해야 할 때 남성 직원보다 여성 직원을 먼저 내보내는 경우도 다른 동아시아 국가와 별반 다를 바 없다. 가사 노동을 하는 '자상한 남편' 이미지가 짙지만, 중국 여성의 하루 평균 가사 노동 시간은 126분인 데 반해 남성은 45분에 불과했다. 중국 여성들이 "한국이나 일본보다는 조금 나을 수 있어도, 충분하진 않다"며 "중국 남자에 대한 환상을 깨라"고 일침하는 이유다.

중국 여성의 지위

중국은 공산주의 사상의 영향으로 동아시아 국가 중에서 남녀평등이 그나마 자리잡은 나라로 꼽힌다. 여성의 경제활동 참여율이 높은 만큼, 남성의 가사 노동 참여율도 높은 편이다. 하지만 1990년대 이후 여성의 경제활동은 매년 줄어드는 추세다. 한때 여성의 90%가 직업을 가졌던 적도 있지만, 2018년에는 61.3%로 하락했다.

중국은 슈퍼맨, 지구를 구하지
: 애국주의 영화

중국 영화 역대 흥행 1위는 2017년 개봉한 〈특수부대 전랑2战狼2〉다. 내전이 한창인 아프리카에서 '중국판 람보'가 중국 교민과 현지인들을 구출한다는 내용이다. 2019년 2월 개봉한 SF 블록버스터 〈유랑지구流浪地球〉는 아예 중국을 세계를 구하는 구세주로 묘사했다. 영화에서 태양이 수명을 다해 폭발할 조짐을 보이자 중국인 비행사 부자父子가 다른 나라 전문가들을 지휘해 지구를 구한다. 두 영화 모두 중국 애국주의를 고취하는 영화다.

흥행 성공한 중국 영화들의 공통점은 '애국'

몇 년간 중국에서 크게 흥행한 영화들은 중국 정부의 전폭적인 지원을 받은 애국주의 영화였다. 2017년부터 3년간 중국 영화 연간 흥행 1위가 모두 애국주의 영화였을 정도다. 2018년 2월 개봉한 〈오퍼레이션 레드씨红海行动〉는 중국군이 내전 중인 예멘에서 중국 교민과 현지인들을 구출하는 과정을 그렸다. 〈특수부대 전랑2〉와 내용이 거의 비슷하다. 애국주의 영화의 인기 비결은 막대한 제작비와 오락성이다. 2016년을 기점으로 중국 애국 영화 제작비는 300억~800억 원대로 올랐는데, 이는 웬만한 할리우드 영화의 제작비와 견주어도 뒤지지 않는 수준이다. 오락성도 크게 더했다. 〈특수부대 전랑2〉에는 람보를 연

중국 정부의 전폭적인 지원을 받아 제작되어 흥행한 애국주의 영화 〈유랑지구〉(왼쪽)와 〈특수부대 전랑2〉(오른쪽).

상케 하는 특수부대원이 등장하고, 〈유랑지구〉에는 할리우드 못지않은 CG(컴퓨터그래픽)가 사용됐다.

영화에 애국주의를 접목하는 방식도 정교해지고 있다. 불과 몇 년 전만 해도 〈건당위업〉(2011년), 〈건국대업〉(2009년)같이 공산당 이념이나 중국 혁명사를 노골적으로 홍보하는 공산당 이념 홍보 영화가 주류였다. 그러나 최근엔 대테러 작전, 우주 SF로 소재를 확장하면서 교묘하게 이념을 홍보한다.

세상을 꼭 미국이 구하란 법은 없잖아

최근의 영화들은 주로 중국이 다른 나라를 구해주는 내용을 담고 있다. 〈특수부대 전랑2〉가 대표적이다. 〈유랑지구〉처럼 아예 중국을 '세계를 구하는 슈퍼맨'으로 그리기도 한다. 중국인들 사이에서는 "맨날 미국이 세상을 구하는 이야기만 봤는데, 중국이 영웅이 되니 통쾌하다"는 반응도 나온다. 미중 무역 전쟁이 치열해지면서 미국을 이기고 싶어하는 중국의 심리도 반영됐다.

중국이 큰돈 들여 애국주의 영화를 만드는 이유는 소프트파워를 키우기 위해서다. 소프트파워란 한 국가의 문화나 지식 등을 기반으로 한 영향력을 일컫는 말로, 할리우드로 세계에서 미국의 영향력이 커졌듯이 중국은 중국 영화 시장인 '찰리우드China+Hollywood'를 제대로 성공시키면 중국의 영향력이 커지리라 기대하는 것이다. 중국 정부는 애국주의 영화 제작에 이례적인 지원도 하고 있다. 〈유랑지구〉에는 중국 영화 최초로 베이징과 상하이가 폐허가 되는 장면이 나왔다. 중국 영화 팬들은 이 장면만으로도 환호했다. 〈특수부대 전랑2〉에는 중국군의 협조로 실제 해군 함정과 미사일 발사 장면이 들어갔다. 〈오퍼레이션 메콩〉과 〈오퍼레이션 레드씨〉는 중국 군경의 협조를 받아 군사작전 장면을 실감 나게 그렸다. 물론 정부가 지원하는 만큼 검열도 강화됐다. 2019년부터 중국의 영화 감독 업무는 광전총국에서 그보다 위급인 공산당 중앙선전부로 옮겨졌다.

중국의 애국주의 영화

중국은 민심이 요동치는 중대한 사건이 발생할 때마다 애국심을 고취시키는 선전 영화를 만들어왔다. 무역 전쟁으로 촉발된 미중 갈등이 심각해지자 외세에 맞서 싸우는 중국인 영웅을 묘사한 영화가 쏟아졌고, 코로나 사태로 국가적 위기를 겪자 코로나 대응에 헌신한 중국인 의사들의 이야기를 담은 〈중국 의사〉라는 영화 제작에 착수했다. 중국에서 개봉한 애국 영화들은 최근 몇 년간 연간 흥행 1위를 기록할 정도로 성적이 좋은 편이다. 중국은 국내에서의 성공을 기반으로 해외에서도 통하는 중국 선전 영화를 제작하기 위해 노력을 기울이고 있다.

사회주의 래퍼가
등장한 이유

2019년 2월, 정치·외교 뉴스를 주로 다루는 중국 언론 《환구시보》가
느닷없이 중국의 유명 래퍼 GAI와 아이러가 만든 랩을 대서특필했다.
이 노래의 제목은 '영원히 혼자 걷지 않으리永不獨行'. 가사에는 "함께
힘을 합치면 결국 승리를 거두리", "공통 목표를 향하고 진전하는 과
정을 더욱 귀히 여기자"와 같은 내용이 담겼다. 이를 두고 중국 네티
즌들은 "미국에선 랩으로 대통령 욕도 하는데, 중국 최고 래퍼들은 쌍
으로 나와서 체제 찬양 동요를 부르느냐"는 비판을 쏟아냈다.

왜 '사회주의 래퍼'가 등장했을까?

2018년 1월 중국 당국은 '방송 출연 금지 4대 지침'을 내리고 힙합 가수의 방송 출연을 제한했다. 이 힙합 금지령으로 트리플H, 바바 같은 중국 유명 래퍼들의 방송 출연이 금지되고 음원 사이트에서 곡이 사라지기도 했다. 반면 체제를 칭송하는 랩을 하는 사회주의 래퍼들은 방송에 비교적 자유롭게 출연한다. 중국 힙합 팬들은 "풍자와 저항의 음악인 힙합이 중국에서는 칭송과 아부의 음악으로 바뀌었다"고 비판하고, "중국 래퍼들의 생존 욕구가 대단하다"며 조롱하기도 한다.

사회주의 래퍼의 대표 주자는 단연 GAI다. 웨이보에 600만 팬을 거느리고 있는 그는 2017년만 해도 "사람들과 어울리기 싫어. 참선(불

중국판 〈쇼 미 더 머니〉로 불리는 힙합 오디션 프로그램 〈랩 오브 차이나〉 포스터. 엑소 전 멤버인 크리스가 2018년 시즌 2에 출연한 바 있다.

교 수행법)하거나 수행하면서 이번 생 허비할래"와 같은 허무주의 랩으로 유명했다. 그러나 2018년 1월 불건전 가수로 낙인 찍혀 퇴출된 뒤로는 체제 선전 노선으로 급선회했다. 같은 해 5월 발표한 '만리장성'에서는 '불굴의 정신은 중화 혈통의 특징'이라고 노래했다. 그 밖의 중국의 다른 힙합 가수들도 중국 찬양 랩을 발표하는 추세다. 2018년 3월 신장 위구르족 래퍼 아이러는 '신장으로 가자'라는 노래에서 '신장, 그곳은 민족 구분 없이 사랑이 가득한 곳'이라고 칭송했다.

중국 사회주의 힙합이 무엇인지를 제대로 보여준 해프닝도 있었다. 2017년 12월 CCTV에서 방영된 힙합 경연 프로그램에서는 한 래퍼기 심사위원들의 요청으로 즉석에서 '조국 만세'를 랩처럼 외쳤다. 심사위원은 "어떻게 중국몽을 실현할 것인지를 랩 가사로 써서 공연하라"고 조언하기도 했다. 중국의 포털사이트 바이두의 게시판에서는 '봉건 왕조 시대에 왕에게 만세를 외치는 백성들 같았다', '힙합은 중국에서 본질을 잃었다'는 글이 올라왔다. 더불어 한국의 아이돌도 중국에서는 시류를 피해갈 수 없었다. 한국 인기 아이돌 그룹 갓세븐의 홍콩 출신 멤버 잭슨은 2019년 1월 발표한 '중국홍RED'이라는 랩에서 '지금껏 나는 늘 100% 중국 정신을 유지했지', '중국인은 중국 피를 늘 유지해'라고 했다. 한국에서 발표한 노래와 완전히 다른 스타일의 가사라는 점에서 주목해볼 만하다.

중국이 랩을 통제하는 이유

중국은 도발적인 메시지가 특징인 힙합이 유행을 타면 사회 통제가 어려워질 것을 우려한다. 2017년 힙합 경연 프로그램 〈중국에도 힙합이 있다〉가 선풍적 인기를 끌면서 중국에서 힙합이 유행할 조짐을 보였다. 그러자 미디어 감독기구는 프로그램 종영 3개월 만에 '힙합, 문신, 허무주의를 배척한다'며 힙합 가수의 방송 출연을 제한했다.

중국에서 홍색랩 외에 허용되는 랩이 있기는 하다. 미국을 비난하는 랩이다. 가사가 아무리 도발적이어도 괜찮다. 2018년 중국 인터넷에서는 한 미국 유학생의 힙합 곡이 높은 조회수를 기록했다. 가사에 욕설이 많았는데도 영상이 삭제되는 일은 없었다. 중국 언론에서는 오히려 참신하고 훌륭한 곡이라고 치켜세웠다.

사회주의 래퍼
중국을 칭송하는 랩을 하는 가수를 가리킨다. 중국이 2018년 1월 래퍼들의 방송 출연을 제한하자 일부 래퍼들이 정부의 환심을 사기 위해 사회주의 내용이 담긴 랩을 쓰기 시작했다. 사회주의 래퍼들은 체제를 칭송하는 랩을 하는 대신 방송에 비교적 자유롭게 출연할 수 있다.

하루아침에 사라진
중국의 먹방

2020년 8월, 중국에서 갑자기 '먹방'이 사라졌다. 먹방은 중국에서 '츠보吃播(먹는 방송)'라고 불리며 2016년부터 선풍적인 인기를 끌었는데 하루아침에 인터넷에서 찾아보기 어렵게 된 것이다. 틱톡에서 '대위왕大胃王(대식가)'을 검색하면 영상은 나오지 않고 "식량 낭비 금지, 합리적인 식사 문화를 만들자"라는 문구가 나온다. 중국 국영방송 CCTV는 뉴스에서 먹방을 노골적으로 비난하며 "먹방은 과식을 부르고, 음식을 낭비하는 나쁜 식습관"이라고 했다.

시진핑 주석의 한 마디에서 시작된 먹방 금지령

시진핑 국가주석은 2020년 8월 11일 연설에서 "낭비는 부끄러운 것이고 근검절약이 영예로운 것"이라면서 "중국 전역에서 버려지는 음식물의 양은 충격적"이라고 말했다. 중국 요식업계가 안 그래도 코로나 사태로 불황을 겪고 있는 상황에서 생각지도 못한 발언이었다. 그러나 중국에서 시 주석의 발언은 거스를 수 없는 절대적인 기준이다. 이러한 시 주석의 발언 직후 중국의 동영상 공유 앱 틱톡과 콰이쇼우 등은 먹방 영상 검열에 나섰다. 이들은 먹방에서 음식 낭비가 심하거나 먹는 양이 지나치게 많은 경우 해당 동영상을 삭제하거나 계정을 폐쇄했다. '먹토' 또는 '먹뱉'이라 불리는 '많은 음식을 먹고 몰래 토하거나 뱉는 행위'도 금지했다. 그 결과 8월 말까지 약 1만 3,600개의 먹방 계정이 삭제된 것으로 드러났다.

중국 전역의 식당에서는 대대적으로 잔반 없애기 운동인 '광판光盤 운동'이 벌어졌다. 일부 식당은 'N-1 운동'에 나서며 과잉 충성하기도 했다. 식당에 방문한 손님이 3명이면 음식을 2인분만 시키게 하는 것이다. 식당에서 손님의 몸무게를 잰 다음 권장량의 음식을 파는 곳도 나왔다. 또 다른 식당에서는 손님이 남긴 반찬의 무게를 달아 벌금을 부과하기도 했다. 한국에서는 상상하기 어려운 일들이 하루아침에 중국 곳곳에서 일어난 것이다.

80년 만의 홍수 때문에 벌어진 일

중국은 왜 갑자기 과식에 민감해졌을까? 2020년 6월부터 두 달이 넘게 중국 전역을 강타한 홍수로 식량 부족 사태가 벌어질 가능성이 커졌기 때문이다. 중국 남부 지역의 농경지가 대부분 침수돼 곡물 생산이 크게 줄어들었고, 축산 농가의 손실도 컸다.

　이번 홍수는 1998년 이래 최악의 대홍수다. 중국 국무원에 따르면 이번 홍수로 6,346만 명의 이재민이 발생하고 수백 명이 사망했다. 중국에 있는 세계 최대 수력발전댐 싼샤 댐의 수위가 크게 올라가 붕괴설이 나올 만큼 심각했다. 물론 싼샤 댐은 홍수에 이골이 난 중국이 치밀하게 설계해 만든 시설이기 때문에 이번 홍수로 무너지지는 않

세계에서 가장 큰 중국의 싼샤 댐. 약 38조 원의 투자금으로 1994년부터 2006년까지 13년에 걸쳐 지어졌다. 홍수 예방, 전력난 해소에 도움을 준다.

았다. 문제는 홍수의 여파로 급격히 오른 중국의 식자재 가격이었다. 2020년 7월 중국의 옥수수, 돼지고기 가격은 전년 대비 5분의 1가량 올랐다. 엎친 데 덮친 격으로 농산물 수입도 어려워졌다. 코로나 사태로 농산물 생산량이 줄어들면서 세계 각국이 수출 제한을 걸었기 때문이다. 중국은 자국에서 소비하는 곡식의 약 20~30%를 수입에 의존하고 있어 수입량이 줄어들면 식량 공급에 큰 타격을 입는다.

먹방 금지 조치가 과연 효과 있을까?

중국에서는 워낙 필요한 양보다 음식을 많이 마련하는 과식 문화가 심해, 이를 개선하면 식량 공급에 효과가 있을 것으로 보인다. 중국 사회과학원의 통계에 따르면, 중국인 한 명당 한 끼니에 평균 93g의 음식을 남기는 것으로 집계됐다. 지난 2015년 기준으로 중국에서 낭비된 음식물은 1,800만 톤으로 이는 최대 5,000만 명이 1년간 먹을 수 있는 양이다.

중국처럼 정부의 힘이 막강한 나라에서는 '음식 절약 캠페인'이 성공할 가능성이 높다. 국민들의 원성이 높아도 아랑곳하지 않고 강력하게 통제할 수 있기 때문이다. 산둥성 정부는 공무 접대를 뷔페 식당에서만 하라는 지시도 내렸다. 뷔페는 조금씩 덜어 먹으니 잔반이 생기지 않는다는 이유에서였다. 그러나 중국에서 먹방 규제와 잔반 없애기 운동이 영원히 지속될 수는 없다. 중국에는 '백성은 먹는 것을 하늘처럼 여긴다'는 말이 있을 정도로 먹는 일을 중요하게 여기기 때문이다. 중국의 식량 위기가 수그러들면 먹방과 과식 문화는 다시 고개를 들 것이다.

중국의 대홍수

중국은 북쪽의 황허와 남쪽의 장강長江, 두 강을 중심으로 국민들이 모여 살고 있어 장마철이 되면 홍수 피해가 막심하다. 몇 년에 한 번씩 대범람이 일어나 민심이 흉흉해졌기 때문에, 통치자들이 치수治水를 가장 중요하게 신경 써왔다. 특히 오늘날의 장강 유역은 중국 전체 인구의 3분의 1가량이 모여 사는 데다가, 주요 산업 기지가 밀집해 있어 정부는 싼샤 댐 건설 등 대규모 홍수 예방책을 마련해왔다. 중국수한재해공보에 따르면, 중국에서 발생한 역대 최악의 홍수는 중국 전역에서 연쇄적으로 일어난 '1931년 대홍수'로, 최대 400만 명이 사망했고 6,000만 명 이상의 이재민이 발생했다.

'동물의 숲',
중국에선 안 된다우

2020년 상반기 최고의 게임 흥행작을 꼽으라면 단연 일본 닌텐도의 '모여봐요 동물의 숲'일 것이다. 평화롭게 무인도를 꾸미고 친구의 섬을 방문해 교류하는 게 전부지만, 팬데믹 시대의 '힐링 수단'으로 자리 잡으며 큰 인기를 얻었다. 게임에 등장하는 강아지 캐릭터 'K.K.'의 자작곡 '나비보벳따우(웅얼거리는 가사를 들리는 발음 그대로 쓴 것)'까지 인터넷에서 널리 퍼지며 수천만 회의 조회 수를 기록했을 정도다. 미국의 리서치 회사 슈퍼데이터에 따르면 코로나19가 전 세계에 퍼진

2020년 3월 한 달간 동물의 숲 게임은 500만 회 이상 다운로드됐다. 글로벌 공식 발매 12일 만에 세운 기록이다.

'동물의 숲'은 중국에서도 선풍적인 인기를 끌었다. 코로나 사태로 중국에 위치한 닌텐도의 콘솔 게임기인 '스위치' 생산 공장의 가동이 중지되며 게임기를 구하기가 어려워지자, '닌텐도 스위치를 사지 못해 동물의 숲 게임을 못하고 있다'는 의미의 '다오와이런島外人(섬 밖의 사람)'이라는 신조어가 생겼을 정도다. 사실 스위치는 여태껏 중국에서 정식 발매를 못하고 있다가, 2019년 12월 텐센트가 중국 내 유통을 맡으며 제품을 출시한 지 3년이 지나서야 겨우 중국 시장에 진출할 수 있었다. 하지만 동물의 숲이 흥행하며 중국 시장에 단숨에 안착할 것 같았던 닌텐도의 운명은 순탄치 않았다. 중국 출시 후 한 달도 되지 않아 중국 주요 온라인 몰에서 판매되던 게임 칩이 전부 자취를 감췄기 때문이다.

동물의 숲, 갑자기 왜 사라졌을까?

홍콩 게이머들이 이 게임을 통해 반중 시위 메시지를 전파하기 시작한 게 문제였다. 홍콩에서는 2019년 6월부터 홍콩의 자치권을 침해하려는 중국 정부에 대한 반대 시위가 이어지고 있었다. 오프라인 시위 여파가 게임으로까지 확산될 조짐을 보이자, 보다 못한 중국 당국이 게임 유통 통제에 나선 것이다.

출처: 조슈아 웡의 트위터

'동물의 숲'을 이용해 반중 메시지를 전달하는 홍콩 시위대.

동물의 숲은 게임 내 소품을 DIY로 직접 디자인하고 만들 수 있는 기능이 있다. 섬을 대표하는 깃발이나 집에 까는 카페트의 문양도 원하는 대로 디자인할 수 있다. 이에 홍콩 시위대는 '광복홍콩 시대혁명'과 같은 반중국 시위 문구를 적어둔 소품을 제작하고, 남의 무인도로 여행을 가서 소품을 떨구고 오거나 남을 자신의 섬으로 초대해 문구를 보여줬다. 게임을 반중 메시지의 홍보 창구로 활용한 것이다. 홍콩 민주화 운동가 조슈아 웡은 게임 속 섬에서 'Free Hong Kong(홍콩을 해방하라)'과 같은 시위 문구를 내걸고, 자신의 트위터에 "동물의 숲은 정치적 검열이 없는 곳이라 우리의 싸움을 이어가기 좋다"고 평가했다. 이뿐만이 아니다. 일부 반중 성향의 게이머는 자신의 섬에 '우한 폐렴'이라는 문구의 깃발과 함께 시진핑 주석과 테워드로스 아드하놈 세계보건기구^{WHO} 사무총장의 제단을 세우고, 이들이 코로나 팬데믹을 초래한 주역이라고 주장하기도 했다.

대대적인 게임 검열에 나선 중국

게임은 지금까지 중국 정부가 가장 주시하는 온라인 서비스 중 하나였다. 국내외의 불특정 다수가 온라인 게임에서 만나 대화를 하면, 어떤 말이 오가는지 잡아내기가 쉽지 않기 때문이다. 이 때문에 중국은 2019년 미성년자 보호를 앞세운 강력한 '중국판 셧다운제'를 도입했고, 2020년에는 중국 게이머들이 이용하는 서버를 해외와 분리하여 관리하는 법까지 추진하고 있다. 중국이 게임을 검열하는 방식을 정리하면 다음과 같다.

1. 중국 게이머와 해외 게이머의 채팅 금지
2. 게임 내 정치적으로 민감한 단어 차단
3. 실명 인증 제도로 이용자 신원 파악
4. 미성년자 게임 이용 시간 축소
5. 중국 게임 서버와 해외 서버 분리(추진 중)

동물의 숲에 크게 데인 중국 정부는 게임에 대한 검열을 더욱 강화하고 나섰다. 중국의 게임 이용자가 중국을 제외한 전 세계 게이머와 온라인 채팅을 할 수 없도록 분리하고, 중국 전용 서버 안에서만 게임을 하도록 했다. 여기에 게임 구매 및 다운로드를 할 때 실명 인증제를 거쳐야 하고, 게임 내 캐릭터 꾸미기와 가상의 단체(길드) 결성에 대해서도 규제가 이뤄질 전망이다. 예컨대 한국산 인기 게임인 '배틀그라운드'의 경우, 현재까지는 글로벌 각국에서 접속한 게이머들이 온라인상에서 만나 함께 게임을 즐길 수 있다. 하지만 이 법안이 통과된 후에는 더 이상 온라인상에서 중국 게이머를 만나지 못하게 될 수도 있다는 것이다.

내가 팔로우하는 이 계정,
정부가 만든 거였어?

2020년 3월, 도널드 트럼프 미국 대통령이 대만을 지켜주겠다며 '타이베이법'에 사인했다. 대만의 국제 활동을 돕고, 대만을 괴롭히는 나라는 미국이 나서서 응징하겠다는 내용의 법이다. 그런데 서명의 잉크가 마르기도 전에 800만 팔로워를 보유한 웨이보 계정 '협객도侠客島'가 "타이베이법은 종이 쓰레기"라고 비난했다. "대만의 국제 활동은 전적으로 중국에게 달렸다"며 중국 정부의 대변인 같은 말도 했다. 협객도, 대체 정체가 뭘까?

좋아서 팔로우했는데 '정부 계정'이라니

알고 보니 협객도는 개인 계정이 아니라 중국 공산당이 직접 운영하는 매체인 《인민일보》가 관리하는 계정이었다. 재밌어서 구독한 유튜브 채널, 센스 있는 트윗에 반해 팔로우한 트위터, 사진이 예뻐서 '좋아요' 누른 인스타그램……. 그런데 알고 보니 이 모든 계정이 다 정부가 만든 거라면? 나도 모르는 사이 정부의 홍보글에 세뇌되고 있었다는 사실에 소름이 돋을 것이다. 중국에서 실제로 그런 일이 일어나고 있다.

중국 정부의 소셜미디어는 중국 인터넷 공간을 장악한 수준이다. 《인민일보》는 2016년 '이번정징壹本政經(정치)', '다장둥大江東(재테크)', '마라차이징麻辣財經(경제)' 등 45개의 소셜미디어 계정을 만들었다. 이들 계정의 구독자 수를 다 합치면 무려 1억 5,500만에 달한다. 중국군의 웨이보 계정인 '쥔바오지저軍報記者(군사)'는 1,955만 명, 사법·공안(경찰) 조직을 총괄하는 중앙정법위 위챗 계정 '창안젠長安劍(정치)'의 구독자는 600만 명이다. 중요한 것은 중국 네티즌들은 이들 계정의 주인을 알기 어렵다는 것이다. 몇 년 동안 충성 구독자들을 모아온 '창안젠'도 2018년 11월 계정 이름을 '중앙정법위 창안젠'으로 바꾸고 나서야 네티즌들이 그 실체를 알게 됐다.

중국 정부가 운영하는 SNS의 구독자 확대 전략

• 가볍고 흥미로운 콘셉트 연출

- 정부 소식 등 정보 독점 공개
- 공무원들을 동원해 댓글 작성

　　중국의 당과 정부 기관의 소셜미디어 성공 전략은 세 단계다. 첫 번째, 웃기거나 '힙'하다. 우스꽝스러운 계정 이름을 짓고, 계정을 상징하는 캐릭터까지 만든다. 당연히 이런 작업을 위해 최고의 전문가가 투입된다. 홍콩 매체 《사우스차이나 모닝포스트》는 "중국은 감각 있는 젊은이들을 뽑아 몇 개월간 교육을 시킨 뒤 각 계정 운영에 투입한다"고 했다. 두 번째, 독점 정보를 뿌려 구독자 수를 늘린다. 정부만 알 수 있는 비밀을 소셜미디어에 올리면 당연히 관심을 받을 수밖에 없다. 보통 고위층 비리를 폭로하면 구독자가 확 오른다. 일례로 '창안젠'은 중국의 거물급 인사들이 수감된 옌청교도소 사진을 독점 공개하고, 낙마 정치인 명단을 발 빠르게 공개해 네티즌들로부터 '은둔 정치 고수'란 별명을 얻으며 인기를 끌었다. 세번째, 댓글 아르바이트를 동원해 분위기를 띄운다. 중국 정부가 운영하는 소셜미디어에는 공무원 댓글 부대가 투입된다. 이 부대의 인원은 약 200만 명, 이들이 한 해 동안 작성하는 댓글의 수는 4억 4800만 개에 이른다. 댓글 부대를 '우마오당五毛黨'이라고도 부르는데, 우마오당은 1990년대에 중국의 댓글 부대가 한 건당 0.5위안(약 80원)을 받고 댓글을 쓴다는 사실이 알려져 생긴 별명이다.

　　중국 정부가 소셜미디어 운영에 신경 쓰는 이유는 이를 효과적인 여론 통제 수단이라고 여기기 때문이다. 중국은 경제 불황과 정치에 대한 불만이 확산될수록 사회의 분노를 막기 위해 소셜미디어를 적극 이용한다. 시진핑 국가주석이 2018년 "위챗이나 웨이보, 인터넷 방송 등을 이용해 공산당의 여론 점유율을 높여야 한다"고 직접 말한 것도 이런 이유에서다.

해외로도 진출하는 중국 소셜미디어 부대

중국의 정부 계정이나 댓글 부대를 한국에서도 볼 수 있을까? 가능성이 없는 건 아니다. 중국 소셜미디어 부대의 해외 활동이 몇 년 전부터 본격화됐기 때문이다. 계기는 2017년 중국의 부동산 재벌 궈원구이郭文貴의 미국 망명이었다. 그가 멀리서 중국 지도자들의 치부를 잇달아 공개하자 중국의 댓글 부대가 그를 비판하는 영문 글을 인터넷에 올리기 시작했다. 2019년에는 홍콩 반중 시위에 대한 중국 소셜미디어 부대의 활동이 두드러졌다. 그들은 홍콩 시위대를 '폭도'라고 주장하는 영문 트윗과 페이스북 게시물을 대량 생산했다. 트위터와 페이스북이 참다 못해 중국 관련 계정 20만 개를 정지시켰을 정도다.

이러한 중국 소셜미디어 부대가 2020년 11월 미국 대선에도 개입할 가능성이 있을 것으로 전망된다. 2016년 미국 대선에 러시아가 소셜미디어를 사용해 정치적 영향을 미쳤던 것처럼, 중국도 원하는 후보를 지원하기 위해 활동을 펼칠 수 있다는 것이다. 가짜 뉴스 전파,

사회 갈등 유발, 여론 조작으로 사회 혼란을 일으킬 수도 있다. 미국 의회는 이미 트위터나 페이스북에 중국 계정의 활동을 통제할 것을 요구했다.

우마오당五毛黨

인터넷에서 여론을 조작하는 중국의 댓글 공작원들. 1990년대부터 활동하기 시작한 이들은 글을 한 건 올리면 '우마오(0.5위안, 약 80원)'의 보수를 받는다고 해서 '우마오당'이라 불린다. 최근에는 댓글뿐 아니라 트위터, 페이스북에 글을 올려 세계를 상대로 중국에 유리한 여론을 조성하려고 한다. 트위터는 2020년 중국 정부와 연계된 가짜 트위터 계정 17만 4,000여 개를 삭제하기도 했다.

나오며

신문기자들은 지나간 일을 빠르게 잊고는 합니다. 복잡한 머릿속을 비워야 그 자리에 내일의 아이디어를 채울 수 있기 때문입니다. 매일 새로운 주제를 접하고 그에 관한 글을 쓰는 사람의 숙명이자 직업병입니다. 이 책의 원고 작업을 마치고도 그럴 거라고 생각했습니다. 그동안 지겹도록 중국에 대해 조사하고 글을 썼으니 당분간 중국의 '중'자도 떠올리지 않으리라 다짐했죠.

그런데, 중국이라는 주제는 마감 후에도 머릿속을 떠나지 않았습니다. 하루가 멀다 하고 중국 관련 대형 뉴스가 발생하는 통에 관심을 거둘 틈이 없었습니다. 가장 흥미로우면서도 괴로웠던 이슈는 '방탄소년단'이 중국 여론의 뭇매를 맞은 사건이었습니다. 한국을 넘어 세계적인 가수로 거듭난 그룹 방탄소년단이 2020년 10월 7일 미국의 한·미 친선 비영리단체가 수여하는 상인 밴플리트상을 받으면서 벌어진 일입니다. 이날 온라인으로 진행된 시상식에서 방탄소년단 리더 RM(랩몬스터)은 "올해는 한국전쟁(6·25 전쟁) 70주년으로, 우리는 양국(한국과 미국)이 함께 겪었던 고난의 역사를 영원히 기억해야 한다"고 소감을 밝혔습니다. 그런데 평범하다 못해 상투적인 이 말이 중국인들의 분노를 일으켰습니다. 애국주의 성향의 중국 네티즌들은 "방탄소년단이 한국전쟁에서 큰 공을 세운 중국군을 무시했고, 역사를 왜곡해 중국의 자존심을 짓밟았다"고 주장했습니다. 중국 각지에서 방탄소년단 불매운동이 벌어지기까지 했습니다. 삼성전자, 현대자동차, 휠라 등 한국을 대표하는 기업들조차 난감해하며 방탄소년단을 모델로 내세운 중국 내 광고를 일시 삭제했습니다. 그러나 한국인 입장에서는 황당할 따름입니다. 한국전쟁에서 한국과 미국이 함께 고난을 겪었다고 말한 것이 뭐가 문제일까요? 이 발언의 어떤 부분이 중국을 자극했을까요?

이 일은 중국인들이 한국전쟁에 대해 우리와 다르게 알고 있기 때문에 일어난 결과입니다. 중국 역사 교과서에는 한국전쟁이 '항미원조(미국에 대항해 북한을 도운 전쟁)'라고 나와 있고, 북한의 침략으로 전쟁이 시작됐다는 사실은 아예 언급되지도 않습니다. 덕분에 중국인들은 한국전쟁의 영웅은 중국이고, 미국은 악당이라 굳게 믿고 있죠. 그러니 방탄소년단이 한국전쟁을 언급하며 '악당 미국'을 추켜세우고 '영웅 중국'에 대해서는 일언반구도 없다는 사실에 화가 난 겁니다. 우리 입장에서는 물론, 중국을 제외한 어느 나라에서도 받아들이기 어려운 역사 인식이고 사고방식입니다.

그런가 하면 그사이 미국과 중국의 충돌은 더욱 심화됐습니다. 2020년 10월 17일, 중국 전국인민대표대회 상무위원회는 '수출관리법'이라는 새 법안을 통과시켰습니다. 중국 핵심 기술의 수출을 막고, 중국 기업의 이익을 침해하는 국가나 기업에게 책임을 묻겠다는 내용입니다. 이는 미국을 대놓고 겨냥한 보복 조치입니다. 2020년에 들어서 미국은 중국 기업들에 유례없는 공격을 가했습니다. 자국 시장에서 중국 기업인 화웨이, 텐센트(위챗), 바이트댄스(틱톡) 등을 퇴출시키기 위해 각종 규제를 내놓았죠. 이런 행위에 분노한 중국이 법적 조치까지 동원해 미국 압박에 나선 것입니다. 그런 가운데 한국은 동맹인 미국과 최대 교역국인 중국 중 누구 편에 설 것인지 강요받는 날이 올까봐 전전긍긍하고 있습니다.

마감 후에 새삼 깨닫는 것은, 중국이 우리와 너무나 가까이 있다는 것입니다. 중국을 신경 쓰지 않으려 해도 중국은 우리 시야에 들어옵니다. 내 삶에 어떻게든 끼어들고, 어떤 형태로든 영향을 끼칩니다. 내가 좋아하는 가수를 곤경에 빠트리기도 하고, 내가 쓰던 상품의 색상이나 기능을 어느 날 갑자기 바꿔놓기도 합니다. 특정 산업의 취업문을 넓히기도 좁히기도 하며, 내가 속한 회사의 실적을 좌지우지하기도 하죠. 중국의 행보는 우리나라의 명운에도 큰 변수로 작용합니다. 그러니 우리에게 중국에 대한 지식은 반드시 알아야 할 '상식'이 될 수밖에 없습니다. 부디 "중국은 왜 이럴까?"라고 질문을 던졌던 독자들에게 이 책이 시원한 해답을 됐기를 바랍니다.

참고문헌

PART 1 정치: 하나의 중국을 향한 권력자들의 역사

티베트 축구팀이 해산된 이유

- "'독립시위 노이로제' 중국, 티베트 축구단 해체", 《조선일보》, 2020.06.09.
- "拉萨城投足球俱乐部退出中国足球职业联赛", 《新华网》, 2020.06.15.
- "中乙拉萨城投正式解散, 高海拔主场难题无解", 《中国青年报》, 2020.06.09.
- 안정애, 《중국사 다이제스트100》, 가람기획, 2012.

홍콩 사람들이 자꾸 대만으로 이민 간다는데

- "'나 그런 말 안했어요' 조슈아 웡도 몸 사린다, 홍콩보안법", 《조선일보》, 2020.07.05.
- "英영사관 前직원 1호 망명…현실화하는 홍콩 '헥시트'", 《조선일보》, 2020.07.03.
- "홍콩 독립 외치면 최고 종신형…관광객도 처벌", 《조선일보》, 2020.07.02.
- "香港国安法动漫解读", 《环球时报》, 2020.08.13.
- "港版國安法共66條例 全文內容曝光", 《新頭殼》, 2020.07.01.
- "「港版國安法」四要點曝光! 嚴防分裂國家, 恐怖活動等", 《hk01》, 2020.05.21.

중국은 왜 쯔위를 싫어할까?

- "Taiwan election: How a penitent pop star may have helped Tsai win", 《BBC》, 2016.01.18.
- "'쯔위의 나라' 대만을 이해하기 위한 8가지 핵심 키워드", 《한겨레》, 2016.01.22.
- "쯔위 고향사람들의 분노", 《조선일보》, 2016.01.19.
- '일국양제', 〈중국현대를 읽는 키워드 100〉, 네이버 지식백과 검색.

중국 연예인의 필수 덕목은 '애국'

- "'삼성전자 광고 보이콧'…연예인들 중국 정부 지지하는 이유", 《서울신문》, 2019.08.15.
- "凌晨两点 杨幂宣布解约! 范思哲的中国之路好走吗?", 《新京报》, 2019.08.11.
- "Stars, luxury brands and China's perilous patriotic tightrope", 《SCMP》, 2019.09.03.

높으신 분들이 코로나를 피해 산에 오른 이유

- "중국 지도부의 코로나 피난처는 산꼭대기?", 《조선일보》, 2020.04.23.
- "中南海守不住了? 中共高層躲「第2波疫情」動線曝光", 《三立新聞》, 2020.06.17.
- "중국 지도부용 핵벙커, 지하 2km 동굴 속…100만 명 식수도 갖춰", 《연합뉴스》, 2018.01.07.

이효리의 "마오 어때요?" 한 마디에 뿔난 중국

- "이효리, 부캐명 '마오' 언급 中 누리꾼 '마오쩌둥 모욕' 비난 쇄도→삭제", 《뉴스1》, 2020.08.24.
- "지금 중국은 '시진핑 우상화' 열풍…'마오쩌둥 시대 연상'", 《서울경제》, 2018.05.14.
- 김상문·이장규·서영숙·김미옥, 《마오쩌둥 살아서는 황제 죽어서는 신》, 아이케이, 2020.

시진핑이 후진타오 아들을 키우는 이유는?

- "兩會前中共官場七零後現象", 《亞洲週刊》, 2020.05.11.
- "궈얼다이 대부분 몰락했는데…中 정계 주목받는 후진타오 아들", 《조선일보》,

2018.07.04.

중국이 제일 바쁜 달, 3월과 10월

- 중국인민대표대회 홈페이지(www.npc.gov.cn)
- 중국정치협상회의전국위원회 홈페이지(www.cppcc.gov.cn)
- 중국정부망(www.gov.cn)
- "내달 8일 18차 중국공산당대회", 《중앙일보》, 2012.10.11.
- "중국 정치의 전당, 인민대회당", 《중앙일보》, 2014.06.09.

주석님, 흰머리를 왜 그냥 두세요?

- 조영남, 《중국의 엘리트 정치: 마오쩌둥에서 시진핑까지》, 민음사, 2020.
- 김승범, 《파워 엘리트 중국 정치의 힘: 1세대 마오쩌둥부터 5세대 시진핑 지도부까지》, 마로니에북스, 2014.
- "시진핑이 '흑발 정치' 전통 깼다", 《조선일보》, 2019.03.09.
- "With Streaks of Gray Hair, Xi Jinping of China Breaks With Tradition", 《NYT》, 2019.03.07.

중국의 학생들은 왜 연필 대신 호미를 들었나: 문화대혁명

- "중학생 한자 못 읽어…베이징大 총장 '망신'", 《조선일보》, 2018.05.07.
- 프랑크 디쾨터, 《문화 대혁명: 중국 인민의 역사 1962~1976》, 고기탁 옮김, 열린책들, 2017.

금기의 숫자 '64': 톈안먼사건

- "홍콩시민 18만 명 촛불 들고 '톈안먼 시위 30주년' 추모집회", 《연합뉴스》, 2019.06.05.
- "두 번째 '톈안먼 사태' 중국인은 잘 모른다는데…", 《조선일보》, 2015.06.06.
- Sarotte, M.E. "China's Fear of Contagion: Tiananmen Square and the Power of the European Example", International Security 37, no. 2, 156-82, 2020.

PART 2 외교: 세계를 뒤흔드는 중국의 외교 전쟁

미국과 중국의 '영사관 전쟁'

- "휴스턴 中총영사관, 폐쇄령에 비밀문서부터 태웠다", 《조선일보》, 2020.07.23.
- "US-China relations: Mike Pompeo's China adviser has name chiselled off school monument", 《SCMP》, 2020.07.29.
- "Pompeo urges more assertive approach to 'Frankenstein' China", 《REUTERS》, 2020.07.24.

할아버지는 왜 자꾸 중국을 중공이라 부를까?

- "빅2의 신냉전…美백악관, 중국을 '중공'이라 불렀다", 《조선일보》, 2020.05.28.
- "트럼프 행정부의 〈대對중국 전략 보고서〉 전문 번역 및 분석", 《펜앤드마이크》, 2020.07.07.
- 이장원, "중국의 공공외교: 배경, 목표, 전략", 〈동서연구〉, 23(2), 2011, 97~121쪽.

화웨이의 백도어 논란보다 더 중요한 진실

- "美가 6개월을 때렸는데도…화웨이 '마이웨이'", 《조선일보》, 2019.11.14.
- "트럼프, 화웨이 '블랙리스트' 1년 연장…中압박 지속", 《조선일보》, 2020.05.14.
- "美제재 D-1…화웨이, 대만에 전세기 띄워 반도체 사재기", 《조선일보》, 2020.09.14.
- "화웨이가 직원들에게 판다는 '수익률 50% 가상주식', 도대체 뭐길래?", 《조선일보》, 2020.09.08.

미국과 중국 사이에서 고통받는 틱톡

- "中 15초 '틱톡'에 미국이 화들짝", 《조선일보》, 2019.11.12.
- "'틱톡' 바이트댄스, 중국 IT '천하통일' 노린다", 《조선일보》, 2020.06.24.
- "Exclusive: China would rather see TikTok U.S. close than a forced sale", 《Reuters》, 2020.09.12.
- "Trump says he has approved a deal for purchase of TikTok", 《CNN Business》, 2020.09.21.
- "Will TikTiok survive?", 《Economist》, 2020.09.19.

아직도 안 끝났니? 중국의 사드 보복

- "'한국은 시진핑 우선 방문국'…한중 관계 정상화 청신호", 《뉴시스》, 2020.08.22.
- "Why is China so upset about THAAD?", KEI, 2016.09.01.
- 주재우, 《팩트로 읽는 미중의 한반도 전략 북핵, 사드보복, 그리고 미중전쟁 시나리오》, 종이와나무, 2018.

굿바이 코리아, 웰컴 재팬: 게임 규제

- "日 마리오 손잡은 中 텐센트…한국 게임은 왕따", 《조선일보》, 2019.11.18.
- "中진출 3년째 막혔는데…게임 얘기 한마디도 못하고 왔다", 《조선일보》, 2019.12.25.
- "시진핑의 게임통제…중국시장, Game Over?", 《조선일보》, 2019.09.03.

중국 위키피디아는 왜 김연아를 조선족이라고 할까?: 동북공정

- 최광식, "'東北工程'의 배경과 내용 및 대응방안-고구려사 연구동향과 문제점을 중심으로", 〈한국고대사연구〉, 33, 2004, 5~21쪽.
- "세종대왕님이 조선족? 구글에 중국어로 '한민족' 검색해보니", 《조선일보》, 2020.05.19.
- '중국은 왜 동북공정을 일으켰나', 〈SERICEO - 고대사 숨은 이야기〉, 네이버 지식백과 검색.

6·25 전쟁이 위대한 '항미원조'라니?

- "'미국과 싸워 이긴 전쟁'…中, 6·25 참전자에 70주년 메달 준다", 《조선비즈》, 2020.07.03.
- "중국의 참전은 '美에 맞서 北을 지원한 전쟁'", 《연합뉴스》, 2020.06.25.
- 大卫·哈伯斯塔姆, 《最寒冷的冬天 : 美国人眼中的朝鲜战争》, 台海出版社, 2017.

중국은 왜 북한의 숨통을 틔워줄까?

- 이벌찬, 《북중 머니 커넥션》, 책들의정원, 2020.
- "Kim Jong Un's dependence on China grows as virus hits economy", 《FT》, 2020.09.09.

- 이요셉, "2019년 북한-중국 무역 동향과 시사점", 〈KITA 남북경협 리포트〉, 2020.

일대일로 때문에 돈 떼이게 생긴 중국

- Venkateswaran Lokanathan, "China's Belt and Road Initiative: Implications in Africa," ORF Issue Brief No. 395, 2020.
- "China Can Buy Influence, but It Can't Buy Love", 《FP》, 2020.07.20.
- ""됐어, 빌린 돈 안 갚아" 中은 왜 세계 각국에 이런 취급받을까", 《중앙일보》, 2020.08.08.
- "'Only A Drunkard Would Accept These Terms', Tanzania President Rejects China's $10 bln Loan", 《HWnews》, 2020.04.25.

중국군과 인도군이 총 대신 주먹으로 싸운 이유

- "At a Crossroads? China-India Nuclear Relations After the Border Clash", 《Carnegie Endowment for International Peace》, 2020.08.19.
- "핵강국 中·인도, 싸울 땐 돌·주먹…軍 600명 난투극", 《조선일보》, 2020.06.18.
- "中, 격투기 부대 이어 스파이더 굴착기 투입…끝나지 않는 中印 국경 난투극", 《조선일보》, 2020.07.09.
- "Indian Frustration With China Grows", 《The Diplomat》, 2020.08.12.

중국군은 왜 모래사장에 채소를 심었을까?

- '난사군도 분쟁', 〈두산백과〉, 네이버 지식백과 검색.
- "이 와중에 또 남중국해 분쟁…코로나도 두 손 든 中 70년 야심", 《중앙일보》, 2020.05.05.
- "美中 남중국해 '장군 멍군'…中 미사일 발사하자 美 정찰기 또 띄워", 《조선일보》, 2020.08.27.
- "남중국해 '채소분쟁'", 《조선일보》, 2020.05.30.

PART 3 경제: 세계경제의 중심이 되겠어!

무인 기술에 푹 빠진 중국
- "하루 20만 택배 보내는 이 창고, 사람은 한명도 없습니다", 《조선일보》, 2018.12.18.
- "中 '요리사 로봇' 진화 거듭…"무인경제 이끈다"", 《로봇신문》, 2019.01.15.

미국 게 섰거라! 우리도 로보택시가 달린다
- "코로나가 흔든 자율주행차 판도…美급정거, 中은 급가속", 《조선일보》, 2020.05.20.
- "Chinese ride-hailing giant Didi Chuxing launches pilot self-driving robotaxi service in Shanghai", 《SCMP》, 2020.06.29.
- "We tried out a self-driving robotaxi in China-it was a very 'considerate' ride", 《SCMP》, 2019.12.08.
- "一键呼叫免费搭乘, "无人粗驻车"的体验是这样的", 《北京日报》, 2020.08.22.

싸도 너무 싼 중국 5G
- "5G套餐价格松动了! 最低89月每月, 你会办理吗?", 《中国经济网》, 2020.06.05.
- "5G폰이 17만 원? 중국, 중저가 앞세워 주도권 잡는다", 《조선일보》, 2020.04.27.
- 과학기술정보통신부, "(2020년 4월말 기준)무선통신서비스 가입회선 통계", 2020.06.01.

10cm만 움직여도 잡아내는 중국 GPS
- "중국판 GPS '베이더우' 정식 개통…시진핑 선포", 《연합뉴스》, 2020.07.31.
- "中 위성항법 '베이더우' 완성, 한반도도 손금 보듯 들여다본다", 《주간동아》, 2020.07.16.
- "北斗导航 : 安全 稳定 高精度", 《人民日报》, 2020.08.08.
- "中国北斗全球梦圆——写在北斗三号全球卫星导航系统全面建成之际", 《新华社》, 2020.07.31.

달의 뒷면에는 토끼가 있는 게 아니다
- "中 우주굴기 본격화에…美 우주군 창설로 맞불", 《이코노미조선》, 2020.02.17.

- "'New Chapter' in Space Exploration as China Reaches Far Side of the Moon", 《NYT》, 2019.01.02.
- "国家航天局 : 嫦娥四号探测器在月球背面工作21个月昼 取得多项原创性成果", 《央广网》, 2020.09.09.
- "달 뒷면, 65억km 밖 소행성엔…새해 가슴뛰는 '미지와의 조우'", 《조선비즈》, 2019.01.04.

'억' 소리 나는 쇼핑 잔치

- "온라인쇼핑동향조사", 통계청
- "中소비 폭발…쇼핑행사서 알리바바·징둥 거래액 총 165조 원", 《뉴시스》, 2020.06.19.
- "초당 54만건 주문에도 서버 멀쩡…쇼핑 아닌 '테크 축제'", 《조선일보》, 2019.11.14.
- "双11完成"交棒", 阿里巴巴CEO也有时间"剁手"", 《新京报》, 2019.11.15.
- "'후' 하나로만 721억 올린 中광군제…韓화장품 초대박 행진", 《아시아경제》, 2019.11.12.

마윈이 중국 최고 갑부가 아니었어?

- "마윈 제치고 中 최고 부자된 텐센트 회장, 코로나로 재산 10조 늘어", 《조선일보》, 2020.04.27.
- 우샤오보, 《텐센트 라이징》, 원미경 옮김, 처음북스, 2019.

중국의 '돈 사랑'

- "中国男性求婚为何越来越奢侈", 《中国甘肃网》, 2016.06.06.
- "《新时代公民道德建设实施纲要》印发 : 切实解决拜金主义等问题", 《新京报》, 2019.10.27.
- "The Richest in 2020", Forbes, (www.forbes.com/billionaires), 2020.03.18.

달러의 시대는 갔다? 디지털화폐 왕국 세우는 중국

- "数字货币5月到账, 使用前你还要知道这些知识", 《环球网》, 2020.04.28.
- "数字货币呼之欲出 听服贸会上权威人士告诉你真相", 《环球网》, 2020.09.06.

- "지폐는 가라, 중국이 당긴 '디지털 화폐' 전쟁", 《조선일보》, 2020.04.22.
- "Facebook's Libra 2.0 Why you might like it even if we can't trust Facebook", 《Brookings》, 2020.06.22.

왜 중국의 노인들은 돈이 있어도 돈을 못 쓰나?: 캐시리스 사회

- "'현금 안 받는다'…중국 노인들, 모바일 결제 봉변", 《조선일보》, 2019.04.29.
- "중국서 현금 쓰면 미개인 취급당한다", 《뉴스1》, 2018.09.27.
- "'不收現金' : 变相的社会排斥损伤权利与尊严", 《东方网》, 2019.11.19.
- "出租车, 超市不收现金惹怒老人 网友 : 他们像被时代抛弃了", 《中国商报》, 2018.09.27.

우리도 있어, 나스닥

- "차세대 화웨이 키운다, 중국판 나스닥 '커촹반' 돌풍", 《조선일보》, 2019.07.23.
- "芯愿景打响国产EDA付科创板上市第一枪 所处行业仍需半导体产业链支持", 《财联社》, 2020.05.11.
- 上海证券交易所, 股票数据总貌 (www.sse.com.cn/market/stockdata/statistic)

차이나 머니에 'NO!'라고 말하는 나라들

- "코로니에 질린 서방국, 차이나머니도 질겁", 《조선일보》, 2020.04.23.
- "EU통상장관들, 약탈적 인수서 유럽 기업 보호 약속", 《연합뉴스》, 2020.04.17.

중국판 스타벅스는 왜 몰락했나

- "원가도 안 나오는 커피…'중국판 스타벅스'는 왜 몰락했나", 《조선일보》, 2020.04.09.
- "Shares of China's Luckin Coffee plummet 80% after investigation finds COO fabricated sales", 《CNBC》, 2020.04.02.
- "Painful lessons from the Luckin Coffe scandal", 《Financial Times》, 2020.04.09.
- "瑞幸爆雷, 影响的将是包括拼多多, 蔚来等诸多亏损烧钱的企业", 《新浪财经》, 2020.04.03.

유니콘에서 도시 쓰레기가 된 노란 자전거

- "바퀴 빠진 공유 자전거 '오포'", 《조선일보》, 2018.12.19.
- "수천억 빚 남긴채 사라진 오포, 공유경제의 비극", 《조선일보》, 2020.07.30.
- "Troubled bike-sharing company Ofo is now a shopping app", 《SCMP》, 2020.02.05.

PART 4 사회: 우리가 모르는 중국의 민낯

○○ 출신은 안 뽑아요

- "杭州中院二审宣判'河南女孩应聘遭拒案'", 《人民法院报》, 2020.05.19.
- "河南人被妖魔化的十年之痛", 《南方周末》, 2008.03.20.
- 张合林·何春, 〈河南省经济发展影响因素分析〉, 《长江大学学报》, 2012.
- "'허난성 사람은 안 뽑아요'…중국의 뿌리 깊은 지역 차별", 《SBS》, 2020.05.19.

20살 아래 동생, 중국에선 흔하다는데

- "二孩政策", 〈百度百科〉
- "计划生育", 〈百度百科〉
- "중국의 산아제한 정책", 《스포츠경향》, 2020.03.04.
- "中国家庭变迁三十年:小皇帝, 农村妇女, 老人", 《界面》, 2017.03.16.

시골 총각이 아이폰을 사려고 콩팥을 팔았다고?

- "'중국인 6억 명 월 수입 17만 원에 불과…집세도 못내' 리커창 토로", 《뉴시스》, 2020.05.29.
- "23岁小伙卖肾经历 : 一个肾4.5万, 术后刀口淌血回家", 《新京报》, 2020.05.08.
- "团伙摘除23名供体肾脏贩卖 肾脏以海鲜名义空运", 《新京报》, 2014.08.10.

빠빠빨간 맛 궁금해 링링허우

- "China's 'post-millennial' generation is different. Here's how",《SCMP》, 2018.08.17.
- Tencent CDC, "进取的00后——2019腾讯00后研究报告", 腾讯用户研究与体验设计部, 2018.
- "마윈도 두 손 들었다, 독선적 중화사상 물든 중국 10代들",《조선일보》, 2020.05.09.
- "정부는 '검열' 국민은 '폭격'···중국의 'SNS 애국'",《머니투데이》, 2020.09.06.

중국이 가장 신경 쓰는 숫자는?

- 한재현,《쉽게 배우는 중국경제》, 박영사, 2020.
- 전병서,《중국의 대전환, 한국의 대기회: 중국경제 전문가 전병서의 신국부론, 그 이후》, 참돌, 2015.
- "코로나19 충격에 중국 1분기 성장률 -6.8%···'사상 최저'",《연합뉴스》, 2020.04.17.
- "中 지난해 경제 성장률 6.1%···29년 만에 최저치 기록",《조선일보》, 2020.01.18.

우한의 영웅은 국민 역적이 될 운명인가

- "「缺席」官方抗疫表彰大會網友不滿",《BBC中文網》, 2020.09.08.
- "신종코로나 첫 경고한 중국 의사 리원량 사망",《연합뉴스》, 2020.02.07.
- "'우한 영웅' 리원량 부인 유복자 출산···'남편이 준 마지막 선물'",《뉴스1》, 2020.06.12.
- "中의 '코로나 승리' 자축",《조선일보》, 2020.09.09.
- "'Hero who told the truth': Chinese rage over coronavirus death of whistleblower doctor",《Guardian》, 2020.05.10.

한국 미세먼지의 절반은 중국에서 왔다

- "중국발 미세먼지+국내 오염물질→초미세먼지 배 이상 증가",《연합뉴스》, 2020.07.28.
- "물 뿌리기·데이터 바꾸기···中의 대기오염 수치 조작 요지경",《조선일보》, 2019.05.20.
- "중국 환경부 대변인님, 한국 미세먼지 절반은 그쪽서 넘어온 겁니다",《조선일보》, 2019.01.14.
- "베이징 미세먼지 줄었다더니···주변 오염은 더 심해졌다",《중앙일보》, 2019.04.30.

교회에서 국가 불러본 사람?

- "프란치스코 교황이 선택할 '신의 한 수'", 《주간동아》, 2018.10.15.
- "'홍콩 자유' 언급 건너 뛴 교황…중국 의식?", 《중앙일보》, 2020.07.09.
- Sarah Cook, "Christianity: Religious Freedom in China", Freedom House, (freedom-house.org/report/2017/battle-china-spirit-christianity-religious-freedom)
- Daniel H. Bays, 《A New History of Chinese Christianity》, Wiley-Blackwell, 2012.

어느 날 갑자기 메신저 계정이 삭제됐다

- "WeChat users outside China face surveillance while training censorship algorithms", 《The Washington Post》, 2020.05.08.
- The Citizen Lab, "We Chat, They Watch", University of Toronto, 2020.05.07.
- "A Singing Xi Jinping Look-alike Battles the Censors in China", 《NYT》, 2020.06.29.
- "中당국 입단속…정부 비판글 실시간 삭제, 단톡방까지 먹통", 《조선일보》, 2020.01.29.

만리방화벽을 뚫는 VPN

- "Great Firewall", Wikipedia.
- "In China, the 'Great Firewall' Is Changing a Generation", 《Politico》, 2020.09.01.
- "The Story of China's Great Firewall, the world's most sophisticated censorship system", 《SCMP》, 2019.11.07.
- "美中 이번엔 '앱 차단 전쟁'…세계로 전선 확대되나", 《조선일보》, 2020.07.16.
- "홍콩 엑소더스…中 검열 우려에 떠나는 IT기업들", 《한국경제》, 2020.07.21.
- "'만리방화벽' 처벌에…환구시보 편집인조차 中 경찰에 반기", 《중앙일보》, 2020.05.21.

당은 어제 저녁 당신이 한 일을 알고 있다

- "'打拐妈妈'李静芝 : 儿子是她找回的第30个孩子", 《新京报》, 2020.05.25.
- "기차도 안면 인식으로 탑승…中, 현대판 빅브라더 우려", 《조선일보》, 2019.12.05.
- "세계 최악 '감시도시' 베이징…상위 20개 도시 중 18개 '중국'", 《뉴시스》, 2020.07.27.

중국에서도 삼수 취준생이 흔하다고?

- "这些年轻人决定进入体制内", 《Vista看天下493期》, 2020.07.12.
- "中 코로나 취준생 1000만명…천방백계로 취업 도와라", 《조선일보》, 2020.07.10.
- "코로나 실업대책으로 '노점 살리기' 나선 중국", 《조선일보》, 2020.06.03.
- C. Textor, "Unemployment rate in urban China from 2008 to 2018 with a forecast until 2021", Statista, (www.statista.com/statistics/270320/unemployment-rate-in-china), 2020.09.03.

중국 실업률이 가짜라니?

- "刘陈杰 : 新冠或导致1.5亿-2亿人摩擦性失业", 《首席经济学家论坛》, 2020.04.02.
- "The mystery of China's unemployment rate", 《Fortune》, 2020.05.24.
- "중국의 못 믿을 통계 세 가지…실업률·자산투자·개인소득", 《연합뉴스》, 2017.06.17.
- "창업천국 中의 이면 '감춰진 실업률'", 《서울경제》, 2017.08.06.

중국은 더 '문송합니다'

- "2020年中国大学生就业报告 : 计算机类专业月收入最高", 《新浪教育》, 2020.07.01.
- "《2020年中国大学生就业报告》(就业蓝皮书)发布", 《央广网》, 2020.07.10.
- "报告发现 : 六大就构性错配导致大学生就业难", 《中国青年报》, 2020.08.14.

PART 5 문화: 중국은 문화를 어떻게 다룰까?

구독, 좋아요, 그리고 알람 설정!

- "중국, 보따리상 잡으려다 명동까지 잡겠네", 《조선일보》, 2019.02.07.
- "메이퇀뎬핑·핀둬둬·샤오홍수…. 中 차세대 테크 기업 9選", 《조선일보》, 2020.01.30.
- "1분 130억 원! 홈쇼핑보다 낫다는 中 왕홍", 《머니투데이》, 2020.01.05.

- ""网红代言""直播带货"要当心了, 检查机关将对违规行为出手了!",《澎湃新闻》, 2020.07.02.

중국에서만큼은 나도 BTS

- "TF BOYS谁最有钱, 出道4年资产上亿, 王俊凯成最低",《搜狐》, 2018.02.11.
- "TF BOYS七周年圆满落幕 试听盛宴获好评",《环球网》, 2020.08.24.
- ""엑소 뮤비 표절? 8년 전 사용한 장면" 中감독의 해명",《TV리포트》, 2015.04.29.

우주 대스타도 나라가 정하는 만큼만 벌어라

- "周冬雨演幕后之王片酬一个亿? 财报新更正 : 没有1亿, 只有7264万",《腾讯网》, 2020.07.29.
- "广电总局发布"限薪令" : 严控片酬严打收视率造假",《新华网》, 2018.11.09.
- "40集封顶, "限薪令"升级, 如何看广电总局新规?",《人民网》, 2020.02.14.
- "疫情之下影视剧制作成本严控 单集上限400万元 主演片酬不超10%",《第一财经》, 2020.04.28.

짝퉁의 세계

- "韓'무한도전'이 中'우리의 도전'으로…도 넘은 표절",《노컷뉴스》, 2020.06.15.
- "한한령 후 더 심해진 중국의 '출구없는 표절'",《스포츠경향》, 2020.06.17.
- "'미우새'도 '프듀'도…중국이 표절한 국내 예능 34건",《연합뉴스》, 2018.10.07.
- "'로드 투 킹덤' 골든차일드 무대 표절한 中예능 뒤늦게 논란",《스포츠경향》, 2020.06.16.
- "나영석 PD '中 예능, '윤식당' 표절? 포맷 비싸지 않은데'",《뉴스1》, 2017.06.01.

14억 인구에 손흥민 한 명 안 나오는 이유

- "国足争论又起风波 : 给我年薪百万, 我的球输得更漂亮",《网易》, 2020.07.18.
- "国足为何不爱留洋? 高薪水也只是其中的原因之一",《腾讯网》, 2020.06.22.
- "FIFA年终排名 : 国足世界第71位",《百度体育》, 2019.12.24.
- "'축구 굴기' 中의 귀화 작전…시진핑 월드컵 본선 진출 꿈 이룰까",《동아일보》, 2019.08.08.

중국 남자는 왜 자상할까?

- "Gender diversity is good for business", 《Credit Suisse》, 2019.10.10.
- "BOSS直聘发布2020中国职场性别薪酬差异报告 男女薪资差距三年来首次缩减", 《中国经济周刊》, 2020.03.05.

중국은 슈퍼맨, 지구를 구하지: 애국주의 영화

- "중국이 지구의 구세주?… '애국 시네마'에 꽂힌 대륙", 《조선일보》, 2019.02.19.
- "中, 애국주의 영화로 민심 다잡기…전국 영화관 7만곳에 무상 배급", 《조선일보》, 2020.03.20.
- "China Screens Patriotic Movies to Whip Up Nationalistic Fervor", 《Bloomberg》, 2019.09.30.

사회주의 래퍼가 등장한 이유

- "저항의 랩, 중국에선 사회주의 아부만", 《조선일보》, 2019.02.25.
- "饶舌歌手在中国为何不挑战权力", 《bbc中文网》, 2020.01.12.
- "中国政府要封杀嘻哈文化?", 《德国之声中文网》, 2018.01.23.
- "中国嘻哈文化和说唱成为政府打压目标", 《ABC中文网》, 2018.01.24.

하루아침에 사라진 중국의 먹방

- "시진핑 보면 큰일나, 빛의 속도로 삭제되는 중국 먹방", 《조선일보》, 2020.08.13.
- "中國移除 1 萬多個「吃播」帳號, 10 萬直播主也瞬間蒸發!", 《中央社》, 2020.09.04.
- "畸形"吃播"自伤又浪费 多机构倡议健康消费", 《央视网》, 2020.08.23.

'동물의 숲', 중국에선 안 된다우

- "Worldwide digital games market: August 2020", SuperData, (www.superdataresearch.com/blog/worldwide-digital-games-market), 2020.08.24.
- "岛外人", 〈百度百科〉
- "'동물의 숲', 중국에서 실종되다", 《조선일보》, 2020.04.12.
- ""왜 거기서 나와"…닌텐도 '동물의 숲'에 바이든 등장한 이유는", 《서울경제》,

2020.09.03.

내가 팔로우하는 이 계정, 정부가 만든 거였어?

- "The Chinese government fakes nearly 450 million social media comments a year. This is why.",《WP》, 2016.05.20.
- "중국판 댓글 공작",《조선일보》, 2019.02.21.
- "中, 관영매체 앞세워 SNS 선전전-해외여론 수집",《동아일보》, 2019.08.28.

세상 친절한 중국상식

62가지 질문으로 들여다본 중국인의 뇌 구조

초판 1쇄 발행 2020년 11월 23일
초판 7쇄 발행 2023년 9월 21일

지은이 이벌찬 · 오로라
펴낸이 성의현
펴낸곳 미래의창

편집주간 김성옥
편집 김윤하 · 최소혜
디자인 공미향 · 윤일란

등록 제10-1962호(2000년 5월 3일)
주소 서울시 마포구 잔다리로 62-1 미래의창빌딩(서교동 376-15, 5층)
전화 02-338-5175 **팩스** 02-338-5140
홈페이지 www.miraebook.co.kr
ISBN 978-89-5989-691-2 03910

※ 책값은 뒤표지에 있습니다.

이 도서의 국립중앙도서관 출판예정도서목록(CIP)은 서지정보유통지원시스템 홈페이지(http://seoji.nl.go.kr)와 국가자료공동목록시스템(http://www.nl.go.kr/kolisnet)에서 이용하실 수 있습니다.(CIP제어번호: CIP2020046374)

생각이 글이 되고, 글이 책이 되는 놀라운 경험. 미래의창과 함께라면 가능합니다.
책을 통해 여러분의 생각과 아이디어를 더 많은 사람들과 공유하시기 바랍니다.
투고메일 togo@miraebook.co.kr (홈페이지와 블로그에서 양식을 다운로드하세요)
제휴 및 기타 문의 ask@miraebook.co.kr